imaginist

想象另一种可能

理
想
国
imaginist

THE MURDER
OF PROFESSOR SCHLICK

The Rise and Fall of the Vienna Circle

DAVID
EDMONDS

[英] 大卫·埃德蒙兹 —————— 著　许振旭 —————— 译

两次大战间的
维也纳新哲学
与石里克的遇害

进步知识分子的
死与生

上海三联书店

著作权合同登记图字：09-2022-0796

图书在版编目（ＣＩＰ）数据

　　进步知识分子的死与生：两次大战间的维也纳新哲学与石里克的遇害 /（英）大卫·埃德蒙兹著；许振旭译 . -- 上海：上海三联书店，2023.1

　　ISBN 978-7-5426-7900-0

　　Ⅰ . ①进… Ⅱ . ①大… ②许… Ⅲ . ①维也纳学派（哲学）－研究Ⅳ . ① B521

　　中国版本图书馆 CIP 数据核字 (2022) 第 198729 号

进步知识分子的死与生
两次大战间的维也纳新哲学与石里克的遇害
[英] 大卫·埃德蒙兹 著　　许振旭 译

责任编辑：苗苏以
特约编辑：EG
封面设计：尚燕平
内文制作：EG
责任校对：张大伟
责任印制：姚　军

出版发行 / 上海三联书店
　　　　　（ 200030 ）上海市漕溪北路331号A座6楼
邮购电话 / 021-22895540
印　　刷 / 肥城新华印刷有限公司

版　　次 / 2023 年 1 月第 1 版
印　　次 / 2023 年 1 月第 1 次印刷
开　　本 / 1230mm×880mm　1/32
字　　数 / 287千字
图　　片 / 6幅
印　　张 / 12.75
书　　号 / ISBN 978-7-5426-7900-0/B·804
定　　价 / 66.00元

如发现印装质量问题，影响阅读，请与印刷厂联系：0533-8510898

目　录

前　言　　　　　　　　　　　　　　　　　　　1

致　谢　　　　　　　　　　　　　　　　　　　5

1　序　章　　　　　　　　　　　　　　　　　11

2　小公鸡和大象　　　　　　　　　　　　　　17

3　逐渐扩大的学圈　　　　　　　　　　　　　31

4　秃头法国国王　　　　　　　　　　　　　　52

5　维特根斯坦施魔法啦　　　　　　　　　　　60

6　红色维也纳的纽拉特　　　　　　　　　　　85

7　咖啡与学圈　　　　　　　　　　　　　　　97

8　建筑与沙发　　　　　　　　　　　　　　　110

9　石里克不喜欢的礼物　　　　　　　　　　　129

10　外国的陌生人　　　　　　　　　　　　　144

11　漫长的仇恨　　　　　　　　　　　　　　161

12　红色维也纳的黑暗岁月　　　　　　　　　180

13　哲学论争　　　　　　　　　　　　　　　199

14　非正式反对派　　　　　　　　　　　　　225

15　喂，你这该死的混蛋　　　　　　　　　　234

16　学圈活在心中　　　　　　　　　　　　　247

17　出　逃　　　　　　　　　　　　　　　　255

18 辛普森小姐的"孩子们" 270

19 战 时 282

20 流亡后的岁月 306

21 遗 产 335

出场人物表 351

年 表 358

注 释 366

部分参考文献 383

专名对照表 392

前　言

　　在我还是一个十几岁孩子的时候，我对上帝的评价相当低（上帝对我的评价很可能也是如此），对长辈们的道德判断也嗤之以鼻。也许这就是为什么，我飞快地读完了别人丢给我的第一本哲学书，而它让我从此迷上了哲学，它就是艾耶尔的《语言、真理与逻辑》。这本书认为，关于上帝的陈述是无意义的，也否定了道德中的"客观性"观念。它有一种绝妙的豪迈风格，不带丝毫怀疑。它蔑视哲学前辈，果断地了结了困扰哲学两千年的问题，如关于上帝、伦理和审美的那些问题。

　　当时的我并没有完全意识到，这本书中的观点基本上已经被抛弃了。这些观点的起源地并非英国牛津，而是奥地利的维也纳。它们几乎全部（但不完全）是从一群被称为"维也纳学圈"的数学家、逻辑学家和哲学家那里搬运来的。

以下是一些关于术语的快速说明。学圈的成员是逻辑经验主义者，有时也被称为逻辑实证主义者。实证主义是这样一种观点：我们的知识来源于自然世界，而"我们对自然世界可以有确凿的认识"这一思想，也算是实证主义的题中之义。学圈将这一立场与现代逻辑的使用结合起来，其目的是建立一种新的哲学。但"逻辑实证主义"一词是 1931 年才在美国的一份期刊上提出来的，所以我将沿用维也纳学圈大多数学者的提法，即"逻辑经验主义"。撇开标签不谈，从 20 世纪 30 年代初开始，逻辑经验主义一度是哲学界最雄心勃勃、最时髦的运动。它的许多中心信条现在已被否定，但至今世界仍能感受到它的影响。如果没有这一学圈，分析哲学，这个英美哲学系中强调语言分析的主流哲学形式，就不会以现在的形式存在。学圈可能没有找到所有的答案，但他们提出了大多数正确的问题，这些问题哲学家们仍在努力解决。

关于维也纳学圈，已经涌现了一些卓越的研究著作。本书则意在满足更为通俗的阅读兴趣——解说学圈成员都有谁，他们后来都怎么样了，为什么他们很重要，尤其是在他们发展壮大的环境中来理解他们。

维也纳学圈是一个哲学团体，但我们不能孤立地理解它。它兴起于一座艺术、音乐、文学和建筑都很繁荣的城市。奥地利首都在本书中扮演了一个主要角色。作为现代主义的诞生地，它是精神分析学家西格蒙德·弗洛伊德、作曲家阿诺德·勋伯格、记者卡尔·克劳斯、建筑师阿道夫·卢斯、小说家罗伯特·穆齐尔和剧作家阿图尔·施尼茨勒的故乡。学圈的思想与同样流传在维也纳的其他思想相互补充、竞争。

此外还有政治和经济因素。学圈的诞生背景是经济灾难和不断上升的政治极端主义，而学圈本身也终将成为其受害者。在本书中，我想让读者感受到的，除了学圈哲学的革命与传道的性质，还有学圈活动的那个动荡年代。我开始相信，无论其学术价值如何，学圈的研究计划，尤其是它对形而上学的攻击，使它不可避免地具有政治性，也使它在极右派中制造了强大的敌人，而这些敌人最终必然会把它摧毁。

对我来说，维也纳一直有一种奇特的魅力。我之前和约翰·艾迪诺合著《维特根斯坦的拨火棍》，其中的大部分内容都是以维也纳为背景的。就我的个人因素来说，我母亲是半个维也纳人。我的外祖母——当时的名字是莉瑟尔·霍利切尔（Liesl Hollitscher）[1]——在维也纳大学学习法律，与学圈里的年轻成员在那里学习的时间大致相同。我的家族和许多学圈成员一样，都是中产阶级、被同化的犹太人，而且和许多学圈成员一样，未能看到政治将会出现的极端转折。

写作本书带来了一些挑战，其一在于他们的哲学。一直以来，关于学圈的文字少有可读性，因为其哲学太过复杂。在本书中，我对学圈的哲学立场以及成员们卷入的各种哲学争论，包括学圈内部的以及学圈与反对者之间的争论，只做了示意性的描述；但我也会问心无愧地将一些（有时确实困难的）哲学纳入其中。讲述维也纳学圈而不涉其哲学，就像讲一段关于某管弦乐队的历史而不提音乐。

挑战之二在于人物。维也纳学圈里颇有令人着迷的人物，其中一些值得为之专门写作长篇传记（有几位已经获得了这种待遇），一些人物也不可避免地比另一些更引人注目——比如非同寻常的奥托·纽拉特，但他在哲学界之外几乎无人知晓。要对他们所有人都做公平的评介，需要一本体量五倍于此的书。

我们生活在一个"后真相""假新闻"这样的措辞四处纷飞的时代。在这种环境下，经验主义更有着空前的意义。我希望，在重新唤起人们对这群杰出思想家的兴趣方面，这本书能起一定的作用。尽管他们在其中发展壮大的那个世界已经消失，但他们的思想精神还是很容易引起我们的共鸣。

大卫·埃德蒙兹
@DavidEdmonds100

致　谢

对不起，我有很多人要谢。我先从那些我最感激的人开始。

在为本书做了好几年研究之后，我去找了 Thomas Uebel，他是研究维也纳学圈的世界顶尖专家之一。我有一些问题想向他请教，就问能否去曼彻斯特拜访他，因为他在那里做教授。结果我发现，他经常在伦敦。我们在一家"温馨舒适"（gemütlich）的咖啡店碰了面——讨论维也纳学圈的人理应如此。我们有许多次漫长的会面，要靠咖啡因撑下去，这就是其中的第一次。在这次会面中，他让我对维也纳的各种问题有了正确的认识。他也通读了手稿，纠正了其中的错误。我对学圈的解释和本书中无疑依旧存在的错误，皆不由他负责。但是，谢谢你，Tho-mas，谢谢你在时间和知识方面的慷慨付出。如果没有你，这本书会差很多。

有几个人阅读了手稿的部分或全部内容，并提出了有益的意见。他们是：Liam Bright、Christian Damböck、Josh Eisenthal、Nathan Oseroff、David Papineau、Ádám Tuboly 和 Cheryl Misak。Cheryl 还把她关于弗兰克·拉姆齐的精彩传记在手稿阶段就寄给了我。伦敦大学哲学研究所所长 Barry Smith 对本书给予了令我喜出望外的有用反馈。与我合写过三本书的好友约翰·艾迪诺不止一次，而是两次通读手稿，并提出了许多有益的建议。Neville Shack 总是在手稿阶段就读我写的书，也是我的"逗号沙皇"。Edward Harcourt 点评了精神分析一章。非常感谢 Friedrich Stadler 读了书稿，他和 Thomas Uebel 同样是维也纳学圈的国际权威。在本书写作的最后一环，即在书稿发给文稿编辑之前，Christoph Limbeck-Lilienau 通读了全稿，发现了不少别人遗漏的错误。Hannah Edmonds 对全文进行了整理。

一些专家给我做了私人辅导，如 David Papineau 和 Christian Damböck，他们分别辅导了我科学哲学和鲁道夫·卡尔纳普；还有历史学家 Edward Timms，他邀请我去他家讨论维也纳文化。Timms 教授是奥地利的大权威，于 2018 年去世。Friedrich Stadler 与我在维也纳大学附近的兰特曼（Landtmann）咖啡馆度过了愉快的几小时，而后又通过电子邮件耐心回答了我许多进一步的问题（他还提供了书中使用的许多照片）。Steve Gimbel 好心地将他对学圈成员的亲属所做访谈的全套誊写通过电邮发给了我。Peter Smith 纠正了我关于塔斯基的看法，Elisabeth

Nemeth 则在理解齐尔塞尔方面给我提供了帮助。Ádám Tuboly 给我寄了一些关于纽拉特的非常有用的文章。

有两位匿名评审盛情发来了长达数页的详细评论。我用波洛式的侦查破解了他们的身份，但我不会打破惯例在此点名。你们自己知道。谢谢你们。

在研究过程中，我偶然发现了一个人物，并对她相当着迷，那就是辛普森小姐。关于辛普森小姐的章节，取材于我当时参加的一档 BBC 节目，由我的朋友、王牌制作人 Mark Savage 出色制作。随后，这些材料又结成一篇 5500 词的文章，刊于《犹太纪事报》，编辑是 Stephen Pollard。

我要感谢乐于助人的档案员和图书馆员，本书许多文献都是在大英图书馆阅读的。这是一处了不起的公共资源，可惜食物价格过高，把读书的收益都抹平了。它的建筑师 Colin St John Wilson 受过维特根斯坦的启发，在这栋由他设计的建筑里工作，我竟然感到一丝莫名的安慰。我利用的档案在以下几处：伦敦政治经济学院（包括波普尔档案馆和英国大学妇女联合会 [BUFW] 档案馆），同样在伦敦的沃伯格研究所，牛津的博德利图书馆（感谢 Sam Lindley 和 Rosie Burke），以及康斯坦茨、明尼阿波利斯和匹兹堡的收藏。特别要感谢康斯坦茨大学的 Brigitte Parkenings，她礼貌而高效地回应了我有关莫里茨·石里克的数次请求；还要感谢匹兹堡大学一向友好的 Lance Lugar。两位 Josh，即 Josh Eisenthal 和 Josh Fry 代我在匹兹堡进行了一些档案研究。Sara Parhizgari 从明尼苏达大学的赫伯特·费格尔档案馆给我寄了几十封信件。战后的美国对左派人士进行了出于妄想的偏执追捕，我在以前的几本书中就利用了相关材料，这里我必须再次承认我受惠于联邦调查局对人畜无害的知识分子的勤勉调查，因为他们为我提供了好几位学圈人物的档案。

感谢在德语和荷兰语的翻译上帮助了我的几位：Daniel Cohen、Hannah Edmonds 和 Tim Mansel。

特别感谢牛津上广实践伦理学中心，以及 Julian Savulescu、Miriam Wood、Deborah Sheehan、Rachel Gaminiratne 和 Rocci Wilkinson。我在该中心的兼职，已经持续了十多年，那里是一个启迪思考的地方，也滋养了我对哲学的热爱。

我感谢我在 David Higham 公司的经纪人 Veronique Baxter，以及普林斯顿大学出版社团队的全员，尤其是 Robert Tempio、Matt Rohal、Kathleen Cioffi 和 Anne Cherry（还有后来"叛变"去了另一家出版社的 Al Bertrand）。

还有许多其他的人我需要感谢。我向见过学圈成员的人发出过几次呼吁。其中一次发布在哲学网站 Leiter Reports 上，其余几次是通过美国的大学传递的。有几十个人联系了我，还有许多人也向我提供了信息，或是给我指出了有用的论文和书籍。我担心一定会有一些人被我遗忘，对这些人我表示歉意——但我想表达我对以下诸位的感激：

Albert Aboody，Laird Addis，Joseph Agassi，Thomas Allen，Bruce Aune，Harold Barnett，Mike Beaney，Bernhard Beham，Robert Bernacchi，Jeremy Bernstein，Albert Borgmann，Robert Borlick，Alisa Bokulich，Liam Bright，Karen Briskey，Paul Broda，Sylvain Bromberger，Panayot Butchvarov，David Casacuberta，David Chalmers，Robert Cohen，Susan Cohen，John Corcorol，Vincent Cushing，Richard Darst，Freeman Dyson（已故），Gary Ebbs，Evan Fales，Lorraine Foster，Liz Fraser，Curtis Franks，John Gardner，Rick Gawne，Rebecca Goldstein，Leonie Gombrich，Robert Good，Irving Gottesman，Adolf Grünbaum，Alex Hahn，Phil Hanlon，Henry Hardy，Gilbert Harman，Rom Harré，Colin Harris，Alan Hausman，Miranda Hempel，Peter Hempel，Michelle Henning，Herbert Hochberg，Gerald Holton，Mathias Iven，Charles Kay，Anthony Kenny，Mead Killion，William Kingston，Richard Kitchener，John Komdat，Georg Kreisel（已故），Matt LaVine，Christoph Limbeck-Lilienau，Hugh Mellor（已故），Daniel Merrill，Elisabeth Nemeth，Ines Newman（感谢她在整理她的祖父，即我的外曾祖父的日记上的工作），Nathan Oaklander，Van Parunak，Michael Parish，Charles Parsons，Alois Pichler，George Pieler，Ann Plaum，Mika Provata · Carlone，Douglas Quine，Irv Rabowsky，Sheldon Reaven，Harold Rechter，Maria Rentetzi，

Wayne Roberts, Lawrence Rosen, Felix Rosenthal, David Ross, Markus Säbel, Albie Sachs, Adam Sanitt, Kenneth Sayre, Scott Scheall, Reinhard Schumacher, Eugene Sevin, James Smith, Peter Smith, Raymond Smullyan, Alexander Stingl, Markus Stumpf, Thomas H. Thompson, Alexandra Tobeck, Ádám Tuboly, Joe Ullian, Frederick Waage, Brad Wray, John Winnie, Stephen Wordsworth, Leslie Yonce-Meehl, Michael Yudkin, Anton Zettl。

　　最后，感谢在我写这本书的漫长时间里，忍耐了最多的人：Liz、Saul 和 Isaac。

1 序章

再见，欧洲

看你怎么想，但这个时间点可说是既幸运，又不幸。

1939 年 9 月 3 日至 9 日，第 5 届国际科学统一大会在哈佛召开。同年 9 月 1 日，德国坦克越界进入波兰，而英国和法国与波兰签订过条约，要保证其边界安全。在德国入侵两天之后，波兰的这两个西方盟国以对德宣战作为回应。也就是说，在大会开幕的时候，二战也刚刚开打。

第一天晚上，与会代表们在白宫聆听了富兰克林·罗斯福总统的广播讲话。他向听众保证，他不打算让美国卷入战争。"我说过不止一次而是很多次：我见过战争，我讨厌战争。我还要一次又一次这样说。我希望美国远离这场战争。我相信它会的。我向你们保证，你们的政府会尽一切努力达成这一目标。"

考虑到时局的严峻程度，一个关于科学哲学的会议一定会让人觉得无关紧要，甚至完全不合时宜。但对一些与会者来说，在那一周开会不仅幸运，而且改变人生——事实上是挽救生命。

科学家兼哲学家理查德·冯·米塞斯——他的哥哥是另一位著名学者，经济学家路德维希·冯·米塞斯——取道土耳其来到了波士顿，从此再也没有回欧洲。波兰逻辑学家阿尔弗雷德·塔斯基也登上了德国入侵前离开波兰的最后一艘船，并留在了美国。他显然没有意识到祖国面临的威胁何等迫切：他拿的签证不对（是临时访客签证），也没有带冬衣。更重要的是，他现在与华沙的家人断了联系。但如果没有接受邀请参加大会，他很可能会和300万波兰犹太人同胞一起面临可怕的命运。

这次哈佛会议上的其他发言者，都在几年前就离开了欧洲。塔斯基在纽约下船时，在那里迎接他的是德国出生的哲学家卡尔·古斯塔夫（彼得）·亨普尔。亨普尔曾是科学哲学家汉斯·赖欣巴哈的学生，后者于1938年抵达美国，也出席了大会。身材高大、性格温和的鲁道夫·卡尔纳普（后面我们还会听到关于他的更多东西）早在1935年12月就离开了欧洲前往美国。物理学家兼哲学家菲利普·弗兰克，从布拉格搬来后已经在美国住了一年。还有埃德加·齐尔塞尔这位公认的科学社会学家，1938年德国接管奥地利时，他还在那里，亲眼见证了纳粹发动的野蛮行径。法哲学家费利克斯·考夫曼也是如此。考夫曼广有钱财，所以曾天真地觉得自己可以免于反犹主义的伤害，结果在最后一刻才选择逃亡。与此同时，其中最有趣的人物奥托·纽拉特，也从海牙赶了过来。他 1934 年就逃离了维也纳，最近才在海牙安顿了下来。《时代》杂志当时的一篇文章把他描绘成一个"光头、声如洪钟、精力旺盛的社会学家和科学哲学家"。[1] 虽然他的朋友们力劝他留在美国，但他的当务之急是回到荷兰，回到那个后来成为他第三任妻子的女人身边。

总共约有两百人参加了会议。第一场会议集中讨论了科学能否统一的问题。像物理学这样的自然科学与像心理学和社会学这样的社会科学，有何共同之处？它们能否建立在相同的基础上，这些基础有多牢固？除了这些问题之外，会议还讨论了一系列其他主题，包括概率、真理、心理学、无穷、逻辑学、科学史、科学社会学，以及物理学的基础。

这些领域的许多开创性工作都起源于欧洲，特别是维也纳。这次会议的组织者是纽拉特和查尔斯·莫里斯，后者是芝加哥的一位哲学家，与维也纳学圈有密切联系，热衷于将其思想带到美国。在谈到哈佛的这次会议时，美国哲学家 W. V. O. 蒯因写道，这次会议基本上是"流亡到国际上的维也纳学圈及其外围扩增（accretions）"。[2] 他自己就是一个至关重要的外围扩增。

维也纳学圈及其所谓的逻辑经验主义，此时已经在世界哲学界，特别是科学哲学界占据了主导地位。该学圈曾有一个大胆的计划：它企图把传统的经验主义与新兴的逻辑结合起来。它希望为哲学在协助科学方面开辟一席之地。它认为科学命题是可知且有意义的，而这正是命题与伪命题的区别，也是科学与形而上学的区别。学圈内有许多杰出的思想家，包括公认的 20 世纪最重要的逻辑学家库尔特·哥德尔。这个学圈也同其他许多人物有关，包括 20 世纪最重要哲学家中的两位：路德维希·维特根斯坦和卡尔·波普尔。

随着哈佛会议的进行，欧洲正在加速堕向野蛮，每天都会发生暴力和残忍行径，在接下来的 6 年里，这些都会变得司空见惯。9 月 3 日，在波兰南部的特鲁斯科拉西村（Truskolasy），数十名农民被围捕和枪杀。仅在不到百公里之外，20 名犹太人被强迫聚集在市场 * 上。其中就有 64 岁的以色列·莱维。"当他心爱的（Liebe）女儿跑到自己的父亲面前时，一个德国人说她'无礼放肆'，让她张开嘴，然后朝她嘴里开了一枪。"[3] 其他的犹太人也很快遭到处决。在会议即将结束的那天，630 名捷克政治犯被运往巴伐利亚的达豪集中营。

在哈佛会议期间，来自社会研究新学院 † 的美籍犹太裔学者霍勒斯·卡伦提出了一种带有挑衅意味的立场。他的知名主张是提倡文化多元主义，反对就哲学问题给出在他看来过于简化的回答。他提出的观点是，统一科学的努力是一项危险的计划，与法西斯主义意识形态有关。卡伦的远房亲戚纽拉特则反驳说：

---

*   在欧洲城镇，"市场"一般位于中心区，是各种重要集会（包括商贸集市）的所在。——编注（本书此后脚注，如无特别说明，均为编辑添加）

†   New School for Social Research，位于纽约，1919 年创校至 1997 年名为"社会研究新学院"，后更名为"新学院大学"（1997—2005）及"新学院"（2005 至今）。

恰恰相反，统一科学有着民主的动机，会促进对任何一种专门研究的批评。学圈内有几位成员认为逻辑经验主义是反法西斯斗争的组成部分，纽拉特就是其中之一。逻辑经验主义代表了理性和进步的启蒙价值，是对阴暗而非理性的情绪的缓冲。逻辑经验主义代表有意义（sense），反对胡话（nonsense）；代表真理，反对虚构。这场斗争比以往任何时候都更重要。

直到不久以前，维也纳都还是一个创造性的大熔炉。那里的政治、社会和经济力量有着不同寻常的结合，于是就结合出了惊人的文化和学术成就，其中也包括学圈的成就。然后，这个政治熔炉沸腾满溢了。维也纳学圈在1934年被强行解散。后来，它的领导人莫里茨·石里克遭遇杀害。

杀害石里克的凶手约翰·内尔博克，是一个精神不稳定的前学生，自称驱使他的是政治和意识形态方面的动机。不论这话是真是假——应该说是极为可疑——几家奥地利报纸把内尔博克的话照单全收：逻辑经验主义是危险的，它反宗教、反形而上学；它是一种犹太哲学，而石里克教授是它所有错误的化身。在这种语境下，这些报纸认为内尔博克的行为并非全无道理。事实上，有一篇文章指出，石里克的死甚至有可能促进找出"犹太问题"的解决方案。

石里克遇害后，维也纳学圈以非正式的形式苟延残喘了一段时间。但德奥合并（Anschluss）和第二次世界大战的爆发意味着一条不归路。学圈的思想若要留存下去，就必须在英美世界扎根。那是一个将来才会展开的计划。

那么，维也纳学圈，这个奥托·纽拉特一度所说的"学者共和国"，[4] 到底是什么，又为什么重要？为什么会被当局粉碎，其成员又为什么被迫流亡？而它的终极雄心——制服形而上学，放逐各类伪知识——是否获得了成功？

2 小公鸡和大象

经验主义者不会对形而上学家说"你说的都是假的"，而会说"你说的话根本没有断言任何内容！"

——莫里茨·石里克

1905 年，阿尔伯特·爱因斯坦还是一名物理学博士生，并在瑞士专利局当职员。这一年，他发表了 4 篇论文，并出版了自己的博士论文。1905 年被科学家们称为爱因斯坦的"奇迹年"，因为这些论文给世界带来了方程 $E = mc^2$、狭义相对论和光的波粒二象性主张。牛顿和麦克斯韦的经典物理学被推翻了，一个（有时）高度反直觉的科学新时代开始了。这种反直觉性尤其在于，时间和空间不是常数：时空是相对的，因为它们取决于测量它们的观察者。

爱因斯坦的名字变得家喻户晓还要再过 15 年。不过他的种种突破的重要性，还是被一些人迅速领悟到了，其中就有一位性情严肃、表达清晰、留着髭须的年轻数学家兼哲学家。他叫汉斯·哈恩（Hans Hahn），朋友们称他为"小汉"（Hänchen，"小公鸡"），对高个子的他而言，这个昵称可有些揶揄。*

哈恩就是后来的"维也纳学圈"的发起人。他于 1879 年出生于维也纳的一个中产阶级家庭（他的犹太父亲是一名记者，这在当时的公务吏员中算是高级别），在维也纳大学学习，最初学的是法律，后转而学习数学，并获得了博士学位和"更高的博士学位"，即"特许任教资格"（Habilitation）†。他后来成了一个享誉国际的人物，今天有好几条复杂的定理都以他的名字命名，如"哈恩嵌入定理""哈恩分解定理"等。他也将是维也纳学圈的重要召集人：他的一些学生在世界舞台上的影响还会比他更胜一筹，其中最著名的就是库尔特·哥德尔。

从 1907 年起，哈恩开始与一小群常居维也纳的哲学家定期聚会，思考科学的哲学基础以及"各种各样的政治、历史和宗教问题"。[1] 这些哲学家一般是已取得博士学位的年轻犹太人，具有科学倾向。聚会地点通常在咖啡馆。除哈恩之外，其中还有在柏林获得博士学位的奥托·纽拉特，以及当时才 23 岁的后辈菲利普·弗兰克。弗兰克身材矮小，自被有轨电车撞过后走路就一瘸一拐，彼时他已经开始大量发表学术论文，多与相对论有关。科学家理查德·冯·米塞斯是哈恩和弗兰克的好友，

---

* 德语中，Hänchen 很接近 Hans 的小称 Hänschen，意为"小公鸡"；而 Hahn 这一姓氏作普通名词时，意为"公鸡"。

† 在德语区大学中，这一资格是获得稳定教职、竞争教授席位、指导博士生的必需。

偶尔也会加入他们。这些人讨论了法国数学家兼物理学家皮埃尔·迪昂和亨利·庞加莱，以及奥匈的哲学家兼科学家恩斯特·马赫。对于理论物理学中正在发生的变革，聚会的众人都是既着迷又困惑。他们的兴趣在于科学的方法论、科学的语言、科学的主张和地位，以及科学与伪科学的区别。他们希望划清经验科学——牵涉实验和证据的那些——与其他形式探究的界限。他们还对几何学和数学的基础感兴趣，也希望弄明白如何理解概率的意义。他们都同意，传统意义上的哲学有着毫无必要的神秘性，往往是无意义的胡话。他们都认为，哲学和科学应该展开更多合作，更紧密地相互联系。他们希望哲学能澄清科学的旨趣，从而对科学有所帮助。他们在政治上大体偏左倾。我们将看到，这种政治观和这种哲学观是密不可分的。

他们拥护进步政治和新科学，这意味着在一战之前他们很难吸引那些认同现状的人。当时的维也纳隶属于弗朗茨·约瑟夫一世治下的奥匈帝国，这个国家的绝大多数人都信奉天主教，这是一股强大的文化力量，对社会和政治改革大多持敌对态度。同样，大学也抗拒改革。

这个非正式讨论小组断断续续地聚会，直到 1912 年。到 1914 年第一次世界大战爆发时，他们已经散伙了。哈恩与一位数学家同行埃莉诺（莉莉）·米诺结了婚，并在维也纳以东 1000 公里处、奥匈帝国边陲的切尔诺维茨大学（该市今属乌克兰）获得了教席。冯·米塞斯成了斯特拉斯堡的应用数学教授。

弗兰克在布拉格德语大学 * 执掌理论物理学的教席，直至二战爆发前夕。弗兰克经常回维也纳，那是他的出生地，他视之为家乡。哈恩、米塞斯和纽拉特在一战中都有过作战经历，哈恩在意大利前线中弹受伤，那颗扎进他后背的子弹再也没有取出。

第一次世界大战前，这些早熟的学者还没有足够的信心给他们的小团体一个称号，但我们可以视其为维也纳学圈的雏形。他们既不认为自己具有完全的原创性，也不认为自己是哲学叛乱的发酵者。他们自认为属于经验主义或实证主义的传统，尤其觉得自己是恩斯特·马赫的门徒和继承人。

* * *

"马赫"这个名字最为我们熟知的环境，应该是在说起喷气式飞机飞行速度的时候。"马赫数"，即物体的速度与音速的比值（这个比值因物体通过的介质不同，如是空气还是水，而有变化），就是以多才多艺的物理学家恩斯特·马赫命名，以纪念他对冲击波的研究。他为许多实验拍摄了照片，并成功拍到了飞行中的子弹。

但马赫不仅是一位富有创造力的实验科学家，他也是一位哲学家。维也纳学圈有好几位智识先驱，包括 18 世纪的苏格

---

* 布拉格 [查理-费迪南德] 大学一度分为德语大学和捷克语大学两校，其中布拉格德语大学存续时间为 1882—1945。——译注

兰人大卫·休谟和 19 世纪的法国人奥古斯特·孔德，"实证主义"一词正是孔德率先使用的。但学圈最直接的历史孕育者是马赫。没有马赫就没有这个学圈。

马赫的特别之处在于把哲学和科学结合起来，创生了科学哲学。正如纽拉特所说，老一辈学圈成员都是在"马赫传统"中成长起来的。[2] 哲学家卡尔·波普尔写道："影响 20 世纪思想的伟人中，没有几个能与恩斯特·马赫相提并论。"[3] 他对亲身见过他的人也产生了类似的影响。美国哲学家、心理学家威廉·詹姆斯曾在布拉格与他交谈了几个小时，认为这是一次"令人难忘的谈话，我想还从没有人给我留下过如此强烈的'纯粹智识天才'的印象"。[4]

马赫属于后启蒙时代。在这个时代，有神论的世界观正受到持续的攻击。尼采在 1882 年出版了一本书，在其中宣告了上帝的死亡；[5] 某些圈子里也出现了一种要以纯世俗的、科学的方式来重建知识的冲动。如果知识的保证并不来自上帝，那么它来自何方？我们又要如何区分真理和谬误？对大多数奥地利人来说，单单提出这样的问题都是一种挑衅。

马赫是在维也纳大学取得的博士学位，并在布拉格德语大学工作了 30 年后回到了维也纳，在这里结束了他的教授生涯。他从不自视为哲学家，而是自视为反思科学实践的科学家。菲利普·弗兰克与马赫相识并通信，但并没有在他手下学习，而是在他的继任者路德维希·玻尔兹曼手下学习。玻尔兹曼也是哲学家兼物理学家，不过与马赫不同，他从事的是理论而非实验研究。从玻尔兹曼和马赫那里，弗兰克吸收了一个重要的见解：科学是一种社会实践，是用来解决有趣但通常也有实际意义的问题的；至少对大多数科学家来说，科学寻找的不是柏拉图式的永恒真理。

马赫和玻尔兹曼都坚持认为，所有经验性的主张最终都要经得起实验验证的考验，而测量根本上都要涉及感官：我们可以看到、摸到、嗅到、听到、尝到这个世界。形而上学和神秘主义在科学中都没有一席之地。有主张认为，一些对象的存在可以独立于我们对于客体（"物自身"）的感觉；至少对马赫来说，这是一种荒谬的无稽之谈。

"形而上学"（metaphysics）一词的词源，可以追溯到公元1世纪对亚里士多德著作的分类，当时他的一些著作被放在"物理学"名下，另一些则放在"物理学之后"（meta ta physika）。形而上学研究的是主观表象（appearance）之外的现实的基本性质。马赫不太相信人们可以有意义地谈论科学之外的世界，这引发了他与玻尔兹曼关于原子是否存在的热烈辩论。有好几种科学理论都设定了它们的存在，但对马赫来说，"原子"不过是心理构造，因为（在当时）它们无法被测量或感知到。当时许多著名物理学家都参与了马赫与玻尔兹曼的原子之争，有的站在马赫这边，有的支持玻尔兹曼。最后，科学将证明玻尔兹曼是对的，尽管更深层的哲学问题——关于无法观察的实体的陈述，有什么甚至有没有意义——仍未获解决。

在 19、20 世纪之交，马赫发展了相当多的追随者。他甚至影响了爱因斯坦的智识轨迹。在爱因斯坦发表大胆的新理论之前，马赫就曾批评过牛顿的空间和时间概念。马赫纳闷的是，如果"绝对时间"不是可探测的东西，那谈论它有何意义。爱因斯坦在他的自传性笔记中，多次以钦佩的口吻提到马赫；他甚至认为马赫是他的广义相对论的重要先驱。就马赫的《力学科学》*一书，爱因斯坦写道，它"对我产生了深远的影响……我看到马赫的伟大之处，在于他那坚不可摧的怀疑主义和独立精神"。[6]其实马赫一开始无法理解相对论，于是让菲利普·弗兰克向他解释。弗兰克后来形容马赫"胡子灰白且略有凌乱，看起来像是斯洛伐克的医生或律师"。[7]

在奥地利占主导地位的左派力量是奥地利马克思主义者，他们也是马赫及其经验主义的崇拜者。尤其是在 20 世纪二三十年代，哲学和科学的发展都受到政治右派越来越多的攻击。马赫与奥地利社会民主工人党（SDAP）†的领导人维克多·阿德勒有着坚实的友谊。学圈后来的一些成员还会勾画出这样的观

---

* 《力学科学》（*The Science of Mechanics*）是马赫的德语著作《发展中的力学》（*Die Mechanik in ihrer Entwicklung*）第二版的英译书名。

† "社会民主工人党"（SDAP）一名自创立之初的 1888 与 1889 年之交起，沿用至 1945 年（1934—1945 转为地下活动）；此后更名为"奥地利社会主义党"（至 1991）及"奥地利社会民主党"（至今，后两名缩写均为 SPÖ）。本书作者也使用"社会民主党"（"社民党"）一词指 SDAP。

点：虽然政治家可能会为了自己的目的而操纵科学，但科学自身本质上是非政治的。然而，这种立场即便在世界某些地方站得住脚，在奥地利也很难获得支持——这里的一切几乎都是政治化的。

这并不意味着左派都一致尊奉马赫。1909年，一位激烈的批评家弗拉基米尔·伊里奇·乌里扬诺夫出版了一本书，把马赫与唯我论、相对主义和反实在论联系在一起。乌里扬诺夫认为，马赫声称所有的知识都是通过感官得来的，这不可避免地会导致一个荒谬的结论：你无法确信在你的心灵之外是否有实在。他的反马赫檄文题为《唯物主义和经验批判主义》，很不吸引人。八年后，他化名列宁之后的口号"和平、土地和面包"倒对大众更具吸引力。

《唯物主义和经验批判主义》一文是列宁与他的布尔什维克对手亚历山大·波格丹诺夫的权力斗争的一部分，后者坚持认为，关于"绝对真理"和外部世界实在性的思想属于资产阶级，是过时的。列宁则回应："在我们这个时代，哲学家必须宣布自己是'实在论者'和'唯心主义之敌'，你们这些马赫主义先生们该明白这个道理了。"[8] 列宁所反对的人，通常包括孟什维克、罗曼诺夫王朝、资本家和帝国主义者，他特别蔑视马赫这一点则鲜为人知。而列宁的一本传记说，1917年革命后，《唯物主义和经验批判主义》"成了苏联官方知识分子的哲学圣经"。[9]

* * *

　　前面已经简单提过奥托·纽拉特。学圈从生至死这一路，他大部分时候都在其中。他可不是学圈的普通成员。纽拉特身上没有任何普通之处。

　　所有见过他的人都会被他的外貌所震撼。他身材高大，体格强壮，有一颗又大又秃的脑袋。他还留着一脸不羁的红胡子，但后来剃掉了。如今哲学圈之外少有人听说过奥托·纽拉特，但他在两次大战期间的维也纳，是社会上一个大名鼎鼎的人物，是维也纳的"舞僧"（dervish）*，学圈的"大火车头"。[10]他是学圈的各种宣言、会议、展览和出版物背后的推手。他得益于他那超乎寻常的自信。波普尔对纽拉特有过一句明褒暗讽的夸奖，说他是"一个对自己的社会、政治和哲学理论深信不疑的人，但他更相信的还是他自己……他不会顾虑身后，或者说他在往前冲的时候，不太关心谁会被他大步流星地撞倒"。[11]

　　除了组织和讲课，他还擅长写作和阅读：他一天就能读完两本书，并在页边写下一堆笔记和参考资料。他有时会边走边读。与孤高疏远的教授相反，他非常闹腾，聒噪又风趣。他曾被称为维也纳最机智的人。他爱读书，但不拘泥于书本；他喜欢社交，会在咖啡馆里侃侃而谈。他那滔滔不绝的大嗓门会让试图跟上他的人疲惫不堪。卡尔纳普的第二任妻子伊娜告诉纽拉特："我一次又一次地观察到，卡尔纳普试图用自己的声音盖

---

*　苏菲派的苦行僧，有一种穿长袍、戴高帽、疯狂旋转的舞蹈仪式。——译注

过你，但最终却落得个咽喉疼痛的下场。"[12]

纽拉特的特异之处还表现在他的签名方式上：大象的简笔画。但他并不总画同一个形象——形象会随他的心情而变化，有时他还不嫌麻烦地给它上色。有一封信中是象鼻朝下，大象正在后退，它那宽大的屁股即将与仙人掌发生痛苦的接触——这意味着纽拉特处境尴尬。耷拉着的耳朵和大象眼中的泪水会传达出一种沮丧的情绪。比较典型的形象是大象的鼻子完全伸展，拿着一朵花。这就是纽拉特的默认状态：快乐的纽拉特。

* * *

奥托·纽拉特出生于 1882 年 12 月 10 日。他的母亲格特露德是个新教徒。父亲威廉·纽拉特是一位经济学家，出生在布拉迪斯拉发一个贫穷的东正教犹太家庭，后来走上了一条常见的晋身之路，来到了舒适、世俗、中产的维也纳。威廉与一位德国新教徒结婚，并皈依了新教。他建立了一间巨大的图书馆，后来奥托会将其中的内容吸收到他那超大的脑袋里，也会卖掉一部分藏书以支付研究开销。他的第三任妻子玛丽后来写道："还在喜欢玩铁皮玩具兵的年纪，奥托就已经读完了康德等一些哲学家的大部分著作。"[13]

纽拉特的一生充满了悲剧和凶险，所幸他天性乐观，不屈不挠，历经挫折却每次都能迅速"回弹"。他的第一任妻子安娜是他在维也纳大学认识的，她自己也是一位有成就的学者。

奥托·纽拉特，及他的某个签名形象

1911 年，她在生下儿子保罗后因并发症去世。他曾一度想过自杀，但在一些朋友的反对下，他很快和数学家兼哲学家奥尔加·哈恩结了婚——就是汉斯·哈恩的妹妹。奥尔加在 22 岁时因斑疹伤寒而失明，此后奥托就组织朋友们轮流为她读书籍和文章，以便她完成学业。婚后，奥尔加无力照料婴儿，他们就把保罗送到上奥地利的林茨附近一家新教儿童福利院，离纽拉特的母亲比较近。这个男孩直到 9 岁才回到家中。

一位学圈成员说，寥寥数语根本无法概括纽拉特的全部：他的"多种多样的活动和百科全书式的……兴趣无法纳入任何分类"。[14] 他的博士论文研究的是古代世界和易货社会，但他的专业知识范围从歌德一路延伸到马克思，再到光学史。后期学圈的大多数成员主要关注有时被称为"硬科学"的东西，特别是物理学。而纽拉特尽管一开始在维也纳学的是数学和物理学，但他本质上是一名社会科学家。后来去柏林攻读博士学位的时候，他就沉浸在了政治、历史和经济学研究中。再回到维也纳后，他在新商学院教授政治经济学，教到 1914 年战争爆发。战时他成为陆军勤务部队的一名军官，负责各种后勤和运输工作。有一次他路过林茨，保罗被带到火车站与父亲短暂相聚。但在大部分时间里，纽拉特都驻扎在奥匈帝国东部最边陲的加利西亚。有段时间，他是一座被占领小镇拉齐维洛夫（Radziwillow，今属乌克兰）的指挥官。

在一战之前，纽拉特就对经济在战争期间如何运作产生了兴趣。当时他不知用什么办法说服了他的军中上级相信，他的才能在战场上没有用武之地；最好让他去战争部（Kriegsministerium）设立一个部门，分析在战争条件下什么可行，什么不可行。这样一来，他就有了一份在莱比锡管理德意志战争经济博物馆的兼职，而这项工作又让他得以在巴伐利亚州首府慕尼黑负责中央经济计划办公室的监管工作。百忙之中，他还抽出时间在海德堡大学取得了特许任教资格。

后面，维也纳学圈内部会出现更多政治分歧，但在一战结束时，纽拉特已经成为一名坚定不移的社会主义者，深信计划经济既有效率，又能实现社会正义。巴伐利亚给了他将理论付诸实践的机会。1919 年 3 月，他提出的经济社会化方案在巴伐利亚议会中引起了激烈的辩论。纽拉特当时在场，并威胁说，如果他的主张被政客们否决，他会直接向人民提出。最后，巴伐利亚中欧计划办公室成立，由纽拉特负责。他在巴伐利亚期间，一群共产主义者、社会主义者和无政府主义者宣布成立"苏维埃共和国"。它存在了没多久，到 1919 年 5 月就被政府军和右翼民族主义者剿灭了。纽拉特被指控并被判定犯有"协助和教唆叛国罪"。他的一些同仁被处决，但他得到了宽大处理，判决入狱一年半。事实上，他只在审判前蹲了六个星期监狱，就在奥地利外交部长奥托·鲍尔的干预下出狱了——条件是他必须回到奥地利，再不踏入德国。

回到维也纳后，那里的战后苦难本来足够让纽拉特感到压抑、一蹶不振，但对他来说，这里也孕育着机会和激励。20 年后，他还会回忆起早年回国的日子："输掉战争后，世界上有了更多的困难，但也有了更多创造改变的机会。"[15] 在罗伯特·穆齐尔的日记中有一段关于纽拉特的有趣记录，证明了他的活力。这位小说家描述了纽拉特如何在笔记本上写下"活力满满的事项条目"，在项目得到处理后再将其划掉；他还会"探囊取物一般地随口说出一些好听话：'请代我向您尊敬的妻子问好'——尽管我们一刻钟之前还和她在一起。"[16]

　　战争的结束确实提供了一个机会，就是恢复纽拉特曾经参加过的讨论小组；但这次，小组有了一个领导者。

3　逐渐扩大的学圈

> 哲学是一种活动，通过这种活动，陈述的意义得到澄清和界定。
>
> ——莫里茨·石里克

他不是奥地利人，不是犹太人，也不是穷人。换句话说，莫里茨·石里克并没有像许许多多在维也纳与他颇有过从的人那样，遭受文化、社会和政治上的不安全感。也许正是因为自感不会遭遇那些危及其同仁的个人处境，他才能让周围的人感到宁静平和，缓和他们之间的分歧，让他们避免自我中心。他乐于建立共识。他语声温和，往往带着迟疑的口吻，散发的更多是魅力而非领袖气场。他对于表现不佳的学生很不耐烦，认为批改、打分是一种乏味的负担；但在他最聪明的学生中，他深受爱戴和钦佩。作家希尔德·施皮尔就曾是他的学生，她称他是"一个真正的智者，真正的好人"，一位温和的导师，会"以自己清晰、真诚的人格，使我们相信其思想的清晰和真诚"。[1]

换句话说，他是领导这个学圈的最佳人选。

莫里茨·石里克

　　莫里茨·石里克于 1882 年 4 月 14 日出生在柏林的一个富
裕家庭。他的父亲是一位工厂经理，生产梳子等产品；母亲那
边也很有钱，人脉广泛。在维也纳，他在欧根亲王街这样的富
人区有一套宽敞的公寓，罗斯柴尔德家族也在那里拥有一座豪
宅。他的房间可以看到美景宫（Belvedere）的园子，但早上他

喜欢去另一个公园——普拉特（Prater）公园骑马。1907 年，石里克娶了一位美国女子，布兰奇·盖伊·哈迪，她是牧师的女儿，在德国上的寄宿学校。他们有两个孩子。石里克能说一口流利的英语，具有世界主义的眼光；他的家庭假期都是在意大利度过的。维也纳成了他的家，但他还有其他选择。他选择留在奥地利。

　　一开始，他的志趣在物理学，并且在未来的诺贝尔奖得主马克斯·普朗克的指导下完成了关于光的性质的博士论文（以最优等通过）。不久之后，他的兴趣转到了科学哲学，并在波罗的海畔的罗斯托克（Rostock）大学得到了一个职位，在那里授课。童年疾病（猩红热和白喉）的长期后遗症使他在一战时免于奔赴前线，而是被派往柏林附近的一个军用机场，在那里的物理部门工作。在战争即将结束之际，他出版了《当代物理学中的空间和时间》一书，该书颇受好评，甚至得到了国外报纸的评述。它试图探讨的是以爱因斯坦和普朗克为代表的新物理学的哲学意涵。另一部著作《普通认识论》也在不久后出版。

　　20 世纪哲学史上的一个转折点出现在 1922 年，当时，40 岁的石里克接受了维也纳大学的聘请，去接掌那里的自然哲学教席——这个位置曾由马赫担任。根据维也纳学圈的历史学家弗里德里希·施塔德勒的说法，汉斯·哈恩是石里克获得教席的主要支持者。哈恩此前在波恩任教，一年前才被任命为维也纳大学的正教授，但已经迅速发展了一批粉丝。他不是一个有魅力的人，事实上也不是特别平易近人，但他声音洪亮，讲课优美清晰、简明扼要：按一位参加过这些课程的人（卡尔·波普尔）的说法，这些授课都是"艺术品"。[2]

哈恩很欣赏石里克的工作。他正确地推断出，在与自己视作大学反动分子的斗争中，石里克将是一个有用的盟友。石里克是带着爱因斯坦的强烈推荐来的——爱因斯坦的意见可是需要尊重。尽管如此，哈恩还是不得不为这项任命四处游说，颇克服了一些反对意见，其中包括指责德国人太容易接受最新的科学进展，而许多人认为此类进展是神秘和具有颠覆性的。还有人担心石里克是犹太人。至少在这一点上，哈恩可以让诋毁他的人放心：与哈恩不同，石里克是纯正的雅利安人。

* * *

上任后不久，石里克、纽拉特、哈恩和其他一些有科学素养的学者开始不定期聚会，讨论哲学。这个核心小组将在接下来的几年里不断扩大，在周围聚起一批真正了不起的杰出人才：

维克多·克拉夫特在维也纳大学图书馆工作，1924 年才获得正式的学术职务，时年 44 岁；德国数学家库尔特·赖德迈斯特正在研究如何从数学上理解绳结；[*]埃德加·齐尔塞尔在一战期间获得了数学博士学位；费利克斯·考夫曼是一位机智的

---

[*]　赖德迈斯特是拓扑学中"纽结理论"的开创者。

法学家，对现象学（它研究的是"意识现象"，即事物如何向我们呈现）很有兴趣。约瑟夫·谢希特在同时学习哲学和接受拉比培训；马塞尔·纳特金是波兰出生的学生，他博士论文的主题是简单性在科学理论中的优点，该论文受到了高度评价；贝拉·尤霍什是匈牙利贵族，师从石里克；还有卡尔（Karl）·门格尔，他曾在哈恩门下学习数学，后来得到资助去了阿姆斯特丹。哈恩很高兴他能回来。

哈恩也是库尔特·哥德尔的导师。哥德尔是一个瘦小、古怪、好奇心强的内向者。哥德尔出生于摩拉维亚一个讲德语的路德宗家庭，也是中产阶级背景——他的父亲经营着一家工厂。他是个紧张、焦虑的男孩，在校时每科成绩都很优秀。后来他进入维也纳大学学习物理学，而后兴趣转向了数学。哈恩很快就向石里克推荐了他——于是小组又招入了一位成员。

赫伯特·费格尔和弗里德里希·魏斯曼也被招入，二人分别是哈恩和石里克的学生。费格尔在舒适的环境中长大——他的父亲在今属捷克共和国的地方从事纺织业，这非常符合典型的学圈背景。相反，魏斯曼出身于俄罗斯民族，也没有家产作为退路。财务问题将是他一生大部分时间中的阴影。

正是费格尔和魏斯曼建议把聚会地点从咖啡馆换到一个更正式的地方。因为对人数增多的小组来说，在咖啡馆的喧嚣中展开有意义的对话已经变得不切实际。石里克被说服成为这个小组的领袖，同时也是它的守门人，他会决定谁人是否够格加入。小组仍然没有正式的名字。

随着时间的推移和聚会的进行，一些思想家退出，另有一些加入进来。学圈的多数成员比它的老看门人——弗兰克、哈恩、纽拉特和石里克——年轻了近一代。年轻的成员包括数学家古斯塔夫·伯格曼和奥尔加·陶斯基，犹太教学者约瑟夫·谢希特、罗丝·兰德、瓦尔特·霍利切尔和海因里希·奈德——奈德在加入学圈之前，承认他从未听说过维也纳舞僧纽拉特，这让一位朋友感到不可思议。

罗丝·兰德是一个有趣的例子。她生于伦贝格（Lemberg，今乌克兰利沃夫，当时属于波兰），后随家人移居奥地利，1924 年在维也纳开始学习哲学，具体专业是逻辑学，师从石里克和鲁道夫·卡尔纳普。与她才干相匹的男性不会在事业上面临同样的磨难；在她背后，一些男性同行不屑地认为她不是第一流的。不过，她还是获得了足够的尊重，受邀加入学圈，并被要求做聚会记录——可以认为，这是因为她的女性身份。从1930 年到 1933 年的聚会记录都是她做的。后来，纽拉特要向她购买原始聚会记录，她拒绝了。终其一生，她都因财务状况而挣扎。她通过给学生私人授课、在成人教育中教书，以及把波兰语的逻辑学文章译成德语，来支付攻读博士的费用。有好几年，她在波佐诊所*治疗和研究女性精神障碍患者。石里克曾

---

*   奥托·波佐（1877—1962），生于维也纳的神经病及精神病医生。

帮她在诊所找到工作，关于这一点我们将听到更多。

　　哲学家兼逻辑学家鲁道夫·卡尔纳普无疑是对初始小组的最关键补充。事实证明，他是这些人中最有技术天赋的。他来自稳定的中产阶级，一个极为虔诚的德国家庭。他的父亲也（像石里克、费格尔和哥德尔的情况一样）经营着一家工厂（生产丝带）。卡尔纳普曾在弗莱堡和耶拿学习，修习逻辑学家戈特洛布·弗雷格的课程。弗雷格的重要性就连他自己的大学也没太认可，以至于有一门课程，卡尔纳普是仅有的三名学生之一。卡尔纳普受新康德主义——一场对伊曼纽尔·康德的哲学重燃兴趣的德国哲学运动——的影响，他一度坚信先验*反思可以给予我们关于空间的知识。

　　卡尔纳普是逐渐摆脱继承自父母的宗教信仰的，但他后来写道，这对他的人生伦理观点毫无影响："我后来的道德价值观念基本上和以前一样"。[3]卡尔纳普（和纽拉特一样）总是带着左派的本能，三年的战争服役使他走向激进。他参军作战并不是因为热衷于此，而是出于一种义务感。"1914 年爆发的战争对我来说是一场不可理喻的灾难。服兵役与我的整个态度都是相反的，但我当时接受了它，认为它是一种责任，是拯救祖国所必需的。"[4]他后来在西线目睹了惨烈的军事交锋，开始鄙视军官阶层的不称其职和漫不经心。1917 年，他是在战壕里第一

---

*　a priori 及 a posteriori，本书译作"先验"与"后验"；另有译作"先天"与"后天"。

次读到爱因斯坦相对论的，还试图向他的战友解释。

战后，他在柏林学习物理学，但兴趣已经转向哲学。他经德国科学哲学家汉斯·赖欣巴哈介绍，认识了石里克，石里克给他提供了一份在维也纳的工作。卡尔纳普是浮夸的反义词：他稳扎稳打、有条不紊地工作，一砖一瓦地建立着他的哲学结构。在别人看来，他散发着一种"正直严肃的气息，让人有点受不了"。[5] 他对别人的观点很宽容，一遇到新奇有趣的观点，他就会记在小本子上。但过了一定的时段，到了傍晚，他就拒绝讨论科学——怕夜里失眠。

他第一次到维也纳是 1924 年，参加世界语大会，在这次旅行中认识了纽拉特。1925 年他又在维也纳逗留了一阵，这一次，除了与学圈成员举行会谈外，他还深度体验了维也纳丰富的文化生活，享受了电影、戏剧、音乐会、山地徒步的乐趣，以及石里克的学生马娅的友谊。1926 年 5 月，他从德国永久迁居维也纳，留下即将离婚的妻子伊丽莎白和他们的三个孩子。这是一段不幸的婚姻，卡尔纳普对她不忠，在婚外有众多伴侣。他以他一贯有条不紊的方式对此做了详细记录，就像他对自己读过的书做的那样。他有一个大体上稳定的女友，是已婚女性，名叫毛厄·格兰（她丈夫是一位艺术史家，在慕尼黑授课），这段关系又带来了两个孩子。毛厄会时常去维也纳。与此同时，卡尔纳普还有其他几段风流韵事——但显然不是和马娅，马娅抵挡得住他的魅力。对于说服卡尔纳普相信，与一个女人的无性友谊是可行的，马娅是有贡献的。

　　早在迁居维也纳之前，他就已经在写《世界的逻辑构造》，该书最终于 1928 年问世，至今仍被许多哲学家视为其代表作。它融合了逻辑与经验主义：主观体验，如看见或摸到桌子、闻到玫瑰的香气等，是基本的单元，基于它们，并运用现代逻辑工具，可以建构出复杂且有意义的科学语言。学圈里的许多人会参加卡尔纳普的大学讲座课；一些成员，尤其是费格尔和魏斯曼，将卡尔纳普视为他们在哲学上的父亲式的人物。

＊ ＊ ＊

　　1924 年秋，卡尔纳普迎来了一个新的开始。学圈从嘈杂喧嚣的咖啡馆搬到了玻尔兹曼巷的数学研究所中一个不起眼的小房间。研究所就在内城北部，于一战前不久建成，在供学圈使用之外，还被用来举办讲座课，也是阅览场所。我们有聚会记录和几份关于聚会过程的第一手报告，尽管在一些细节上它们相互矛盾。

　　石里克一般会在下午 6 点拍掌宣布聚会开始。最多可能有 20 人到场。门格尔回忆说，每次聚会开始时，石里克都会宣布一些消息，提请大家注意某篇新的发表，或是宣读他自己或别人与爱因斯坦等名人的通信。如果有外宾到访，石里克会加以介绍。然后，晚间的严肃事务就开始了：讨论一个提前定下的话题或某一篇论文。

　　维也纳"学圈"（Circle）本该叫维也纳"学方"（Rectangle）才更准确，因为他们围坐在长桌旁，石里克占据一端，纽拉特在另一端。经常参加聚会的人通常坐到他们最喜欢的座位上，例如门格尔经常坐在石里克右边，魏斯曼则坐在他左边。有的座位在房间前部，围着黑板排成半圆形，而黑板不断有人使用。总有人吸烟。考夫曼在他的第一本书出版后就开始吸烟。他还采取了严格的规则，每天要不多不少吸三支烟——直到他的下一本书出版后，配额提高到了四支。

　　学圈里的一些人，比如纽拉特，说话滔滔不绝；另一些人，比如维克多·克拉夫特，几乎一言不发。胆怯的哥德尔属于安静的阵营，尽管他有很多异见。门格尔说，你只有从哥德尔表示同意或不同意的轻微头部动作中，才知道他对一个话题是否感兴趣。石里克是公认的组长，但他的领导绝非独裁。推动议程的是几位有影响力的成员，其中包括哈恩，当然还有纽拉特——他纯粹是靠自己的人格力量。如果话题是技术性的，卡尔纳普或哈恩会率先发言。后来的卡尔纳普渐渐变得出了名地耐心和谦逊，但年轻时的他动力十足，直来直去，不怯于和人对抗。讨论经常很激烈，但大多是文明的，尽管纽拉特和石里克会把彼此惹毛。

　　清晰性是所有讨论中的必备要求。他们对歧义和可能的误解有着高度的敏感。他们会对在哲学中司空见惯但却没有一致理解或定义的术语表示怀疑，如"本质""实在""实体"（essential, reality, entity）等词。纽拉特提出了一个禁用术语索引——明显只是半开玩笑。提议和陈述都会受到一些关键的检查：它们是什么意思？我们是怎么知道它们的？

在接下来的十年里，维也纳学圈将收获信心、扩大雄心，并将其影响力延伸到奥地利以外。一些哲学家虽然不是学圈的正式成员，却与学圈产生了联系。但卡尔·波普尔从未受到邀请，而路德维希·维特根斯坦拒绝了许多次让他出席的请求。总的来说，石里克识认才能的直觉是无懈可击的。对他而言，才能才是真正要紧的。但波普尔是个特例。我们后面会看到，石里克认为他太过粗鲁，不该邀请。虽则如此，学圈还是会努力消化他的一些思想，尽管它们的影响力远不及维特根斯坦的思想。

最后，学圈还与志同道合的国外团体建立了联系。其中最重要的是 1927 年 2 月成立于柏林、由汉斯·赖欣巴哈领导的"经验哲学学会"。其成员中有一些重要的思想家，如卡尔·亨普尔和逻辑学家库尔特·格雷林。维也纳学圈的好几位成员都曾在柏林讲学，而柏林学会的几位成员也访问过维也纳。学圈与布拉格的哲学家也有联系，学圈成员菲利普·弗兰克就常驻布拉格，但也常来维也纳；学圈联结着华沙，即逻辑学家阿尔弗雷德·塔斯基的故乡。从 1930 年左右开始，来自北欧、英国、美国、中国等地的哲学家纷纷来访——他们会把维也纳学圈的辩论带回各自的国家。

* * *

那么，这个学圈相信的是什么？在哲学上，是什么把其成员联系在一起？

在回答这个问题时，我必须提出一条关键警告：几乎每一条形如"维也纳学圈相信 X……"的陈述，都可以通过指出至少一位与学圈有关的人士拒绝 X，来加以反驳。

首先，学圈成员和伙伴对过去两千多年丰富的哲学史没有耐心，当然也不是这方面的学者。他们会借鉴以前的思想家，但逐行逐段地仔细诠释古代哲学史文本不是他们的风格。他们处理的，是现在和未来，而非过去；是科学的发展，而非哲学的趋势。他们热心于科学，相信其变革的可能性，对哲学的辅助力量充满热情。哲学就应该是科学的婢女——它可以澄清科学的方法和推理。最重要的是，他们讨厌形而上学，即那些针对实在之本性的主张，它们都依赖于"直观"，都超出了数学、逻辑和经验科学可以论证的范围。学圈的目标是将真正的知识与伪知识区分开来，并在此过程中摧毁形而上学。在 20 世纪 20 年代，他们对这一计划的实现信心满满。但这是一个危险的计划，很有挑衅性。它不仅与德意志哲学传统背道而驰，也动摇了极右政治意识形态的基础。

学圈很大程度上不熟悉生物学在 20 世纪初开始发生的巨大进步，也很少关注后世所谓的遗传科学方面的内容。[6] 他们关切的是物理学。学圈的形成和发展，处在 17 世纪下半叶牛顿时代以来科学进步的最非凡时代。除爱因斯坦之外，马克斯·普朗克、尼尔斯·玻尔和维尔纳·海森堡等物理学家都在重新设想、重新描述世界的构造方式，科学在拥抱看似荒诞不经的理论，这对常识实在是一个大大的嘲讽。

这些理论还伴随着两个描述：互补性和不确定性。光究竟是粒子还是波？它不可能两者都是，然而互补性声称：要理解光，就必须将其视作既是粒子又是波。就在玻尔发展"互补原理"的同时，维尔纳·海森堡也在发展他的"不确定性原理"，该原理发表于1927年，其中指出，粒子的速度和位置不可能同时测量，因为测量一个必然会扭曲另一个。互补性和不确定性似乎破坏了这样一种概念，即科学至少在理论上可以提供一个完整的、完全客观的世界图景。即便对阿尔伯特·爱因斯坦来说，这也太过头了。

学圈推崇这些伟大的当代科学家，尤其推崇爱因斯坦。在莫里茨·石里克迁居维也纳的三年前，爱因斯坦几乎在一夜之间就成了国际名人——这种地位无论在当时还是现在，在物理学家中可都不常见。普通公众不可能了解他的成就，但许多经验主义者受过物理学训练，他们迅速认识到爱因斯坦颠覆了物理学，同时也提出了迄今为止都难以想象的哲学难题。

这只是学圈如此尊崇爱因斯坦的几个原因之一。另一个原因是，爱因斯坦浓缩体现了他们的经验主义方法。他提出大胆的假设，关键是这些假设还可以检验；对他来说，物理学也不是教条，如果经验证明一些理论有缺陷，他乐于修改或放弃这些理论。1919 年 5 月 29 日的日食，检验了他看似十分怪异的主张：引力会影响光、空间和时间。1919 年 11 月 8 日结果公布，他的预测得到了确证，全球的报纸都开始欢呼他的胜利。到 11 月 9 日，人人都听说了爱因斯坦教授的大名。

除了认同爱因斯坦的经验主义之外，学圈对他的崇敬还有一个原因：他们认为他一锤定音地打击了一个头号恶人：18 世纪的哥尼斯堡市民，伊曼纽尔·康德。要理解爱因斯坦对康德造成了深深的伤害这种看法，需要一些哲学背景。哲学家们曾区分过分析真理和综合真理，另也区分过先验和后验。分析/综合的区分关乎陈述本身为真或为假的方式，而先验/后验的区分则关乎我们是如何知道某个陈述是真是假。

分析性真理的成立，凭借的是所用措辞的意义。因此，"所有单身汉都未婚"是一则根据定义即为真的陈述，它没有告诉你关于世界的任何事情。相反，综合陈述对世界有实质性描述，像"维也纳有一座名为圣史蒂芬的天主教堂""现在正在下雨""热气会上升""阿尔伯特·爱因斯坦的第一任妻子是米列娃·马里奇""奥托·纽拉特留着凌乱的红胡子"等，所有这些陈述都在述说一些关于世界的信息，这些信息可能为真，也可能为假（有些陈述，如"奥托·纽拉特留着凌乱的红胡子"在某个历史时刻为真，但在另一个历史时刻为假）。

而先验/后验的区别是：先验知识可以独立于对世界的经验而获证明，后验知识则依赖于经验证据。我们无须对世界有任何了解，就能推导出"正方形四边等长"——这是一个我们可以先验地知道的例子。另一方面，如果不观察冰块暴露在本生灯*下或放在太阳下会发生什么，就不能确定"冰块受热会融化"这一说法的真实性，因此这是我们只能后验地知道的事。

似乎很明显，分析真理可以用先验的方式推导出来：我不需要经验就能知道冰是冻结的水，只需理解"冰"和"冻结的水"这两个词项的意思即可。看起来同样清楚的是，综合命题只能后验地知道：对于"奥托·纽拉特留着凌乱的红胡子"这个说法，我只能通过看到他本人、他的照片，或是有可靠证据的人告诉我他的长相，来评估其真实性；单从这句话的意思，我无法弄清纽拉特对颔须的处理方式是什么。

所以，就有了先验分析命题和后验综合命题的区分。但康德认为还有第三类，即先验综合命题：它们是关于世界的真理，但不需要对世界有任何经验就能推导出来。康德认为有许多这样的命题，包括关于空间和时间的真理，关于几何的真理（如"三角形内角和为180度"）等。

对康德来说，先验综合真理至关重要：它们为我们理解物理世界提供了框架。"两点之间的最短距离是一条直线"就是一例，"就形式而言，所有经验都必须有其在时间中的持存形式"也是一例。"所有事件都有一个原因"也是一条先验综合真理，也是

*　一种使用煤气的实验室加热装置，由化学家R. W. 本生的助手发明。

我们理解自然的内在运作机制的框架之一。这个因果关系原则是一个基本假设。它不是我们对世界的认识之一，而是认识世界所需的脚手架的部件。先验综合真理使科学知识成为可能。

宣称先验综合真理存在，自然是对经验主义事业和实证主义构成了正面威胁。如果康德关于先验综合的说法是正确的，那么关于经验世界的一些命题就无须借助于实验、测量或观察而推导出来。但爱因斯坦表明了，为什么康德坚持认为是先验综合原则的东西甚至都不为真，遑论只需通过反思即可知其为真。关于时间和空间的所谓定律，以及欧几里得几何学中那些"自明"的确定内容，都被这位德国物理学家推翻了——空间中两点之间的最短距离是一条曲线，而非直线。这样一来，爱因斯坦似乎就阐明了经验主义的正确性。他展示了为何尽管他的时空框架需要一些表面上反直觉的前提，但这些前提却能让我们更好地理解人类的整体经验。

* * *

爱因斯坦与学圈成员中最年长的一批几乎是同代人——他和汉斯·哈恩一样，生于 1879 年。碰巧，学圈里有几个人与爱因斯坦有私交，而他也很同情他们的使命。他曾读过大卫·休谟的书，并对其十分钦佩。在《人类理解研究》这部基于他早期的《人性论》的"原型实证主义"著作中，这位苏格兰人拒绝接受"有可能存在某种不经感官而获得的知识"的提法；各种陈述、断言如果无关乎他所谓的"观念的联结"（类似于经验主义者使用"分析"时的意思），那么就必须关乎真实的、经验的世界，才有其价值。《人类理解研究》就包含着一条著名否认，即否认存在不能归入"先验分析"或"后验综合"两类的陈述，如下："我们如果在手里拿起一本书，比如神学或经院形而上学方面的书，那我们就可以问，其中包含着任何数和量方面的抽象推论么？其中包含着关于事实内容和存在的任何经验推论么？都没有。那我们就可以把它投入烈火，因为它所包含的，不过是诡辩和幻象。"[7]

在 1915 年 12 月 14 日的一封信中，爱因斯坦解说了，在他写出第一批开创性论文的瑞士，他是如何与同侪科学家们一起阅读和讨论休谟和马赫的思想的："你的解说也很正确，实证主义暗含了 [我的] 理论，但并不以之为前提。而且你也正确地看到，这一思路对我的工作影响重大，它尤其来自 E. 马赫，来自休谟的更多——我满怀热忱和艳羡地研读了他的《人类理解研究》，不久之后就发现了相对论。"[8]这些话并不特别稀罕——他多次承认自己受惠于休谟和马赫。但这封信是写给莫里茨·石里克的。爱因斯坦读过石里克关于相对论的书，并写信给石里克，提了一些建议，这些建议被纳入该书后来的版本。爱因斯坦认为："从哲学方面来看，还没有任何著作能把这个问题讲得同样清晰。"[9]第一次世界大战之后，爱因斯坦给未来的诺贝尔奖得主、同为物理学家的马克斯·玻恩写信说："石里克是一位

精深的思想家，我们必须留意给他争取一个教授的职位。鉴于
目前的通货膨胀，他将非常需要这个职位。不过啊不过，这事
很难办成，因为他不是此地康德'教派'的成员。"[10]

　　石里克和爱因斯坦一直保持着经常性的联系，爱因斯坦访
问维也纳时，石里克为他安排了一切。另一位学圈成员菲利
普·弗兰克对这位物理学家还要更了解。弗兰克曾在 1907 年
发表过一篇文章《因果法则与经验》。这篇文章被两位各自领域
的革命者所阅读：反实证主义者列宁厌恶它；爱因斯坦则喜欢
它，还和弗兰克成了终生好友，而弗兰克最终成为他的第一位
传记作者。

　　1912 年，爱因斯坦离任布拉格德语大学理论物理学教授的
教席，并推荐弗兰克做他的继任者。这份新工作要求弗兰克穿
帝国制服。直到奥匈帝国崩溃之前，所有教授都必须宣誓效忠
皇帝，而在这个仪式上，学者们要穿金色中缝长裤，戴羽饰三
角帽。爱因斯坦把他的行头低价卖给了弗兰克。后来在布拉格
的一个寒冷冬天，弗兰克把它送给了一个难缠的前哥萨克指挥
官，后者对这套衣物的显赫来历毫无兴趣。[11]

　　许多轶事都体现了二人关系的亲密。他们再次相见，是在
爱因斯坦成名两年后的 1921 年。当时，爱因斯坦进行了一次
摇滚明星式的巡回秀，在欧洲各地包括布拉格，向满座的观众
演讲。为保护爱因斯坦免遭不必要的关注，弗兰克提议这位来
访者住在他的公寓里，睡在沙发上。弗兰克后来回忆起他们一

起吃饭的情景。他的妻子不是一位有经验的厨师，她在用本生灯加热小牛肝。爱因斯坦突然跳了起来。"你在做什么？用水煮肝？"弗兰克夫人做出了肯定的回答。"水的沸点太低了，"这位物理学家告诫道，"你必须用沸点较高的物质，比如黄油或脂肪。"弗兰克后来写道："爱因斯坦的建议挽救了这顿午餐。"[12]弗兰克还讲了在布拉格的一次聚会上，当人们都在等着听这位伟人分享他的思想时，他却拿出了小提琴："如果我不发表演讲，而是为你们演奏一首曲子，也许会更愉快，更容易理解。"[13]他为众人奉上的是莫扎特的奏鸣曲。

　　所有这些故事，都被弗兰克写进了关于他这位朋友的传记里。除了弗兰克和石里克，其他认识爱因斯坦的学圈成员还有古斯塔夫·伯格曼和赫伯特·费格尔，后者在青少年时期就初次读了相对论。"爱因斯坦成了我的头号政治英雄。"[14]费格尔在1922年写了一篇关于爱因斯坦和相对论的获奖论文，次年就去朝拜了他。"他建议我进一步研究理论物理学。"[15]1929年，费格尔出版了《物理学中的理论与经验》一书，并得到爱因斯坦的赞扬。一年后，伯格曼也短暂加入爱因斯坦的行列，在柏林担任他的助手。而在柏林，赖欣巴哈曾是爱因斯坦广义相对论研讨班的首批学生，爱因斯坦当时就帮他在柏林大学谋得了物理学基础方面的教职。

　　卡尔·波普尔记述了这位诺贝尔奖得主1921年巡回演讲期间在奥地利首都所做的一系列讲座，体现了他对爱因斯坦的崇

敬之情。爱因斯坦在那里做了两场学术讲座，而后又在音乐厅
向三千名听众发表演讲——然而波普尔却无法描述这次演讲：
"我只记得我当时昏昏欲睡。"[16] 波普尔还说，爱因斯坦"对我
的思想有主导性影响——长远来看也许是最重要的影响"。[17] 波
普尔在 1934 年出版了《科学发现的逻辑》后，给他的英雄寄
了一本。爱因斯坦很喜欢它，并提出要给它做推广。

　　理论上，相对论是政治中立的——毕竟它是对物理世界如
何运作的描述，对社会主义、自由主义或保守主义没有内在的
偏好。然而在实践中，新物理学引起了强烈的敌意，这种敌意
迅速走向了政治化。爱因斯坦本人已经敏锐地预见到了这种危
险。1922 年，他说："如果事实证明我的相对论是成功的，那
么德国将宣称我是德国人，法国将宣布我是世界公民。如果事
实证明我的理论是错的，那么法国会说我是德国人，德国会宣
布我是犹太人。"[18]

　　一种思想正在萌芽：爱因斯坦的物理学是"异类物理学"，
其中"异类"正是对犹太人的略称。一个"德意志自然研究者
保护纯粹科学工作组"（Arbeitsgemeinschaft deutscher Naturfor-
scher zur Erhaltung reiner Wissenschaft e.V.）成立了，它资助了
一些讲座，以对抗相对论的流行。他们声称：与雅利安科学不同，
犹太科学过于"精炼"，只注重形式和符号，而不是世界，而且
在某种程度上（这种指控很难理解，更不用说确证了）缺乏雅
利安人对真理的坚持。他们还认为犹太科学对神秘性毫无敬意，

未能承认世界终究是神秘的，是人类的理性无法触及的——学圈中人本该更密切地注意此点。

多数时候，学圈对这种无稽之谈不予理睬。他们对爱因斯坦永远致以最崇高的敬意。同时，他们把下一份敬意留给了一位英国贵族。

4 秃头法国国王

我们是你在智识上的孙辈。

——赫伯特·费格尔致罗素，1935

维也纳学圈的新异之处在于它融合了两种不同的方法。其成员被称为"逻辑实证主义者"是有原因的。这一名号的后半部分归功于他们的先行者休谟和马赫，前半部分则是受了伯特兰·罗素的启迪。

* * *

1872年，罗素出生在一个富有的贵族家庭，该家族长期以来一直身处英国统治阶层的核心。罗素的祖父约翰·罗素勋爵曾是维多利亚女王手下的首相；他在世俗意义上的教父是约翰·斯图尔特·密尔，一位哲学家、社会运动家和政治家。

虽然他是含着银汤匙出世的，但家世给他留下的却是苦涩的味道。他的童年孤独、悲苦又压抑。他的姐姐、母亲和父亲在他 4 岁前都去世了，他和哥哥一起在一个由祖母打理的简朴家庭中长大。祖母还促成她的孙子们相信自己是有原罪的，他们把这一点记在了心里。罗素后来写道，救赎竟以一种不大可能的方式出现了：11 岁时，他立即并且深深地爱上了数学。"数学的世界……真是一个美丽的世界，它完全无关乎生死，或是人类的龌龊。它永恒而冷酷，不含任何激情。"[1]

在剑桥大学，他的主要兴趣从数学转到了哲学，特别是数学的基础：数学是建立在什么之上的？它的基础思想和公理是什么？什么是数？什么是整体，什么又是部分？我们如何才能理解"无穷"？放在今天，罗素会被贴上"逻辑主义者"的标签：他认为数学可以还原为逻辑，并试图证明这一点。1902 年，在写作关于这个主题的书籍《数学的原理》时，他发现了戈特洛布·弗雷格的著作。弗雷格当时在德国耶拿大学任教，也是另一位具有哲学倾向的数学家，而且巧的是也在从事类似的研究计划。弗雷格和罗素的理论都用到了"类"或"集"的观念：据此，数字五点应被理解为所有包含五个元素的事物的集合。

罗素发现了一个关于类的悖论，这不仅让他自己的事业面临脱轨的危险，也对弗雷格构成了一项根本挑战。关于这个悖论，有一个有用的形象说明：想象某个村子里有一名理发师，假设理发师给村里所有不给自己刮胡子的人刮胡子，那么，谁给理发师刮胡子？如果他给自己刮，那么他就不能给自己刮。如果他不给自己刮，那么他就要给自己刮。类似的例子还可以是图书馆里的这样一本书：它会列出图书馆里所有不提自己名字的书的书名。

罗素把集合论中的类似悖论告知了弗雷格后，这位德国人回信说，这个悖论让他"五雷轰顶"。[2] 尽管如此，还是多亏了罗素，弗雷格的研究的重要意义才首次得到了认可——尽管还要几十年它才会获得应有的国际声望。

在完成《数学的原理》之后，罗素与英国哲学家兼数学家 A. N. 怀特海开始合作三卷本巨著《数学原理》，并于 1911 年写完。该项目为逻辑主义辩护，旨在奠定公理，并从这些公理中得到推理规则，使所有的数学真理都能由此得到证明。书中花了几百页的篇幅，才保证了 1+1 得出 2 的结果。这部巨著的出版前景很不乐观，以至于两位作者要自掏腰包印刷。

把数学纳入逻辑并不是他们唯一的雄心。他们还试图使用一种新的逻辑作为剖析语言的武器。今天学者们认为，"弗雷格—罗素突破"是逻辑学自 2500 年前的亚里士多德以来最大的飞跃。特别的，他们还对"逻辑常量"的运算提出了新鲜的见解。逻辑常量是指意义保持固定的词或短语（如"且""非""或"）。弗雷格的工作对于逻辑常量的一个分支——量词——至关重要。量词的例子有"所有""有些""没有"。以"有些"一词为例，"有些奥地利人生活在维也纳"和"有些书篇幅超过 400 页"两个句子中的"有些"，基本起着相同的功能，而两个句子尽管内容不同，却具有相同的逻辑形式。"所有哲学家都是聪明的"和"所有猫都是毛茸茸的"也都具有相同的形式，即对于所有的事物 x，如果 F 是一个 x，那么它也是一个 G。

将语言转换为逻辑符号会得到有价值的结果：首先，句子的隐藏结构会被暴露出来，这样往往就能表明，表面上简单的句子比它们看上去复杂得多；其二，可以发现并消除歧义。这预示着哲学的革命性转折，古老的问题或可得到全新的解决。当然，语言一直是研究哲学问题的必需工具，但现在语言本身成了分析的对象。语言曾经被看作我们和世界之间的一扇干净、平坦、透明的窗子，现在这扇窗子被怀疑是脏污、扭曲、不透明的。之所以要注意语言，正是因为它有办法扭曲或掩盖现实。

此处有一个例子，涉及所谓的"指示短语"。弗雷格和罗素感兴趣于分析那些似乎能指向或挑出世界上的某事物的短语。它们有许多形式。有些短语，如"一列噗噗前进、开往维也纳的火车"是有歧义的，因为它并不指定哪列特定的火车。而另一些短语，如"维也纳快速足球俱乐部的现任教练"，则有一个非常具体的含义：这类短语会挑选出一个特定的人或事物。

至此一切都还顺利。但那些未能指向任何事物的空指短语，又该如何理解？这些短语可能指示着虚构的生物，如美人鱼或独角兽，"美人鱼有女性人类的头和鱼的尾巴"或"独角兽不存在"。但如果没有美人鱼或独角兽，两个句子又能有什么意义？

最初，罗素采取了奥地利哲学家亚历克修斯·迈农提出的立场，即每一个指示短语都以某种方式指向一个存在着的对象。

在某种方式下，即便是想象中的人或事物都必须是真实的。比如只有设定虚构的侦探或神话中的人马是实际存在的，我们才能理解像"夏洛克·福尔摩斯抽烟斗""半人马一半是人，一半是马"这样的句子。

但后来罗素改变了看法。对于语言的逻辑，罗素最重要的贡献就在于他的"摹状词理论"，该理论最早出现于1905年发表的一篇文章中。他以"现任法国国王是秃头"为例。这似乎并不是一个毫无意义的陈述，甚至可以想象有人会信以为真。为了评估这一陈述的真实性，有人或许以为我们必须检查现任法国国王的发际线（由于法国是一个共和国，这一任务变得难上加难）。我们如果确定"现任法国国王是秃头"这一命题为假，那么是否一定要得出"现任法国国王有头发"为真的结论？

罗素拒绝这种看待命题的方式。相反，这条关于这位不存在的法国君主的陈述，被他分解成了三个独立的断言。"现任法国国王是秃头"是在说：

现在存在一个法国国王。
现在只存在一个法国国王。
凡是法国国王的，都是光头。

使用逻辑符号，并借助逻辑学家戈特洛布·弗雷格对量词的突破性分析，上面这组断言可以表达为：

$$\exists x[(Kx \ \& \ \forall y(Ky \rightarrow y = x)) \ \& \ Bx]$$

同理，"现任法国国王有头发"也可分解为：

存在一个法国国王。
只存在一个法国国王。
凡是法国国王的，都有头发。

虽然这两则陈述看似相互矛盾，但都是错的，因为第一个命题"存在一个法国国王"是假的。

* * *

至今，摹状词理论已经经受住了一个世纪的分析，而罗素也被视为分析哲学的奠基人之一。在分析哲学传统中，罗素1905 年的文章是哲学工作的一则范式。汉斯·哈恩认为，伯特兰·罗素应被视为"我们这个时代最重要的哲学家"，[3]这个判断在 20 世纪 20 年代似乎言过其实，但一个世纪之后却已成定论。哈恩为高年级学生开设了一个讨论《数学原理》的研讨班。学圈内的其他人也赞同哈恩的评价。卡尔纳普永远不会忘记，在自己还未成名时，这位伟人的一件惊人善举。20 世纪 20 年代初，恶性通货膨胀让几乎所有人的积蓄都荡然无存，卡尔纳普写信给罗素说，他和他的大学都买不起一本《数学原理》。罗素回复了一封长达 35 页的信，总结了他的发现。卡尔纳普将这封信珍藏了一辈子。1962 年，在罗素即将年满 90 岁时，卡尔纳普给他写了信。他对罗素说，罗素的书"确实对我的哲学思想产生了比任何其他哲学家都更强烈的影响"。[4] 美国哲学家 W. V. O. 蒯因也认为罗素是 20 世纪前 30 年哲学界的主导人物："我们中的许多人是被罗素的书引上职业道路的……面对现实的核心特征时 [他] 那种机智和那一丝崭新的清晰性，令我们流连忘返。"[5] 波普尔崇拜罗素，不仅钦佩他那浑然天成的智识力量，也钦佩他那自然优雅的文笔。

罗素身上还有一个重要方面值得学习。尽管罗素并未把政治和自己的逻辑学工作直接联系起来，他还是在政治上活跃了数十年。1907 年，他作为支持妇女参政党派的候选人竞选议员。他反对第一次世界大战，导致他被剑桥大学三一学院解雇。后来，他又因为反对美国参战，被关了 6 个月的监禁。他觉得自己的监禁生活"相当惬意"，[6] 他利用这段时间写完了一本哲学书，又开始写另一本。他对一切都发表看法，包括宗教、教育、战争和婚姻。他始终认为，哲学家有责任公开介入政治，把哲学的理智严格性带入政治领域。至少波普尔会把这一看法铭记在心。

波普尔和维也纳学圈对罗素的敬意也得到了回报。在据他1940 年的"威廉·詹姆斯讲座"整理而成的《意义与真理研究》中，罗素在序言中写道："就方法而言，我对逻辑实证主义比对任何其他现存学派都更有认同感。"[7]

　　但现在是时候介绍另一位人物了，此公将对罗素和学圈都产生巨大的影响。

5　维特根斯坦施魔法啦

> 维特根斯坦先生是一位卓尔不群的哲学天才，我认识的任何其他人都和他不在一个等级。
>
> ——弗兰克·拉姆齐

有些作家的个性与其文风不一致，另一些则文如其人。路德维希·维特根斯坦就属于后一种。他生前只出版了一部哲学著作，《逻辑哲学论》。此书文风激烈斩截，寸步不让，一如其作者的为人。对于人生应该如何度过，维特根斯坦有着确定不移的看法。他不会无动于衷，不会摇摆不定，不会妥协折中。他表达观点坚决有力，令人生畏。

他于1889年出生在一个极其富有的维也纳家庭。他专横霸道的父亲卡尔·维特根斯坦对奥匈帝国的钢铁业颇有控制。路德维希同胞八人，五男三女，他的四个哥哥是汉斯、库尔特、鲁道夫和保罗，姐妹是赫米内、玛格蕾特和海伦。八个孩子都被焦虑所困，不过男孩们还是对来自父亲的压力感触最深。卡尔施加着不可抗拒的情绪压力，要求儿子们跟着他做生意，但只有一个儿子表现出了一点兴趣，其余几个则偏爱艺术。卡尔的顽固只是孩子们痛苦的一个因素。他的五个儿子有三个自杀，路德维希自己也常受自杀意念的折磨。汉斯特别有音乐天赋，他 1901 年逃离父亲，一年后自杀。鲁道夫在 1904 年将氰化钾滴入一杯牛奶，服毒身亡，这很可能是因为他对自己的同性恋身份感到羞愧，害怕暴露。库尔特在第一次世界大战行将结束之时，在意大利前线开枪自杀——直接原因一直没有确定：可能是因为他的士兵不服从他的命令，也可能是因为他宁死也不愿背负被俘的耻辱。保罗是仅存的一个兄弟，他在战争中失去了一条胳膊；这位钢琴演奏家利用自己的财富和人脉，委托包括理查·施特劳斯、谢尔盖·普罗科菲耶夫和莫里斯·拉威尔在内的作曲家创作了一系列单手曲，使他得以延续自己成功的演奏生涯。

卡尔的钱多到他用不着也花不完，因此他成了艺术的赞助人。维也纳分离派展览馆即由他慷慨资助，在跨世纪的前夕建成。设计建造这座楼宇，为的是展出以古斯塔夫·克里姆特为首的那一代先锋艺术家的作品。他的家是一座名为"维特根斯坦宫"的维也纳豪宅，那里经常会举办私人音乐会。勃拉姆斯、施特劳斯、马勒、勋伯格等著名音乐家都受邀参加。

路德维希（家人叫他"卢基"或"卢克尔"）正是在这种高雅的环境中长大的。起初他在家里接受教育，但后来，他被送到奥地利北部林茨的一所实科中学（Realschule）*。他的潜力尚未显露：他是个好学生，但绝对算不上出类拔萃，尽管显然比另一位一度与他共处一校的学生聪明。后者在进入政界之前是个成就不高但还算胜任的艺术家，以此混口饭吃，他就是阿道夫·希特勒。他虽与维特根斯坦同龄，但比他低两个年级。后来，希特勒会痛斥他以前的老师全都糊涂、无知，有时还精神失常。

1906 年，维特根斯坦到柏林就读应用技术大学（Technische Hochschule）。他寄宿在一对善良的夫妇，斯坦尼斯劳斯和阿黛勒 · 约勒斯的家里。斯坦尼斯劳斯是一位数学家，他对维特根斯坦寄予厚望，希望他从事工程事业。他几乎是把“小维特根斯坦”当作养子来看待的。两年后，即 1908 年，19 岁的小维特根斯坦搬到了英国北部的曼彻斯特大学。在这个阶段，他的兴趣主要还是在工程方面。在柏林，他研究过热气球；在曼彻斯特，他研究螺旋桨和风筝。

这是飞行的时代。1908 年，威尔伯 · 莱特和奥维尔 · 莱特两兄弟证明了机器可以在空中飞行，一举登上了头版头条。他们的成功带来了惊心动魄的可能性，必定也吸引了维特根斯坦的想象力。1910 年，他申请并获得了一种新型飞机发动机的专利，其设计的工作原理是：用喷嘴管将螺旋桨叶片围起，气体

---

* 在德奥，实科中学区别于文理中学（Gymnasium），着意培养应用型人才，毕业生一般继续进入应用型大学（Hochschule，如音乐学院、下文的应用技术大学等）深造。

自此喷出，形成动力。

这种发动机所需的计算迫使维特根斯坦做了一些严肃的数学工作，而这又反过来滋养了他对哲学已经萌生的兴趣。他渐渐专注于数学的基础：数学真理是何种真理？数学证明的地位如何？经人介绍，他接触到了《数学原理》，并如饥似渴地阅读。就这样，1911 年 10 月 18 日，这位年轻的工科生在剑桥大学三一学院敲门，向该书的著名作者伯特兰·罗素做自我介绍。

罗素最初还把维特根斯坦这个奥地利人误认成了德国人。他和维特根斯坦之间密切而又跌宕起伏的关系已经有了相当充分的讲述，本书无须重复。不过对我们来说，维特根斯坦的一生中最重要的一个方面，就是他如何令罗素以及其他思想巨人，相信他是天才。在接下来的十年里，维也纳学圈的大多数成员（并非全部）同样为他着魔。与其他人相比，罗素认定维特根斯坦是天才要慢一点儿。好几个星期里，这个烦人的"德国人"都不肯放过他，即使在罗素准备去吃饭的时候，他也要不停争论。罗素对他的判断摇摆不定。他们第一次见面后两周，罗素给情人奥托林·莫雷尔夫人写信说："我们这位德国工程师啊，我认为他是个傻瓜。他认为没有什么经验性的东西是可知的——我让他承认房间里没有一头犀牛，但他不肯。"[1]

维特根斯坦仍然不确定是否应该回归航空领域，于是问罗素自己是不是"一个十足的白痴"。[2]如果他是一个十足的白痴，那么他就去当飞行员；如果不是，他就去当哲学家。罗素在自传中说，他请维特根斯坦在假期里写一篇文章，好让他可以评估他的能力。维特根斯坦照做了，并在该学年的第二学期回到剑桥。"刚读到第一句话时，我就相信了他是个天才，并向他保证，他无论如何都不该去当飞行员。"[3]

事实上，到 1912 年初，罗素已经确信他找到了自己的智识继承人。"我爱他，觉得他会解决我因为太过年老而无法解决的问题……他是人们希望出现的那种年轻人。"[4] 在自传中，罗素这样描述维特根斯坦："也许是我所知道的传统观念中的天才的最完美例证，热情、深刻、激烈、霸气。"[5] 第一年年底，维特根斯坦的大姐赫米内前来拜访，罗素说了令她大为震惊的话："我们预期，哲学的下一步重大进展会由你弟弟做出。"[6]

这位英国人成功地让维特根斯坦确信了自己的智识价值，给了这位悲苦的奥地利青年一个活下去的理由。因为对维特根斯坦来说，不是天才的人生，一无是处（在"世纪末"[Fin de siècle] 的奥地利，对天才的狂热崇拜已经牢固地树立了起来）。然而，如果说罗素说服维特根斯坦相信了自己的优秀，从而救了他的命，维特根斯坦却让罗素相信自己能力不足，给罗素的生活蒙上了阴影。到 1913 年，罗素在讨论逻辑问题时，会对维特根斯坦的看法洗耳恭听。而维特根斯坦虽然并非故意，却让罗素相信 40 多岁的自己已然落伍，无法再做出突破性、原创性的成就，费尽思虑也只是徒劳，因为他即便再努力也跟不上来了。"我必须给他腾出位置，否则就可能甚至一定会成为一个大包袱。"[7]

维特根斯坦集不容置疑的才华、专横的气场和狂躁的魄力于一身,令身边的很多人为之着迷。在这方面,他与 G. E. 摩尔的关系很有说明性。摩尔很快就默认了维特根斯坦的哲学判断是对的,即使面对维特根斯坦对自己的反驳,他未能完全把握精髓。他认为维特根斯坦比自己深刻得多,并告诉罗素,每当他们意见不一致时,他"总觉得维[特根斯坦]是对的"。[8]

1913 年,维特根斯坦决心与世隔绝以便专心思考,后来证明这是他一生中每隔几年就会出现的一种习惯。他出发前往挪威的峡湾,就在卑尔根市往北一点儿。几个月后,他从那里派人去找摩尔。前往挪威是一段波涛汹涌的漫长航程。摩尔不太愿意去,但发现维特根斯坦的恳求是无法拒绝的。一俟到了那里,摩尔就当起了听写员,记录维特根斯坦口述的逻辑方面的想法。这种安排很怪,很该强调一下:维特根斯坦当时只有 24 岁,连哲学本科学位都没有;摩尔是教授,在国际上享有盛名。

* * *

1914 年第一次世界大战爆发时,维特根斯坦原本正准备离开奥地利前往挪威,但发现这已经不可能,于是他志愿为祖国而战——尽管因为身体状况(疝气),他本可免于征召。让他的上级军官大惑不解的是,他急着要求被派往更危险而非更安全的地方。这让他赢得了嘉奖和非凡勇气勋章。1917 年 7 月,他经历了东线的克伦斯基攻势（Kerensky Offensive），这也是俄国人的最后一次进攻；随后被调往意大利的南线。1918 年 11 月 3 日，维特根斯坦被俘，随后做了 9 个月战俘。战争让纽拉特和卡尔纳普在政治上都走向了激进，但对维特根斯坦并未产生类似的影响。相反，它只是让一个本就激烈的人变得更加激烈。在战争初期，奥地利人俘获了一艘俄国巡逻舰"戈巴拉纳"（Goplana）号，在上面服役时，维特根斯坦读了列奥·托尔斯泰的《福音书摘要》，这本对《新约》福音书的综合作品。这提示出，他个性中的宗教和神秘主义倾向正在发展。

　　他的家人尽力用物资供应和鼓励去支持他，尤其是一心一意疼爱他的长姐赫米内。"对我来说，"她在一封信中写道，"你与这世上一切善好、伟大、美丽的事物都有着不可分割的联系，这联系多于、也异于其他任何人。"[9] 在整个战争期间，路德维希竟得以继续写作，这份手稿就是后来的《逻辑哲学论》，其中包含他在挪威与摩尔讨论过的一些思想。这本书于 1918 年完稿，这时，维特根斯坦从狱中写信恳请伯特兰·罗素来探望他，以便他能解释这本书。他强调了这本书的重要性。"我想你是不可能来这里看我的吧？又或许你会觉得，这种事我即便只是想想，都太厚颜无耻了。但如果你在世界的另一头而我'能'去看你，我'会'去的。"[10]

　　他们确实见了面，不过是在维特根斯坦出狱后，地点在海牙。德文版的《逻辑哲学论》直到 1921 年才出版，并且是在罗素同意写导言之后才出版的（出版商认为，这位著名的英国人的认可能保证这本晦涩难懂的书的价值）。可结果，维特根斯坦却对罗素的此番贡献不屑一顾。他以他那典型的毫不掩饰的方式评价道："你英语文风中的所有雅致，显然都在翻译中丧失殆尽，剩下的只有肤浅和误解。"[11] 在写给朋友保罗·恩格尔曼的信中，维特根斯坦对罗素导言的态度更为冷淡："他酝酿出了一种我并不赞同的混合物，但鉴于它不是我写的，所以我也并不太介意。"[12] 英文版于 1922 年出版。维特根斯坦得到的预付款是零。版税也没有高多少，尽管这本书后来长销不衰。这将是维特根斯坦生前出版的唯一哲学著作。

在《逻辑原子主义哲学》（一部系列讲座稿，首次出版于第一次世界大战行将结束之际）中，罗素陈说道，此书中的思想"很大程度上旨在解释某些观念，这些观念得自我的朋友和从前的学生路德维希·维特根斯坦。自 1914 年 8 月以来，我没有机会了解他的观点，甚至不知他是生是死"。[13] 粗暴地说，罗素的逻辑原子主义是这样一种理论：所有的命题都可以分析成越来越简单的成分，直到我们达到不可还原的、相当于原子的元素——物（Ding）。这些原子 / 物能为心灵直接获知，是实在的最基本要素。

当然，《逻辑哲学论》和逻辑原子主义有一些共同元素。但维特根斯坦认为，实在的最基本层次是"事实"（Tatsache）而非"物"。语言与实在的联系，是在命题的层面上（"猫在垫子上"即是一例命题）。鉴于维特根斯坦对罗素未能理解《逻辑哲学论》一事大为恼火，就无怪乎学界一直争论该书是否应解读为逻辑原子主义的某种展现或某个品种了。

* * *

《逻辑哲学论》不容易概括。其形式是一系列编号的命题，分为七个主要部分，形成某种层级结构。最重要的命题是标为整数，如 1、2、3 等。其下是对这些命题的评述（如 3.1、3.2 等），以及对这些评述的评述（如 3.11、3.12……），以此类推，有时甚至到小数点后好几位。它有一个著名的开场白"1. 世界是一切情况（Fall）"，和一个更著名的结尾"7. 对于不可说的，我们必须保持沉默"。《逻辑哲学论》提出论证的方式高度浓缩，往往把许多步骤留给读者去填补。维特根斯坦曾对罗素说，论证有可能破坏论点的美感，并且（据罗素所言）会使他"感觉自己好像在用沾满泥巴的双手弄脏一朵花"。[14] 在不到 80 页的篇幅里，《逻辑哲学论》具有哲学史上罕见的经济性。

根据《逻辑哲学论》，语言描绘实在：语言、思想和世界，三者共有一种逻辑形式。某些词（名称）代表对象。按适当顺序排列的词（命题）反映世界；它们描绘一种可能的"事态"（Sachverhalt）。句子"维特根斯坦用他那沾满泥巴的双手捧着一朵花"，就是在描绘维特根斯坦做这件事的事态。当然，这个命题也可能不是真的——他可能没有捧着一朵花，或者他捧花的方式不是命题描述的那样。

书中有一对关键区分：可"言说"的（ausprechliches），和只可"显示"（zeigen）的。这一点不容易解释，但我们可以这样想。如果我们能用一个命题说些什么，它就必须与某些关于世界的事实有关。"维特根斯坦用他那沾满泥巴的双手捧着一朵花"这个命题可能描绘了一种真实的事态，也可能没有；它"说"出来一些东西，这东西要么为真，要么为假。又，根据《逻辑哲学论》，关于什么是好的、有价值的，或者关于神秘或崇高的命题，并不描绘可能的情况；它们与关于世界的事实无关。就像维特根斯坦说的："如果存在某种有价值的价值，那么它必定处在一切发生的和既存的东西之外。"[15] 而关于上帝、伦理和审美的推定性命题，则最多只是在说一些"只可显示"的内容。

更重要的是，语言虽然可以描述实在，但在描述我们"如何"描述实在这方面，其能力是有限的。正如伦理和审美在某种重要的意义上是不可讨论的一样，语言本身的骨架也不可讨论。尝试讨论语言的限度，会不可避免地带我们离开意义的疆域，进入胡话的领地。这就给《逻辑哲学论》本身带来了一个出名的悖论：毕竟，维特根斯坦在文中不正是一直在谈论这些东西吗？他在倒数第二段给出了一个回应："我的句子以如下方式起到阐明作用：理解我的人，在借助它们来登上它们并越过它们后，最终会认识到它们都是胡话性质的（就是说，他在踩着梯子登上了高处之后，必须把梯子扔开）。"[16]

* * *

　　无论多么苦闷，维特根斯坦从来没有假谦虚的毛病。他认为自己已经解决了哲学的所有基础问题，在这一领域已经没有什么实质性的工作可做了，于是他又接受了师范培训，并一头扎进下奥地利州偏远贫困的村庄，从事他的新职业。卡尔·维特根斯坦于 1913 年 1 月去世，给孩子们留下了巨量的财富——但路德维希此时就把他那份财富送给了他还在世的几位同胞（除了格蕾特［玛格蕾特的昵称］，她嫁给了一个有钱的美国人，他认为她的财富绰绰有余）。他的财富已经成为沉重的心理负担；舍弃它们，犹如解放。

　　他还觉得家族的姓氏和名望也是一种负担。维特根斯坦宁愿村民不知道他的底细。他还让姐姐赫米内离他远点，伤了她的感情。"你和这个世界格格不入！"[17]受伤的赫米内写道，还警告他说，"单是我们的面容，就暴露了我们的好出身。"[18]在这个情况上，她是对的：真相不可避免地会浮出水面。路德维希的哥哥保罗也嘲笑他："鉴于我们的姓氏广为人知到令人难以置信的程度……鉴于我们拥有的财产遍布整个奥地利，我们参与各种慈善事业，等等，等等，任何带有我们姓氏的人，他那杰出和高雅的教养是所有人在千步开外就能看出来的，要不被认出是我们家族的一员是不可能的，真的完全不可能。"[19]

　　与此同时，虽然出版商曾把《逻辑哲学论》看作一本深奥难懂的书，认为它注定赔钱，但它却慢慢开始找到了一个有影响力的读者群。剑桥的哲学团体"道德科学俱乐部"对它进行了讨论。弗兰克·拉姆齐还是剑桥大学本科生的时候，就翻译了这本书。之所以选择拉姆齐，是因为他懂一些德语，而且从任何合理的标准来看，他也是一个天才。

经济学家约翰·梅纳德·凯恩斯曾回忆初次结识拉姆齐的情景，其中就体现了他的才华。"他非常讨人喜欢。午饭后我们去散步，下午四点半才回来。我们聊了写作的困难、哲学（认识论、奥卡姆剃刀）、数学史、数学中的概率、客观利益、谜题、游戏、经济史、马歇尔、即将出版的书籍、凯恩斯概率。"[20] 这听起来也许并不太特别，可一旦你意识到，当时拉姆齐才 17 岁，情况就大不一样了。后来，拉姆齐在他的才华最为鼎盛的时候逝世，年仅 26 岁。他死于误诊（死因并不清楚，但很可能是肝脏感染）。[21] 当时他已经在哲学、经济学、数学、概率和决策论方面做出了开创性的贡献。

1923 年，拉姆齐前往普赫贝格村（Puchberg）拜见维特根斯坦。在第一次奥地利之行之前，拉姆齐对维特根斯坦家族的巨富一无所知。尽管如此，他还是被这位哲学家的清苦条件吓了一跳。"他有一间'小'房间，里面有一张床、洗漱台、小桌子和一把硬椅子，就只放得下这么多东西了。我昨晚和他一起吃了饭，相当难吃，只有粗面包、黄油和可可。"[22] 每天，在维特根斯坦结束了上午的教学后，他们都会花上几个小时来研读《逻辑哲学论》，这让二人都筋疲力尽。维特根斯坦施展了他惯有的魔法。"他非常厉害。我一度认为摩尔很厉害，但现在看来那要除了维之外！当他说'清楚了吗'，我说不清楚，他说'该死！又要把这些重新过一遍，太讨厌了'的时候，真是太可怕了。"²³拉姆齐走后，维特根斯坦有好几天不能说话。拉姆齐会在1924年重返奥地利，关于这一点后面很快还会再聊。

在关于《逻辑哲学论》是如何被介绍给学圈的通常描述中，数学家库尔特·赖德迈斯特扮演了主角。据说他不知怎么就撞见了《逻辑哲学论》，并在某天晚上把它介绍给了学圈众人。但其实，一部关于拉姆齐的新传记提供了令人信服的证据：正是拉姆齐和石里克之间的一次谈话，让石里克真正意识到了《逻辑哲学论》的原创性。石里克在1924年8月5日写信给德国哲学家汉斯·赖欣巴哈：

> 你听说过L.维特根斯坦的《逻辑哲学论》吗？它发表于《自然哲学年鉴》，并且已经由罗素编辑成英德双语版专著。作者就住在维也纳附近，他极具思想原创性，为人也特立独行；对他的论著研读越深，越会为之惊叹。英译者是一位剑桥的数学家，我在这个夏天刚和他见过面。他也有着极为睿智和精密的头脑。²⁴

在《逻辑哲学论》之前他们讨论的是什么，没有得到很好的记录，我们不清楚。很可能是在哈恩的影响下，他们讨论了弗雷格和伯特兰·罗素的数学哲学。无论如何，现下已成学圈的这个组织，突然改变了方向。在这个学圈里，《逻辑哲学论》获得了一种近乎圣经般的地位。哈恩和石里克立即被它的深度和独创性所折服。学圈的一位年轻成员奥尔加·陶斯基报告说，这一文本"被视为最终的权威，用来解决一切争端"。[25]

这的确是维也纳学圈的第一个重大项目。1925 年至 1927年间，学圈逐句剖析了《逻辑哲学论》，就像犹太经文学校（yeshiva）的学生要努力解开《塔木德》的奥秘那样。他们当中只有一个质疑的声音，就是奥托·纽拉特，他察觉到维特根斯坦的许多玄奥的宣告背后不过是无稽之谈。

虽则如此，但尽管他们对《逻辑哲学论》中一条条的命题有解释上的分歧，学圈的大多数成员还是大体上认同他们从中解读出的哲学计划。维特根斯坦秉承弗雷格和罗素的传统，认为现代逻辑工具可以用来剖析语言的本质。他认为哲学的野心应当受到限制：哲学的任务是澄清命题。

学圈还接受了维特根斯坦关于逻辑真理的讨论。维特根斯坦认为，逻辑真理是重言式；它们是真的，但和经验命题的成真方式不同。逻辑真理，例如"天要么下雨，要么不下雨"，并不描绘世界。任何事态都不可能与这样的真理抵触或矛盾。而从这个角度来说，它们没有意义。但它们也不是胡话。它们是使命题得以描绘世界的基本框架，是意义的边界。

学圈把这一提议拓展进了数学之中——这可能是在读了拉姆齐的《数学基础》一文之后，因为其中也有类似的举措。[26]

数学给了学圈一个难题。数学的真理真的需要经验的佐证吗？
19 世纪哲学家约翰·斯图尔特·密尔曾提出过如下说法：他声称，
算术"真理"是通过反复地计数而达到的一般性概括。但应该
说这种提法从没获得过说服力，弗雷格就很鄙视，称其为"卵
石算术"。[27] 我们当然可以不参考实在世界，就能算出 2 + 2 的
答案。"乍看上去，数学的存在本身的确像是意味着纯粹经验主
义必定失败，"汉斯·哈恩写道，"就好像我们在数学中拥有一
种不来自经验的关于世界的知识，拥有'先验'的知识。"[28] 我
们来回想一下，康德也有他自己的分析，且不如密尔的策略那
么反直觉：数学真理是先验综合命题。对逻辑经验主义者来说，
其中的障碍在于，这种解释对他们来说并不可用，因为它借助
了经验主义之外的知识解释：就是说，康德认为事物可以不参
照任何特定经验而被认识。爱因斯坦已经削去了康德的一些先
验综合论的狂妄。但数学似乎是一个破解起来更为棘手的难题。

当然，正如我们已经看到的，弗雷格和罗素试图将数学还
原为逻辑。但维也纳学圈在他们对《逻辑哲学论》的解释中找
到了他们认为的终极解决方案（解决数学知识如何与严格的
经验主义相容的问题）。事实上，维特根斯坦在数学上的立场
与他在逻辑上的立场有着细微的不同。尽管如此，学圈认为同
样的路线应该应用于数学真理：它们也起着重言式的作用。[29]
"2 + 2 = 4"的真实性，就像"所有三角形都有三条边"，甚或"所
有外甥都至少有一个舅舅或阿姨"和"天要么下雨，要么不下雨"

等表达一样真实。我们之所以不需要参照世界来确立它们的真实性，是因为意义就内建于这些措辞本身之中（尽管在高等数学中，这些意义需要一些复杂的展开）。与物理学家、生物学家和化学家不同，数学家并不试图发现实在的结构。数学上的突破由具有罕见天赋的人取得，但这些突破并不带来对外部世界的洞察，不像天体物理学家揭示行星的运动或化学家发现化合物那样。

就这么一下子，问题就解决了。对学圈而言，这应该说是一个转折点，是解除了对其世界观最令人不安的挑战。

* * *

维特根斯坦因为从哲学界自行退隐，所以只朦胧地意识到了《逻辑哲学论》的声誉日隆。起初他在教课中找到了满足感，但很快幻想就破灭了。他好几次因为过于随意地使用体罚而惹上麻烦：据悉，他拉扯过顽童的头发，还用拳头击打他们的耳朵。此后，他试过在修道院里当园丁，并短暂地考虑过成为一名僧侣。而后，1926年到1928年间，他参与了姐姐玛格蕾特在维也纳的豪宅的设计和建造。

石里克曾在1924年底写信给维特根斯坦，表达了他对《逻辑哲学论》的钦佩之情，并希望去普赫贝格拜访他。和不少其他人一样，石里克也相信维特根斯坦的基本思想具有"重要性和正确性"。[30] 他提到他曾与拉姆齐见过面。维特根斯坦当时在更换教学职位，这封信花了些时间才送到他手里。收到信后，他回信批准了一次访问。中间肯定有各种耽搁，因为直到 1926 年 4 月，石里克方才南下。布兰奇·石里克描述了她丈夫的精神状态："他仿佛在准备一场朝圣，而他几乎是带着了不得的虔敬向我解释说，维是世上最伟大的天才之一。"[31] 结果，这次旅行徒劳无功。维特根斯坦刚刚辞去了教书工作，做别的事去了。

又过了一年，石里克和维特根斯坦终于见了面，是由维特根斯坦几位姐姐中最年轻、最善交际的格蕾特安排的。1927 年 2 月，她邀请石里克共进晚餐。她写道，她弟弟觉得无法与一群人见面来讨论石里克建议的话题，但她认为："如果只有你一个人……也许他能讨论这些问题。他认为，这样一来，他目前是否能在这方面帮到你，就会一目了然了。"[32]

石里克的妻子报告称他又有了"朝圣者的那种虔敬态度"。他吃完那顿饭回来后"就处在某种狂喜的状态中，也不怎么说话"。[33] 布兰奇感到自己"不该问问题"，而维特根斯坦则对朋友说："我们俩都认为对方一定是疯了。"[34] 几个月内，在又单独约见了石里克几次之后，维特根斯坦被说服与学圈中的一组遴选成员碰面，不过他从未参加过学圈的任何一次正式聚会。

卡尔纳普这时已经搬到了维也纳。除了《逻辑哲学论》之外，另一个受学圈密切关注的文本就是卡尔纳普的《世界的逻辑构造》，这是一本风格迥异的书。许多最终出现在卡尔纳普的《语言的逻辑句法》（1934）中的观点，最初都是在学圈内部报告的。

在石里克之外，卡尔纳普，还有费格尔，也参加了与维特根斯坦的早期讨论。在这些会面中，维特根斯坦一如既往地施展他的魔法。"他这个人极为严肃，理智上有着无情的诚实和自我批判精神，肯定仍是我见过的最为迷人的思想家，仅次于爱因斯坦。"[35] 费格尔写道。卡尔纳普则回忆说，在与维特根斯坦初次见面之前，石里克就警告他们：这个不同寻常的人物敏感且脆弱，最好就只"让维特根斯坦说话"。[36]

在接下来的两年间，多次聚会在各种地点举行：咖啡馆，石里克家中，有一次还是在学生玛丽亚·卡斯帕（未来的费格尔夫人）的家中。他们通常是在星期一，也约定讨论的内容不限于哲学——有时维特根斯坦会坚持读孟加拉族的诺贝尔奖得主拉宾德拉纳特·泰戈尔的诗。他背诵诗句的时候背对着众人，不想看他们的表情。

然而，当他在哲学上火力全开的时候，"我们见证了他在处理各类哲学问题时，那种令人瞩目的、高度直觉化的方式"。[37]并非每个人都被完全统摄其中。尤其是卡尔纳普和费格尔，都保留了一些批判性的距离。卡尔纳普与维特根斯坦的关系一开始就不太顺利。1927 年 6 月，卡尔纳普初会维特根斯坦，他的日记中还记录了他发现维特根斯坦的思想极具原创性。但石里克告诉维特根斯坦——也许以为投他的脾气——卡尔纳普是世界语这种 19 世纪末发展起来的人工语言的发烧友。维特根斯坦大为光火："一种并非'有机地生长出来'的语言对他来说不仅无用，而且可鄙。"[38] 卡尔纳普对超心理学（parapsychology）的兴趣，更使他厌恶。

然而，两人之间关系的紧张，主要来自更深层的原因。卡尔纳普和维特根斯坦对待哲学的方式完全不同。作为逻辑学家，卡尔纳普做哲学的方式系统而缓慢，充满技术性，小心谨慎，步步为营；前提要说出来，论证要尽可能清晰地摆开。维特根斯坦对待哲学的方式则完全相反，而且随着年龄的增长越发如此：他处理的是最基础的问题，但至少在他的后期哲学中，他并不倾向于使用逻辑符号，或自下而上地小步推进。卡尔纳普是理论家，有着科学家的心态，他的哲学也具有科学倾向；而维特根斯坦则是一个高度本能型的思想家，有着艺术家的脾性，对问题的把握比较个人化，以格言式风格写作，而且——尤其还是在他的晚期著作中——倾向于从多个角度处理问题。有一次，卡尔纳普礼貌地请维特根斯坦对某件事给出更深入的解释，维特根斯坦后来向费格尔抱怨道："如果他自己嗅探不到，我是帮不了他。他就是没有这种鼻子！"[39] 卡尔纳普自己也认识到了他们之间的鸿沟。他震惊地发现自己多么严重地误解了维特根斯坦的哲学意识（sensibility）：卡尔纳普写道，维特根斯坦的态度更接近创意艺术家，而非科学家，"类似于……宗教先知、预言家"。[40] 当他们讨论哲学时，卡尔纳普及其他人会观察到维特根斯坦为寻求灵光闪现（illumination）而痛苦、挣扎。"最后……他的答案出现时，他的陈述会像一件新创作的艺术品或神圣的启示一般立在我们面前……他让我们清楚地感到，洞见仿佛像天赐的灵感那样进入他的脑海的。"[41]

　　而这不仅仅是一个哲学风格的问题。为制服形而上学，学圈进行了英勇的斗争，至少在一定程度上，这是它后来遭到当局打击，其成员被迫移民或逃亡的原因之一——形而上学的陈述可以视为非经验陈述而抛弃。而维特根斯坦的立场却与学圈有着微妙而重大的不同。他说，有些主张无法表达。学圈最初并没有领会到这种区别。我们后面会看到，与《逻辑哲学论》的潜藏信息相比，逻辑经验主义与法西斯意识形态的冲突要明显得多，而且这种冲突完全是正面的。

　　不过此时，维特根斯坦和学圈的代表正在进行技术性的讨论。讨论的议题之一是"同一性"（identity），即我们如何理解"A = B"这个命题。"同一性就是那个妖怪。"[42]维特根斯坦曾在 1913 年给罗素的信中如是写道。让它如此妖异的，是这样一个弗雷格的谜题：早晨时分，我看到的最后一颗可见的星星是晨星；黄昏薄暮之时，我抬头看到的是暮星，即傍晚时可见的第一颗星。假设有人做出这样的断言："晨星就是暮星（其实都是金星）。"表面上看，这个陈述提供了真实的信息：我此前可能不知道晨星和暮星是同一颗星。但如果"晨星是暮星"表达了晨星和暮星之间的关系，即它们是同一个物体，那么它是否等于说"晨星是晨星"？这种看法听起来不对，因为后一种说法没有意思、没有信息量，它根本没讲出任何有用的东西。

弗雷格通过区分所谓的"指称"(reference)和"涵义"(sense)来解决这个难题。[*]"晨星"和"暮星"有相同的参照、指涉,指的都是同一个对象。但二者有不同的涵义,即表达的方式不同。罗素提出了另一种分析:名称是对限定性摹状词的速记。也就是说,"玛格蕾特·斯通伯勒"是"维特根斯坦三个姐姐中最年轻的一个"的缩写;当我们使用"玛格蕾特·斯通伯勒"这个名称时,指的就是这个人。同样,"晨星"也是类似于"早晨可见的行星"的一种缩略形式。所以罗素提出了对"晨星就是暮星"这句话的三重拆解:

1. 早晨的天空中有且只有一颗可见的行星。
2. 薄暮的天空中也有且只有一颗可见的行星。
3. 无论是哪颗行星在早晨的天空中可见,它在薄暮的天空中也可见。

那么,该如何解释"晨星是晨星"这句听似显而易见的空陈述呢?在拉姆齐和维特根斯坦之间的一次由石里克充当信使的交流中,[43]拉姆齐和维特根斯坦讨论了"晨星"的地位:它是一个名称,还是一个摹状词?二人这场争论的细节至今仍令

---

[*] 弗雷格针对这一区别的选词为 Bedeutung vs. Sinn,英语、汉语哲学界各有多种翻译,这里权取一种。

哲学家们困惑不已。争论的根源在于，拉姆齐试图改进罗素将数学转化为逻辑的计划：拉姆齐认为，为了使罗素的努力奏效，他必须提出另一种同一性概念。

* * *

学圈内部有个充当维特根斯坦固定听众的小团体，这其中，石里克和魏斯曼始终对他最为拜服，在所有棘手的问题上都听命于他。对石里克和魏斯曼来说，维特根斯坦的立场和正确的立场，就像晨星和暮星一样，是同一个。魏斯曼甚至开始下意识地模仿维特根斯坦的说话模式。石里克开始把自己的一些原创观点归功于维特根斯坦，尽管这些观点在他还没有读到《逻辑哲学论》之前就已经表达了出来。维特根斯坦一定认可这种顺从的态度：到 1929 年秋天，他选择把讨论限制为只与石里克和魏斯曼进行，且通常就在石里克家中。

不过，让维特根斯坦对哲学问题重振兴趣，是费格尔的功劳。费格尔提到了（与门格尔合作过的）荷兰数学家 L. E. J. 布劳威尔将于 1928 年 3 月 10 日举办讲座，并说服了最初不情不愿的维特根斯坦去听。[44] 布劳威尔曾受哈恩之邀做过两次讲座。他是一个数学直觉主义者，深信数学是心灵的创造，而非对永恒真理的发现和描述。我们通常会假定，如果一个理论能被指出错误，从而遭到否证，那么它一定一直都是错的，不管其错误性是否已经得到了数学家的承认。同样我们也会认为，就算一个数学理论尚未被证明或否证，它也一定是非真即假。这两种信念都很有吸引力，但直觉主义者主张，两者都该被抵制。于是，直觉主义者不接受罗素和怀特海在《数学原理》中假定的一个基本原则，即"排中原则"：每个命题，非真即假。不能被证明或否证的命题，既非确定地真，亦非确定地假，而是"临时的"（pro tem）。

到场听讲的都是城里的学圈人士。在这场题为"数学、科学和语言"的讲座之前，门格尔看到哈恩向维特根斯坦做自我介绍。据门格尔说，维特根斯坦"眼睛盯在无限远处"，[45] 基本上没有理睬哈恩。讲座结束后，听众中有几个人，包括费格尔和维特根斯坦，退到了一家咖啡馆。"突然间，维特根斯坦开始谈论哲学，声音很大，而且长篇大论。也许这就是转折点……维特根斯坦又变回了哲学家。"[46] 费格尔写道。这有点自我吹嘘的意思。维特根斯坦已然开始了与新哲学思想的搏斗，他与拉姆齐关于同一性的交流就证明了这一点。尽管如此，这是一个重要的时刻，维特根斯坦此时做出了一个关键决定：1929 年 1月他动身前往剑桥时，理论上应该只是去度假，但他决定留下来，于 1 月 18 日重新入学。

* * *

他到达剑桥时，迎接他的是约翰·梅纳德·凯恩斯。这位经济学家给妻子的信中写道："好的，上帝来了。我在 5 点 15

分的火车上见到了他。"

　　为了支持给维特根斯坦申请资助，拉姆齐写信给哲学系主任 G. E. 摩尔："在我看来，维特根斯坦先生是一位卓尔不群的哲学天才，我认识的任何其他人都和他不在一个等级。"[47] 后来发现，既然他在剑桥生活了一段时间（包括一战前在大学的那段时间)，他可以把《逻辑哲学论》作为博士学位提交。按规定，他必须有一位导师。而拉姆齐尽管比他小 20 岁，但还是这项工作的当然之选——他比英国国内任何人都更熟悉《逻辑哲学论》。但有一个小困难：维特根斯坦顽固地拒绝写作必不可少的三百词摘要；永远那么热心肠的拉姆齐替他写了。

　　关于口试的过程，有一个有趣的故事。两位考官是罗素和摩尔；而罗素担心，既然维特根斯坦对他抱有如此大的恶意，这个奥地利人可能会在中途破门而出。摩尔和罗素走完了对维特根斯坦的提问流程,完成了此番超现实的表演。《逻辑哲学论》已经取得了圈层偶像地位，无法想象它会通不过答辩。罗素指出了一些问题，维特根斯坦不屑一顾，最后他一锤定音，对这两位长者说道："别担心，我知道你们'永远'也不会懂。"[48] 就这样结束了这场闹剧。按照程序,摩尔要出具一份报告,对"论文"是否通过了博士质量门槛做出裁决。"我倾向于认为，这篇博士论文整体上是一篇天才之作，可与公认的哲学名著媲美；但即便不是这样，我也很有把握地感觉到，它的质量已经达到了，不授予维特根斯坦先生博士学位将是一种彻底的荒谬，这样的程度。"[49]

次日，维特根斯坦获得了一项研究拨款。他于 2 月 18 日写信给石里克："我已经决定在剑桥这里待上几个学期，从事视觉空间和其他方面的工作……请代我向圆桌会议（Round Table）成员，特别是向魏斯曼先生致意。"[50]

在余生中，他主要都待在了英国。但他的家、他的故乡（Heimat）永远是维也纳，他会经常在圣诞节、复活节和暑假期间回来。1929 年夏天他就回了维也纳，但在这次行程中既没有见到石里克，也没有见到魏斯曼。魏斯曼在那一年结婚了，而石里克则在斯坦福大学休学术假。石里克正在考虑去波恩大学任职。他的决定将改变这个学圈的性质——它将变得更加公共化、政治化，也更加暴露。

6 红色维也纳的纽拉特

> 奥地利，一个"保守而又极为美丽的小小共和国，一个认为自己不应该存在的国家"。
>
> ——埃里克·霍布斯鲍姆

北部的布拉格，西部的因斯布鲁克，南部的萨拉热窝，东部的布科维纳（曾属摩尔多瓦）——第一次世界大战前夕，所有这些城市都属于奥匈帝国。在这片广阔的土地上，分布着大约5500万人口：克罗地亚人和塞尔维亚人，意大利人和匈牙利人，乌克兰人和罗马尼亚人，捷克人和摩拉维亚人。维也纳是德语区，但不属于德国。以下是1898年一位美国外交官对这座城市的描绘："某个在维也纳只待了一小段时间的人，可能自己是纯正的德国血统，但他的妻子是加利西亚人或波兰人，厨师是波希米亚人，孩子的保姆是达尔马提亚人，他的工人（man）是塞尔维亚人，马车夫是斯拉夫人，理发师是马扎尔人，儿子的家庭教师是法国人。行政部门的大部分雇员是捷克人，而匈牙利人对政府事务的影响最大。"[1] "大熔炉"一词在1908

年以色列·赞格威尔的一部同名话剧上演后，流行了起来。它本是用来形容美国对移民的吸纳，但同样可以形容奥匈帝国。

按人均计算，奥匈帝国在大战中损失的士兵比任何其他国家都多。第一次世界大战结束之际，《凡尔赛条约》的签订重划了欧洲的地图。这时，奥地利成了一个版图萎缩的国家，用一位历史学家的话说，是个"没人想要"的国家。[2] 这个国家没有出海口；完全成了德语国家；人口只有 700 万，半饥半饱，还遭到了西班牙流感的沉重打击（从 1918 年到 1920 年，西班牙流感夺走了全世界数千万人的生命）。历史学家埃里克·霍布斯鲍姆后来将他成长于斯的奥地利描述为一个"虽然保守而又极为美丽的小小共和国，一个认为自己不应该存在的国家"。[3]

谁要是在第一次世界大战前生活在维也纳，就会感到自己处于欧洲最强大的政治实体之一的中心。战后要想继续留在这座城市，就需要进行心理调整，承认地位的降低，采用新的"世界观"（Weltanschauung）。

* * *

虽然维也纳一直是奥匈帝国之内最闪耀的城市，但帝国也有其他经济文化中心，最显眼的就是布达佩斯和布拉格。帝国解体后，布达佩斯和布拉格分别成了新成立的国家匈牙利和捷克斯洛伐克的首都。奥地利现在变成了帝国解体后的残余，维也纳在其中的地位就无与伦比了：它的人口占国内总人口的

1/3，而且越来越像一个特别区。与外面古朴的阿尔卑斯山村和小城相比，维也纳除了与它们说同一种语言之外，几乎毫无共同之处。几十年后，在美国，一个奥地利人听到卡尔·门格尔的口音后说："你一定是奥地利人？""当然不是，"门格尔反击道，"我是维也纳人。"[4]

反正在政治上，奥地利不是一个国家，而是两个。在 1919 年的市政选举中，社会民主工人党（SDAP）控制了首都。这标志着"红色维也纳"的开始，这个时代将持续 15 年。SDAP 的意识形态是由几位极具影响力的知识分子塑造的，如奥托·鲍尔和弗里德里希·阿德勒。这一意识形态后来被称为"奥地利马克思主义"，但它与 1917 年在俄国开始掌权的共产主义政府几无相似之处，而且也拒绝接受布尔什维克意识形态的一些主要纲领，例如它不认为革命性的变化需要由一个具有阶级自觉的活动家组成的先锋队来引领。它确实吸收了马克思主义理论的一些内容，特别是强调生产工具的私有制是不平等的成因。但奥地利马克思主义的独特性不仅体现在学说上，还体现在实践上：它有一套非常具体的改革纲领。虽然战争掏空了国库，但 SDAP 雄心勃勃，寻求以现代的、技术官僚式的方案来解决失业、恶劣的住房及工作条件等传统问题。它拥抱经验主义，讲求事实、数字等等各类证据；它主张平等，但对如何实现平等又很务实。奥地利马克思主义的信徒"在他们的一般性态度和紧要的关注点上，表现出了与新实证主义学说的亲和力……

就是维也纳学圈中的学说"。[5] 卡尔纳普和纽拉特有时会去参加鲍尔的私人讨论组。

自 1922 年起，维也纳获得了"州"（Land，或说"省"）的权力，大范围的征税和财政开支因之得以可能。它充分利用了这一优势：事实上，作为一场民主社会主义的实验，奥地利马克思主义造就了一些令人惊叹的成果。它引入了 8 小时工作制和失业救济金。引入了一项令人瞩目的住房计划，利用众多街区的 64000 套住宅，安置了 20 万人（占城市人口的 1/10）；还引入了租金管制。医院和公共卫生获得了主要投资，也有资金流用于建设和支持图书馆、公园和体育设施。教育得到了高度重视，而且不仅仅是学校；短短数年之间，成人夜校发展成了一大片网络，目的在于提高群众的思想认识：这一目标本身即有其内在价值，此外还因为大家都知道（或自认为知道），受了教育的工人会变成社会主义工人。在许多不掌权的欧洲左派政党纷纷宣扬改善最弱势群体命运的政策之时，这些政策已经在维也纳大刀阔斧地付诸实施了。成本必须由富人承担：在奢侈品消费和货物（包括家仆）上加税。

另一场社会革命也在发生。一战期间对妇女参与劳动的需求，改变了社会的态度。如今，在 SDAP 的鼓励下，女性开始就读大学，人数相当多。这其中就有抽着雪茄的奥尔伽·哈恩，以及奥尔伽·陶斯基和罗丝·兰德，她们三人都将加入学圈。

* * *

我们应该警惕对"维也纳社会主义共和国"过于正面的描述。在 20 世纪二三十年代，这座城市离成为无产阶级的乐土[6]还有一段距离。战争结束之际，其几乎不可避免的后遗症开始显现，经济的自由落体引发了骇人的食品和燃料短缺。失业率飙升，物价飞涨。尽管房屋建设取得了成就，但在 1924 年至 1934 年间，住在收容所的无家可归者人数增加了两倍，达到近 8 万人。旧有的存量住房已是一片狼藉。门格尔差点被拍扁：半吨灰泥从一栋房子上掉下来，就砸落在他面前。罕有家庭有室内厕所，大多缺少自来水。纽拉特成为在第五区住宅中第一个安装盥洗室的住户，但也是直到 20 年代中期才安装完成。

资产阶级的情况比工人阶级好不了多少。电力短缺冲击着每一个人，无论地位高低：直到 1920 年，每晚 8 点还都会断电。中产阶级也遭遇了食品短缺。黄油和牛奶很难找到。在战后的超级通货膨胀中，许多中产家庭的积蓄荡然无存，其中就包括考夫曼一家和波普尔一家。考夫曼家一度自认为富裕，如今失去了一切。卡尔·波普尔的父亲西蒙曾是一名富有的律师，他们家在维也纳市中心购置了一套大公寓，靠近划出首都天际线的天主教堂——圣史蒂芬教堂（西格蒙德·弗洛伊德称之为"那个可恶的尖塔"[7]）。波普尔本可能期待过一份丰厚的遗产和舒适的中产生活，这种前景至少在可见的未来已不复存在。他几乎连像样的衣服都穿不起。"我们中的大多数人只能买得起废旧军服，再改成民用的。"[8]汉斯·哈恩的情况好一些，尽管他不得不出售父亲的度假屋。1922年，就是石里克抵达维也纳的那一年，在6月这短短一个月内，已经贬值得很可怜的克朗从5.2万兑1英镑崩盘到12.5万兑1英镑，而后进一步跳水，在8月份达到了35万克朗兑1英镑的最低点。

鉴于这种经济状况，红色维也纳的政局出现惨烈的争夺也就不足为奇了。基督教社会党是主要的右翼政党，滋养他们的，是天主教会的反犹太主义，和对现代经济的破坏性变化的失望。也有一些泛德意志民族主义者，推动与德国形成更紧密的联系。在许多领域都能感受到右翼的影响，尤其是在大学，对此维也纳学圈再清楚不过。右翼的游行和示威定期举行，一个凶狠好斗的右翼媒体也成立起来。右派和左派都有准军事的"自卫"部队：左派的"保卫团"（Schutzbund）和右派的"卫国军"（Heimwehr）。

1927年7月15日发生了一起关键事件。当天，三名右翼准军事人员被无罪释放，而在6个月前，他们杀害了一名半盲的一战老兵和他8岁的侄子，仅仅因为两人参加了社会民主游行。愤怒的抗议者点燃了司法宫（Justizpalast）。警察开了枪，在随后的大混乱中，89人被打死，数百人受伤。社会主义者呼吁举行总罢工，并要求警察局长下台。奥地利处于内战的边缘。

大概出于对无政府状态的恐惧，市政府迟迟没有行动：他们袖手旁观，眼睁睁看着罢工被右翼准军事人员镇压。学圈的几乎所有成员都曾同情示威者。当大学校长要求为暴力事件中的受害警察捐款时，汉斯·哈恩的反应是呼吁为社会民主工人党捐款。但就像任何事情一样，这次事件是右派的心理胜利；左派再未完全恢复信心。

波普尔事后声称，他认识到 7 月 15 日的动乱是极端主义的预兆。"我开始预期最坏的情况：中欧的民主堡垒行将倒塌，极权主义的德国将发动另一场世界大战。"[9] 他如果真是这么想的，那可算是超凡的先知先觉了。但对大多数人来说，此刻仍是为自己的政治立场而战的时候，不该让步和逃离。

* * *

这也是奥托·纽拉特的态度。对于像纽拉特这样有动机和干劲搞社会实验的人，红色维也纳是完美的实验室。他认为，SDAP 热衷的一些项目——反对酗酒，（出于某种原因）推广短发——实在琐屑无聊。他想要的是颠覆整个社会秩序。

从德国出狱回到奥地利后，他最初把精力投在了一个为人们提供住房和园地的组织中。他的设想是建造简单的低层连排公寓，有连通的园地和公共聚会场所，没有私人厨房。他的下一项事业是住房与城市规划博物馆。他对博物馆的投入有一个意识形态上的原因：他相信理性的力量；他也相信，只要人们有方法，并获得合适的信息，就会做出明智的选择，无论是关于住房的还是生活的其他任何方面。据他描述，有一次他接到一份令人困惑的报告，说有廉租房客在浴室里养猪。这似乎怎么也说不过去，但他拜访了房客，房客给出的理由完全合情合理："纽拉特博士，您看，去年我把猪养在市议会提供的猪圈里，但猪圈里没有暖气，太冷，我的猪都死了；所以现在我把猪养在浴室里。"[10] 猪圈里的一组小暖气就让猪回去了原来的住处。

纽拉特对住房的兴趣由来已久，但他对教育的热情更大。1925 年 1 月 1 日，他基于一个巧妙的想法开办了一间博物馆，这个想法将使他终生痴迷，并为他提供收入。这就是"社会和经济博物馆"。他从市政官员那里威逼利诱骗来了部分资金开起了这间博物馆，目的是通过图画来指导参观者。统计资料被转化为富有创造性的精美图像，数量则以"图示"（pictorial）的重复来代表。通过这些图示，参观者可以了解从工业到移民的方方面面。这间博物馆举办了三四十个展览。

纽拉特创造了一个表达（他总是在创造表达）："话语造成分化，图画带来联合（Worte trennen，Bilder verbinden）。"这句标语就贴在他博物馆办公室的墙上。不是每个人都说同样的语言，这在成长于奥匈帝国的人看来是理所当然的；但几乎人人都能理解图像，尽管图像也有其局限性（比如，它们并不是表达情感的理想选择）。

除纽拉特之外，没有其他学圈成员直接参与博物馆的工作。然而，图示和逻辑经验主义之间有明显的相似之处，甚至在口号上也是如此。纽拉特的另一句话是"形而上学措辞造成分化，科学措辞带来联合"。当然，纽拉特认为两场运动的核心都是交

流。他永远与啰唆含糊为敌。他希望图像简单，不加修饰，除
了传递意义之外不带任何多余的东西。这是很难实现的：简洁
性可并不简单。

　　博物馆具有强烈的社会主义倾向：在教育工人阶级的同时，
它也旨在在这个文盲问题严重的时代，对他们做政治动员。数

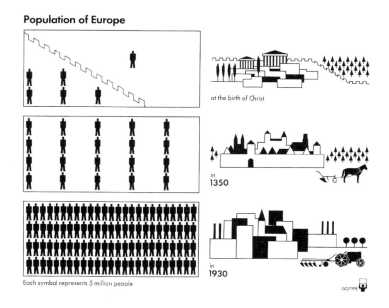

纽拉特的"同型图"（Isotype，全称"排版图形教育国际体系"/International
system of Typographic picture education）一例。来源：Christoph Limbeck-Lilienau
and Friedrich Stadler, *Der Wiener Kreis* (LIT Verlag, 2015)。蒙维也纳学圈协会（Wiener
Kreis Gesellschaft）慨允转载

字本身都是博物馆所能确定的最准确的数字，但选择展示哪些
数字，则不可避免地具有政治性，甚或可以说是宣传性。例如，
有一些关于疾病和工人状况的数字，反映在婴儿死亡率的变化
上，可与富人的死亡率形成对比。纽拉特还认为，图示也有助
于打击种族主义——它能揭露"黄种人"的人数增长正在超过
"白种人"这种说法的荒谬。[11] 对那些指责他在搞"通俗矮化"
（dumbing-down）的批评者，他不屑一顾。他坚持认为，图示
没有任何贬低的意义。信息即解放。有时图画比文字能更有效
地处理信息。他的大部分思想（包括博物馆）背后，都是这样
的信念：穷人的生活可以而且应当得到改善。

虽然博物馆是纽拉特的心血结晶，但他本人并没有接受过
艺术或平面设计方面的训练。假如没有他的两位主要合作者，
博物馆就永远无法运作。一位是才华横溢的德国插画家格尔
德·阿恩茨，另一位是大学刚毕业的玛丽·赖德迈斯特，她于
1924 年来到维也纳看望哥哥库尔特。纽拉特立刻就被她吸引住
了，因为她坦陈自己不懂黑格尔。她很快成了他的情妇——这
一点纽拉特从未试图向妻子奥尔加隐瞒。

他们的事业从一开始就大受欢迎。这里成了英国女性埃丝
特·辛普森最爱流连的地方——她从 20 世纪 20 年代末起在维
也纳住了几年，后来纽拉特还需要请她帮忙。还有一个来自苏
联大使馆的代表团，因参观这里获得了深刻印象，于是请纽拉
特和赖德迈斯特协助他们建立自己的研究所，即"苏维埃建设

和经济图示统计全联盟研究所"，简称"图示统计所"（Izostat）。

纽拉特欣然同意，每年去苏联待上 60 天，这体现了他在政治上的幼稚，或是任性的盲目。当然，他是一个社会主义者，认同俄国革命的某些目标。而且当时还有别的西方知识分子前往苏联，带回来满腔热情。但对更敏锐的访客而言，那个国家的不妙转折已经显而易见。

当然，纽拉特也得到了报酬，而且无疑也对得到外国政府的礼遇有一些高兴。1931 年 9 月，苏联人民委员会颁布了一项法令："所有的公有及合营组织、工会和学校都必须按纽拉特博士的方法进行图示统计。"[12] 他和玛丽受到了盛情招待，至少最初被安顿在十分豪华的大酒店里。但随着时间的推移，接待工作逐渐冷却，提供的住宿条件也变得不那么豪华了，而这项工作也超出了纽拉特的控制，其宣传性变得越发明目张胆。

图示统计所发展到了 70 多人。其主要目的是展示第一个五年计划（1928—1932）在发展煤炭、钢铁和电力方面的成功，同时预测第二个五年计划（1933—1938）在公路、铁路和水利方面将取得的成就。纽拉特对图示统计所越来越不抱幻想，并在一封信中承认自己不得不忽略某些和东道主在思想观念上的分歧。不过，这位热爱事实、鄙视谎话的人，在一段时间内只得将他在苏联的顾问角色和他的经验主义调和起来。这一定需要一些敏捷的精神体操。

纽拉特的图示在今天看来并没有多么激进，因为我们已经习惯了标识牌上的视觉指示。但在 20 世纪 20 年代，应该说它是革命性的。即便这样，他的博物馆最好被理解为从属于另一个更广泛的运动：现代主义。维也纳学圈整体也是如此。

但在我们讨论它之前，该喝杯咖啡了吧？

7　咖啡与学圈

如果一座城市能产生弗洛伊德、维特根斯坦、马勒、勋伯格、赫兹尔、凯尔森、波普尔、哈耶克、克里姆特、施尼茨勒、穆齐尔、卢斯、克劳斯——和希特勒——那么其中显然发生着重要之事。[1]

为什么会出现这种群英荟萃的现象？

想要画出模式、提出原因、寻求解释，这是人类的天然本能。我们如何解释这么多一流的思想家——不仅仅是哲学家——云集在同一座欧洲城市？为什么是维也纳？又为什么在 20 世纪的前 30 年？[2]

巧合和侥幸的作用不应忽视。比如在学圈之内，如此之多的人才会聚就来自各种各样的个人原因：假如巴伐利亚革命没被镇压，纽拉特可能还留在德国；假如门格尔不是与上司关系紧张，他可能还待在阿姆斯特丹。我们可以继续猜测更多的"假如……可能"。

但撇开这些不谈，要说没有更深层的事情发生，说当地的土壤中没有任何东西可以滋养这个学圈，那是不可能的：学圈可不是从一片贫瘠的土地上生发出来的。几十年来，维也纳是文学、新闻、视觉艺术、音乐、建筑及哲学等领域显著发展的舞台。历史上也出现过其他天才集群：公元前 5 世纪的雅典，公元 14 世纪的佛罗伦萨，以及 18 世纪的爱丁堡。维也纳该当在这个行列中占有一席之地。

这种集群的一个规律，就是金钱会发挥作用。文化有时表现为物质动机的对立面，而由更崇高的关注所驱动。但是，它像其他任何领域一样依赖资金支持，程度只多不少。纵观历史，艺术家们都依赖于赞助。世纪末的维也纳是一个庞大帝国光鲜亮丽的首都，这里广有财富，其中一些就陈列在大道巷 4 号——维特根斯坦宫的街道地址。路德维希的父亲卡尔，即这座豪宅的主人，向维也纳的艺术界注入了大量资金。

另一方面，学圈的鼎盛时期也适逢经济的严重萎缩期。在 20 世纪二三十年代，只有少数人能感到自信、安全和富足。更普遍的感觉是对厄运临头的不安和恐惧。难道威胁和恐惧是一战后维也纳创造性成就的动力？也许这仅仅是一种合理化，是误把前后当作因果。更难排除的是这样一种理论：智识生活的兴旺，是各种文化相互融合的副产品。最近的研究表明，最能预示出优秀思想的传播和兴盛的，是社群的交融。[3] 维也纳是来自全奥匈帝国的人的家园——匈牙利人、捷克人、波兰人、塞尔维亚人、克罗地亚人、斯洛文尼亚人、犹太人，当然还有奥地利本土国民。他们聚集在维也纳的不同街区之内，但也许利奥波德城[*]说意第绪语的人要除外，这些人从未像犹太区（ghetto）那样孤立。维也纳是一个交谈和辩论的地方。

然而，交谈和辩论的发生地点可能并不如你所料，并不在大学。维也纳大学作为首都唯一的主要学术机构，拥有事实上的垄断地位。在哲学系，经验主义者（石里克、卡尔纳普、克拉夫特）是少数派，大多数课程都是哲学史。大学还有自己的哲学社团，经验主义者在其中的比例同样不高。

我们可能对大学有一个理想化的图景，认为它是宽容和平等的港湾。但实际上，20世纪前几十年的维也纳大学是保守主义的堡垒，这不仅体现在其中任教者的政治立场，也体现在它的规章制度和风气上。例如，与许多欧洲国家一样，从传统上，学者与学生之间的关系就是疏远的。教授不会被设想为一种平易近人的身份，他们也很少鼓励互动。石里克就是个典型的例子。他坐着讲课，全不费心去吸引听众。他用一张纸条告诉想商量研讨室使用问题的罗丝·兰德，她"只能在我的正式接待时间内"和他谈这个问题。[4] 而她还是学圈成员呢！波普尔也描述了那些教他数学和哲学的人是如何被奉若半神的，他回忆道："对我们来说，他们遥不可及……教授和没有资格写博士论文的学生之间没有接触。对于去结识他们，我既无丝毫野心，也没有任何机会。"[5]

---

* Leopoldstadt，维也纳的第二区。

学术工作来之不易，又有相当高的声望，然而一战后教授的工资几乎不足以维持生活，工作条件也让人很不满意。讲座教室又冷又挤，有些学生只得坐在地板上，还有些坐在窗台上。纸张这样的基本用品都很短缺，图书馆也买不起外国著作。

大学里的学生都是兄弟会的成员。第一次世界大战后，由于学生群体中多了许多退伍军人，这些兄弟会对外人，特别是少数民族的敌意提高了很多。许多兄弟会只允许能证明自己雅利安血统纯洁性的人加入，并为减少犹太学生的数量而大肆活动。每周六的早上，兄弟会都会在校园里游行，而聪明的自由派和不恪守教规的犹太人*都会识相溜走。大学是一个自行其是的区域，如果你被人粗暴对待，大喊救命也是徒劳。

一般的学者都是从私人（无薪）讲师（Privatdozent）做起，这个头衔在一些德语大学里至今依然存在。某学者要获得这一头衔，必须先获得"更高博士学位"，即"特许任教资格"。大学当局设置了私人讲师这种职位，却可以不为之支付报酬——真是个巧妙的把戏。

不过，这是学术生涯的常规起始职位。卡尔纳普在1926年到达维也纳，为的是成为哲学私人讲师。菲利普·弗兰克、库尔特·哥德尔、费利克斯·考夫曼、维克多·克拉夫特和卡尔·门格尔皆是从私人讲师起步，莫里茨·石里克（在罗斯托克大学）

---

*　按犹太历，犹太人每七天要守安息日，从星期五日落至星期六日落。——译注

也是如此。这个头衔给了持有者讲课的权利，所以是进入学术界的主流途径，尽管没有薪俸，但这个职位还是很抢手。

但才华并不足够保证你获得这个头衔。例如，石里克以为在大学里为赫伯特·费格尔争取一个私人讲师职位是一件很简单的事。他错了。有两个问题：费格尔是捷克公民，且是犹太人后裔。无论如何，由于缺乏稳定收入，这个职位对一些人来说太岌岌可危了。像费利克斯·考夫曼，尽管获得了特许任教资格和私人讲师身份，但最终因为缺钱不得不找了一份工作，而且做得十分成功：经营一家石油公司。他并没有完全与学圈脱离关系。他能够把工作与发表文章、与定期参加学圈的晚间聚会结合起来。对于那些希望继续留在教育行业的人来说，去中学教书也是一种后备选项，例如波普尔就走了这条路。

维也纳的许多知识分子学圈（维也纳学圈只是其中之一）并不是大学的正式组成部分，却吸引了很多大学成员。事实上，各种学圈之所以兴盛，正是因为大学里的正式讲座不适合他们开展自由讨论。哲学家海因里希·贡珀茨就主持着一个讨论小组，每周六在他家中召开，内容覆盖经济、政治、精神分析及哲学。卡尔纳普偶尔也会参加——他还会在周三晚上去参加著名心理学家卡尔·布勒和夏洛特·布勒夫妇开办的学圈。周三晚上，西格蒙德·弗洛伊德也在他的寓所定期举行聚会。宪法律师汉斯·凯尔森也有一个学圈，奥地利马克思主义的头号理论家奥托·鲍尔也有一个学圈。

对于有精力也有意义的人来说，每天都有学圈聚会，一天两场也是常事。

左翼有学圈，右翼也有学圈，有些学圈比另一些学圈更倾向于社会进步。包括经济学家弗里德里希·冯·哈耶克和奥斯卡·摩根施特恩在内的"人文（Geist）学圈"不欢迎女性。石里克的学圈则更包容（对于要邀请加入学圈的人，石里克不太关心他们的背景，而更关心他们的才能和态度：他是旧世界的绅士，容忍不了粗野，正如波普尔发现并懊恼的那样）。各学圈会有重叠，所以有些人是两个或更多学圈的成员。自然，无处不在的纽拉特在好几个学圈中都会出现。与石里克的学圈重合度最高的是卡尔·门格尔的学圈。

* * *

卡尔（Karl）·门格尔是奥地利经济学派创始人卡尔（Carl）·门格尔的儿子，该学派强调个人（而非群体）的动机和行为。从老卡尔出发，经由其他维也纳经济学家，如路德维希·冯·米塞斯和弗里德里希·冯·哈耶克，有一条弯弯曲曲的线索，可以一直延伸到玛格丽特·撒切尔和罗纳德·里根的经济政策和政治态度。[6]

比较清楚的是，卡尔其实生于他父亲和一名比父亲年轻得多的女子赫米内（米娜）·安德曼的婚外情。米娜管理着他父亲的庞大图书馆，并有短篇故事发表。她是出生在加利西亚的犹太人，但从小信奉天主教，20多岁时受洗。降生时，卡尔以安德曼的姓氏受洗，1911年9岁时才成为卡尔·门格尔。他父亲曾向弗兰茨·约瑟夫皇帝请求宣布他的儿子是合法的，皇帝欣然同意，这可能与老卡尔曾是他儿子（鲁道夫皇储）的家庭教师有关。[7]

卡尔继承了父亲的政治观，他本人对经济学也很感兴趣，不过对这位全才学生来说，写作也是一个很有吸引力的职业选择——他年轻时就写过剧本，其中一部甚至被小说家阿图尔·施尼茨勒读过。最后，他在维也纳大学学习物理学。"我迷迷糊糊地离开了，因为我清楚地看到，曲线不同于曲面和立体。难道我不该精确地解释它们到底有何不同，并给出曲线的定义吗？"[8]

同为数学系学生的卡尔·波普尔认为，门格尔明显是个天才。尽管门格尔经历了一系列重病的折磨，包括1921年的肺结核，但他还是在1924年获得了博士学位，并获得了去阿姆斯特丹的资助，可以在荷兰数学家L. E. J.布劳威尔手下工作，而布劳威尔将在维也纳演讲，并重新点燃维特根斯坦对哲学的热情。布劳威尔没有幽默感，容易激动，"两颊凹陷，长得有点儿像尤里乌斯·恺撒"。[9]结果，这对门格尔来说不是一次愉快的合作：布劳威尔容易与人争吵，而就布劳威尔对维度理论的论述是否充分承认了门格尔的工作，双方发生了激烈的争论。后来有了一个机会，这位年轻的博士后就回到了奥地利，终于松了一口气。再后来，库尔特·赖德迈斯特动身前往哥尼斯堡，

维也纳有一个几何学编外教授（außerordentlicher Professor）的
职位空了出来。

回到维也纳一年后，门格尔仿效石里克的学圈，成立了他
的数学讨论会。它严格专注于数学，一直举办到 8 年后的 1936
年。它虽然从未取得维也纳学圈那样的名声，但也是维也纳知
识版图中的一个重要存在。在门格尔的学圈里，学生和教授们
会讨论自己的研究或其他地方的数学发展。汉斯·哈恩、奥尔
加·陶斯基和其他一些维也纳学圈的成员都会出现。库尔特·哥
德尔很少缺席。塔斯基有时会从华沙专程赶来维也纳参会。波
普尔认为参与这个团体是他在维也纳智识生活的顶峰。

就像石里克之于维也纳学圈那样，门格尔也是数学讨论会
的领导者。虽然各个学圈往往是松散的聚会，但通常只有学圈
召集人才会发出邀请。这也是为什么在大学和学圈之外，另一
类无需邀请、无需门票、无需资格的维也纳"机构"，对这个城
市的繁荣如此关键。

* * *

这类"机构"就是咖啡馆。在这里，人们可以读报、追八
卦，可以独处但不会寂寞，可以和朋友坐坐，下棋、打扑克、
玩多米诺骨牌，可以做生意，可以卷入激烈的政治争论，可以
仔细琢磨曲线理论。维也纳的公寓供不应求，而且一般都狭小、
阴暗又寒冷；咖啡馆提供了一个比家里更吸引人的选择。当然，

它们各不相同，不是所有咖啡馆都有大理石桌子，都有深色的
皮椅和沉重的吊灯。它们供应自己的独门糕点。然而，所有的
咖啡馆都按类似的路线经营，受一套类似的非正式规则控制。
随咖啡本身，还有一杯水奉上。报纸堆放在竹架上，有时可选
范围惊人，连外国报纸都有。1933年，一位来维也纳的游客——
伦敦政治经济学院院长威廉·贝弗里奇——坐在一间咖啡馆里，
在晚报上读到一篇犹太学者在纳粹德国被解雇的报道。这篇报
道将促使他成立一个救生组织（后文再加介绍）。咖啡馆白天
和晚上都开放，忙人和闲人都惠顾。只要愿意，你尽可只慢慢
呷一杯咖啡，而不会招致服务员的愤怒。想要放纵一下？那可
以听听服务员报上菜单，用一块苹果卷或萨赫蛋糕来犒劳自己。
在当时的一本维也纳小说中，一个人问另一个人是否厌倦了在
咖啡馆里混日子，后者说完全不会：

> 在咖啡馆里坐着，是对强制性活动的对抗，正是这
> 些活动让我们的生活变得痛苦……像我们这样的人总有
> 一种错觉，觉得自己在浪费时间，在错过一些无可挽回
> 的东西……仿佛有一堆活计要在规定时间内完成……
> [这]在我们这个拜物时代，这个体力劳动和先进科技的
> 时代，可是有害影响……但进入咖啡馆的那一刻，你就
> 放假了——枷锁从你的肩上解除，断成两半。[10]

一位高傲的英国游客把维也纳的懒散归咎于咖啡馆："世界上没有哪座城市比维也纳更适合愉快地坐下来思考接下来要做什么，而毫无疑问，这就是到头来，这里的居民做得如此之少的原因。"[11]但奥地利小说家斯特凡·茨威格却把维也纳咖啡馆尊为"一种只花一杯咖啡钱就能买到入场券的民主俱乐部"。[12]

这里面略有不实之处。工人阶级往往光顾自己常去的酒馆，而非咖啡馆，尽管咖啡馆之间也有贵贱之分。咖啡馆往往是中产阶级光顾，也是一个以男性为主的空间，但收银员（Sitzkassiererin）是个例外，她通常是一位女性。19世纪维也纳的一本旅游指南这样描述女收银员："稳坐在吧台之后，在酒樽杯盏之间，是更美的那个性别的使者——收银员。她总是和蔼可亲地代表着她的性别。"[13]

维也纳大可夸耀它的咖啡馆不止千家。关于它们有很多记载：对于这座城市，它们不仅象征着城市生活的活力和创造性，还是城市的连通管道。就我们的故事而言，它们的重要性在于对维也纳学圈所起的特殊作用。维也纳大学的研讨班、讲座课以及学术薪酬为城市的学术生活提供了必不可少的基石；然而由于制度的繁冗和氛围的窒闷，由于其中的反犹主义和保守主义，最令人振奋的讨论经常发生在大学的墙外。

不同的咖啡馆因特定的领域和职业而闻名：魏格胡伯咖啡馆（Weghuber）在男女演员中很受欢迎；兰特曼咖啡馆是弗洛伊德和一些精神分析学家碰面的地方；格林施泰德咖啡馆

（Griensteidl）直到 20 世纪初关闭之前，都有阿图尔·施尼茨勒和胡果·冯·霍夫曼斯塔尔等作家常来光顾——第一次世界大战后，他们转投罗伯特·穆齐尔和约瑟夫·罗特喜欢的贵族庄园咖啡馆（Herrenhof），尽管未来的诺贝尔文学奖得主埃利亚斯·卡内蒂更喜欢博物馆咖啡馆（Museum）。

1907—1912 年间，维也纳学圈的先驱（哈恩、弗兰克、纽拉特，以及不经常参加的冯·米塞斯）相聚之际，有着美丽穹顶和拱门的中央咖啡馆（Central）很可能就是其中一个地点，尽管他们可能太过沉迷于相对论带来的哲学问题，而没太注意这里的常客：其中有论战家卡尔·克劳斯、建筑师阿道夫·卢斯，以及流亡的俄国人列夫·布朗斯坦，他在那里下棋消磨时间，回国以后他变得更为出名，那时候他化名为托洛茨基。

后来，在维也纳学圈正式成立后，咖啡馆仍是其成员在周四的工作之余继续晚间讨论，或是学圈有外国友人在城里时他们聚会的地方。帝国议会咖啡馆（Reichsrat）、苏格兰门咖啡馆（Schottentor）、拱廊咖啡馆（Arkaden，在帝国议会街上）和约瑟夫咖啡馆（Josephinum）都很受欢迎，尤其是靠近玻尔兹曼巷的约瑟夫咖啡馆。作家们的偷闲所在——贵族庄园咖啡馆——也是纽拉特的最爱，他开玩笑说，咖啡馆的气氛值得观察和分析，就像"某地土著人的生活"值得人类学家观察分析一样。[14]在贵族庄园咖啡馆，每周都能看到纽拉特好几次，结果它也开始吸引学圈的其他人。它有一种现代感，照明好过中央咖啡馆。

学圈的一位国外访客，挪威哲学家阿尔内·内斯回忆说，咖啡馆里的谈话比在玻尔兹曼巷的学圈会议上更加活跃。"我要在快速的讨论中插嘴并不容易。有时我会突然出乎意料地用德语说，'恰恰相反'。然后会有一秒钟惊讶的沉默，这样我就可以从容地继续了。"[15]

诗人彼得·阿尔滕贝格表示自己的地址是"维也纳第一区的中央咖啡馆"，而咖啡馆也有"常客桌"（der Stammtisch）的传统，按照惯例，这一桌在某一天的同一时间会为同一批人保留。这些团体可能是封闭的，有点小圈子调调。但更一般的氛围是友好的：在这里，个人在社交上一般不会被孤立。"交融"对咖啡馆中的知识孕育至关重要。在这里，数学家可以与记者交换故事，商人可以和历史学家交谈。在"中欧"（Mitteleuropa）的许多地方，咖啡馆都是社会的黏合剂，能将不同的个人和团体联结起来——而维也纳无疑是个中之最。咖啡馆提供了一种环境，在咖啡的热气和香烟的烟雾中，人们可以畅所欲言，交换理论。

这种开放性对维也纳的犹太人特别有吸引力。据一位历史学家说，咖啡馆是"犹太会堂（synagogue）的世俗版：犹太男子可以在去过犹太学堂（Shul）之后在那里碰面，而后越来越多的人干脆只去咖啡馆"。[16] 一份关于维也纳及其他州咖啡馆的全面研究报告指出，在维也纳咖啡馆里，"主要是新犹太人或说第二代犹太人"。[17] 咖啡馆里面的世界，很容易让人联想到一个世界公民乌托邦的形象，其中种族或宗教背景不是参与社团、获得工作的障碍。在咖啡馆的围墙内，外界的等级不复存在。学生和图书馆员可以与领薪水的教授平等地辩论数学、逻辑、语言和哲学。

谁又能反对咖啡馆呢？还有什么比这更无害的呢？

但实际上，"纤弱的犹太知识分子在抽象的争论中消磨时间"的这一形象，同时引起了反犹主义者和犹太复国主义者的不满。1898 年，犹太复国主义（Zionism）的创始人之一马克斯·诺尔道，在犹太复国主义者代表大会上的演讲中，畅想了一幅肌肉发达的犹太人在圣地的田间劳作的未来景象，以取代流散的"咖啡馆犹太人"。[18] 同时，对保守派来说，咖啡馆里飘荡的抽象思想可远非无害。

在维也纳和其他地方，20 世纪前三十年是一个新的思维方式、新的世界观颠覆现有秩序的时期。逻辑经验主义即与这场后被称为"现代主义"的运动有关。而右翼，即社会及政治的保守主义者，将其视为一种威胁。

8　建筑与沙发

"装饰与犯罪"　　　　　　　　　　　　　　——阿道夫·卢斯

　　她站在那儿，身着及地的露肩白色长裙，表情凄苦。她那深色的弯眉和黑色的头发与苍白的皮肤形成鲜明的对比。这不是一幅快乐的画面。画中人看似不堪重负，焦虑不安。你应该猜不到这幅肖像画是为了纪念她的婚礼而创作的。虽然画中的女性面孔可能并不为人熟知，但其风格，明白无误地属于现代主义艺术家古斯塔夫·克里姆特。

　　各个学圈和咖啡馆，皆是传播的机制。它们所传播的一些思想，在维也纳凝聚成了一个松散的、无组织的新运动："现代主义"。对维也纳学圈的描写，往往把它写得像一个遗世独立的自治团体，不受主流文化和思想潮流的影响。但事实上，学圈深受到现代主义影响，现代主义以各种方式渗透进了维也纳文化生活的几乎每个方面。

维特根斯坦的姐姐玛格蕾特·斯通伯勒的肖像,古斯塔夫·克里姆特(1905)

　　那位穿着飘逸白裙的女子是维特根斯坦的姐姐格蕾特（玛格蕾特）。你一定记得，在卡尔·维特根斯坦赞助的众多艺术家中，克里姆特就是其一。他一定心怀感激，无疑是想取悦恩人的。但格蕾特讨厌这幅画，把它丢去了阁楼。

　　其实，以克里姆特的标准来看，这幅画是比较冷静克制的。维也纳的画家们创作的一些艺术作品，在一个多世纪后的今天依旧震撼人心，而迄今为止其中最重要的三位画家就是克里姆特、埃贡·希勒和奥斯卡·柯克什卡。阿道夫·希特勒当然也为那些画作所震撼。他自己的画完成得也相当不错，尽管在评论家看来这不是一个合格的专业判断。他画的都是花卉、宏伟的建筑、庭院和教堂，大多数情况下，他都尽可能忠实地描绘。他主要采取 19 世纪的风格：他的笔触和描绘没有任何实验性。

　　相反，克里姆特和希勒描绘的是此前从未显露过的人类形态，是在有意地去超越禁制。他们的情欲色彩必然有挑衅性；挑衅就是目标，而非副作用。这是他们对自己生于斯长于斯的社会中那不苟言笑、处处严苛的资产阶级天主教的无礼回应。

　　资产阶级天主教不是他们唯一的靶子。18 世纪的启蒙运动时期，鲜明的特点是对理性力量的信心，个人和社会问题可以通过人类的才智和科学的进步来解决。但在 19 世纪,查尔斯·达尔文迫使人类自我降格，将自己视为动物世界的一部分——而非与动物判然有别。现代主义强调动物，强调我们心理和生理构成中的情感和非理性部分，强调我们的性欲和原始冲动。

在明确表现性和身体方面，艺术家们并不孤单。虚构写作领域同样反抗着谨小慎微，像小说家罗伯特·穆齐尔（如他的《学生托勒斯的迷惘》一书）和剧作家阿图尔·施尼茨勒等人。施尼茨勒的一部剧作《圆》就因色情而被审查员禁止。

要理解所有这些对新文化情绪的表达，以及去直面和揭开人类基础本能的意愿，须将它们置于一个更宽广的背景中，即精神分析这门新"科学"。在《圆》写成后不久，西格蒙德·弗洛伊德就写出了他的《性学三论》。施尼茨勒和弗洛伊德之间，有着双向的影响。弗洛伊德在 1922 年给施尼茨勒寄出了一封真情流露的信，当时施尼茨勒即将年满 60 岁：

> 我将向您坦白一些事情，请好心的您不要向外人透露……我一直在诘问自己，怎么在这么多年里都没有去和您结交……我想我之所以躲着您，是出于一种去见"另一个自己"的敬畏……您的决定论和怀疑论……您对关于无意识的真理和人的生物本性的深刻把握……以及您的思想专注于"爱与死"两极的程度：所有这些都以一种不可思议的熟悉感令我动容。[1]

无论是文学、艺术还是阿诺德·勋伯格的无调性音乐，尽管现代主义的展现会因这种种艺术表现形式而异，但共同的主题都是一种自觉性，即创作行为与其自身形式的自觉结合。现代主义小说家不再满足于只是尽力描绘世界，而是对小说本身的构造方式产生了兴趣，继而开始针对这种结构展开实验。现代主义音乐家、诗人和艺术家都变得内省，掀开引擎盖，审视自己的艺术形式是如何起效的，进而决定向听众、读者、观众暴露艺术的内在运作方式。

维也纳学圈并非直接是现代主义的一部分。毕竟，逻辑经验主义相信科学、逻辑和理性。尽管如此，它与现代主义的联系还是很容易看出来的。逻辑经验主义者感兴趣的不仅是做哲学，还有优先级更高的问题："什么是哲学"。他们对自己从事的活动变得更加自觉。传统上认为，形而上学应该对感官企及范围之外的世界有所洞察；逻辑经验主义者拒斥这一点，如此一来，他们就重新设想了哲学的性质、作用和限度。

另一个因素是语言。至少在维也纳，现代主义极为关注语言及其使用。特别是记者卡尔·克劳斯，这位杰出的文体家和无与伦比的论战家，对语言的使用遵守严格的准则，并极度蔑视那些不能或不愿遵循他的标准的人。说句公道话，他对自己也很苛刻。据悉，他会为一个逗号的位置而苦恼。重要的是，语言要清晰，要剥去不必要的装饰。

克劳斯传播福音及苛责语言违规者的渠道，是他于1899年创办的《火炬》（*Die Fackel*）杂志。其他刊物上的三流文人对待语言的方式如此轻慢，往往会夸大其辞、真假参半（有时全是假话）、无意乃至（更糟糕地）故意语带歧义。这对克劳斯来说都是铁证，证明奥地利正处于一个道德滑坡、文化怠惰的时代。

维也纳学圈的态度没有这么极端。但他们与克劳斯一样，都专注于语言、痴迷清晰性。他们之所以以一些哲学敌手为标靶，正是因为后者文风晦涩，用黑话来裹覆其论证的"尸斑"。因为表面上的深奥，敌手们的文章也许看似动人，但更多的时候，它们缺乏深度和内容。克劳斯的影响在维也纳社会蔓延。他于 1936 年 6 月 12 日去世，一个月后，玛格蕾特给弟弟路德维希写信说："奇怪的是，卡尔·克劳斯的死对我非常切近。'切近'当然是个愚蠢的说法。"[2]

* * *

现代主义在建筑上也有其表现，而相关运动的影响同样能在学圈中看到。

维也纳最著名的街道"环城大街"附近的建筑建于 19 世纪下半叶。建设之时，这些建筑都不甚顾及协同齐一，却又无不傲慢夸耀。维也纳人一直喜欢拱门和立柱，喜欢色彩斑斓的湿壁画。在环城大街之外，建筑特别依托了哥特式和巴洛克式风格。楼宇繁复、华贵，内外墙壁都被视为可以装点的画布。

建筑中的现代主义冲动是对所有这些的回应。在维也纳，建筑师阿道夫·卢斯的卢斯大厦是现代主义的最杰出表现，它的对面就是精美的霍夫堡宫。这座大厦于 1911 年建成，充满直线条，弗朗茨·约瑟夫皇帝非常讨厌它，以至于对着它的那扇窗户都不拉开窗帘，至少传闻如此。

然而，新的美学却蓬勃发展。这在一定程度上是由于时代的紧迫性。第一次世界大战之后，欧洲各地出现了令人震惊的住房短缺。1921 年，保罗·维特根斯坦恩请当时在下奥地利州教书的弟弟路德维希去维特根斯坦家的一处房产（在新瓦尔德格）占上一个房间，否则"房管部门可能会安排某个陌生人入住"。[3] 随着红色维也纳政府启动其雄心勃勃的建设计划，一个核心问题就是应该建造怎样的住房。在这个学圈里，当然是纽拉特对这个问题投入最多。他是一个沉浸在理论中的社会主义者，但对实践的兴趣还要大得多，而维也纳最不缺的就是实际问题。后来纽拉特在开设他的统计博物馆时，请了菲利普·弗兰克的兄弟、该国领军级建筑师之一约瑟夫帮助设计。

1926 年 12 月，纽拉特出席了一所艺术设计学校的开园式，学校位于德国中部的德绍，名为"包豪斯"，由瓦尔特·格罗皮乌斯创立。包豪斯外观的特点是线条简洁，缺少装饰，并秉持功能决定形式的观念。纽拉特有两次回德绍讲学，第一次在 1929 年，讲的是图形统计学，以及如何用简单的图像传达复杂的信息。

同年，他也鼓励费格尔去参观。后来，卡尔纳普也在那里办了讲座。卡尔纳普当着一屋子的设计师和建筑师演讲，题目是"科学与生活"。演讲的开篇是："我在科学领域工作，你们在可见形式的领域工作：两者只是同一种生活的不同侧面。"[4]
两个包豪斯的学生前往维也纳，去纽拉特的博物馆获取工作经
验，这加强了维也纳和德绍之间的联系。

　　对于包豪斯来说，意识形态和经济是密不可分的。建筑材
料来之不易，很少有人买得起新建私人住宅，所以谴责浪费空
间的动因，来自美学和实用两方面的考虑。包豪斯认为，设计
应该适于大批量生产。阿道夫·卢斯对未来建筑的愿景与此相
同，他的一个口号就是"让我们不断地重复自己"。卢斯一次著
名演讲的题目是"装饰与犯罪"（Ornament und Verbrechen）。
大批量生产有一个弊端，就是开启了"异化"的新时代，因为
工业化已经不可逆转地改变了生产者和产品之间的关系。

　　逻辑经验主义和包豪斯学校彼此同气相求——尤其是
1928—1930 年间，包豪斯的第二任校长汉内斯·迈耶在任之
时。双方都渴望革除陈腐，以他们踏实、务实的新风取而代之。
他们都不敬传统，但崇尚科学，拥抱进步，也都在推动统一化
的议程。一些有影响力的逻辑经验主义者致力于统一各门科学，
而瓦尔特·格罗皮乌斯则提出要统一艺术与工艺：所有艺术，
包括建筑，都要被带到同一个比喻性的（毫无疑问是扁平的）
屋檐下。未来的建筑物，将体现出各种技能的平等融合，将是
建筑师、雕塑家、画家和工匠共同努力的产物。一切势利的旧
时代等级制度都要一扫而空。

　　耐人寻味并且绝非巧合的是，实证主义典籍中的一份核心

文本，即卡尔纳普的《世界的逻辑构造》，便是自下而上的架构（卡尔纳普是从基本经验出发塑造他那复杂的逻辑体系的），维特根斯坦的《逻辑哲学论》也是如此。维特根斯坦和卢斯也彼此熟识，皆引对方为同道。在姐姐赫米内50岁生日之际，维特根斯坦送了她一本卢斯的签名书（《言入空谷》）。卢斯曾对维特根斯坦说："你就是我。"[5] 这不仅仅与他们各自学科有类似的方法有关，尽管二者确实类似。《逻辑哲学论》是一部"瘦骨嶙峋"的作品，很不耐烦于解释。可以认为它是在追求某种"无装饰"的语言，在其中，每个元素都表达语言的逻辑，从而表达世界的逻辑（不像日常语言，日常语言会用许多冗余——或说装饰物——来掩盖自身的结构）。[6]

　　但二人还有更直接的联系。从1926年起，维特根斯坦用了近两年的时间，在维也纳第三区的昆德曼巷，为姐姐格蕾特建房。在此期间，他开始自称建筑师，尽管他没有受过正规的训练。正牌的建筑师，是他的朋友保罗·恩格尔曼，卢斯的学生。在实践中，维特根斯坦是很多细节的幕后推手——门把手、暖气片、窗锁——他的命令来自对和谐和精确那无可匹敌的执着。在这建造过程末期，他让所有参与这个项目的人都神经紧张：他要求把某个房间的天花板抬高3厘米。

　　卢斯的影响，从这所宅子对简单性的专注、从它朴素的装饰中都可以看出。格蕾特表示接受，但维特根斯坦的大姐赫米内却给它贴上了"化逻辑为房子"（hausgewordene Logik）的标签。可别把这话错当成赞美哦。

创造了昆德曼巷这栋建筑的审美情趣，在维特根斯坦的为人处世中显而易见。他过着激荡、丰富、多变却不事装饰的生活。他在剑桥的房间保持着艰苦朴素之风。在参与修建姐姐的家宅很久之前，他就对伯特兰·罗素大谈为何家具必须简单。花哨就是不纯粹。

纽拉特也赞同这种新美学，尽管他在参与维也纳公共住房改造时，对居家的舒适不持这么严苛的态度。但这种美学在其他地方出其不意地体现了出来，比如大胡子不再是时尚（à la mode）了，而被看作毫无必要的面容不整。待纽拉特确信了装饰大体是令人反感的之后，他就觉得有义务剃掉自己的胡子（同样的理由或许也能解释哈恩的髭须神秘消失的原因）。

* * *

前面已经提到西格蒙德·弗洛伊德对现代主义的影响。弗洛伊德并不是第一个提出人类受无意识动机驱使的人；有几位前人已经预见到了这一观点，包括叔本华和尼采。但弗洛伊德是第一个系统地研究这一现象的人。在精神分析活动中，心理问题会通过病人和分析师间的对话得到缓解或解决；作为这场运动的奠基人，弗洛伊德提出的几种观念，至今还在为精神分析领域的论辩提供讨论框架，包括性欲在我们的感受和行动中的作用，以及梦的功能（弗洛伊德将其解释为愿望的满足）。弗洛伊德还塑造了精神分析的实践，引入了病人的沙发和技术，如"自由联想法"，鼓励病人讨论脑海中出现的任何东西，以便让无意识层面显露更多，使受压抑的思想浮出水面。弗洛伊德自己也办了一个学圈。周三晚上，一群（大体）忠实的追随者在维也纳第九区伯格巷19号聚会。弗洛伊德在1891年搬到了伯格巷，而四十七年来，这里不仅是他的家，也是他的工作场所。正是在伯格巷，他安设了他那张短小舒适的沙发，上面铺着东方式的毯子，他的病人就躺在上面。为了避免目光接触，他会坐在一侧与他们交谈。

到20世纪20年代，弗洛伊德已经蜚声国际，但他最有名望的地方还是自己的家乡城市[*]。1924年，他被授予维也纳荣誉市民称号。两年后，在他70岁生日之际，所有的主流报纸都用长篇文章向他的开创性成就致敬。30年代时，市议会甚至考虑将伯格巷更名为西格蒙德·弗洛伊德巷，这个动议让弗洛伊德本人都觉得荒谬。

他的态度反映了他与维也纳的复杂关系。他或许是受到了城市的尊敬，但他对弥漫在城市中的反犹主义非常敏感；大学用了好几年时间，才授予他显然应得的正式教授职位。他的成功也没有保护他免受经济动荡的影响：20世纪20年代的恶性

---

[*] 弗洛伊德于1856年5月6日出生于奥匈帝国摩拉维亚省弗莱贝格镇（Freiberg，现为捷克普日博尔市/Příbor）的一个犹太家庭。——译注

通货膨胀让名人也深受其害，他的储蓄也像所有人一样荡然无存。在纸币几乎变得一文不值的情况下，他要求一家匈牙利期刊用土豆来支付一篇文章的稿费。他开始接待更多外国病人，特别是英国人和美国人：他们付得起钱，而且更好的是，他们的货币不会在每次座谈从开始到结束之间就贬值。

外国人前往维也纳接受谈话治疗，这在今天可能会让人觉得奇怪。但是，如果你能负担得起旅途和食宿费用，奥地利首都就是寻求自我理解或解决精神痛苦该去的唯一所在。它就是精神分析的家乡，也是最有经验、最受尊敬的专家们实践其艺术的城市——或者更准确地说，是实践他们的科学？

维也纳学圈的聚会中从未正式讨论过精神分析，但其地位还是不可避免地成了学圈成员感兴趣的话题。精神分析是一门科学吗？如果是，是什么使它成为科学的？弗洛伊德当然认为它是一门科学。它不是形而上学——无意识并不像它乍想之下那么不可企及；它就在那儿，等着被发现、揭示。学圈里的许多人，如石里克和费格尔，都对它表示认同。1932年，纽拉特和一些年轻的学圈成员试图将弗洛伊德的精神分析断言翻译成"科学"语言，将其与人类行为直接联系起来。

几位学圈成员自己也接受了精神分析，包括伯格曼，以及到了美国之后的卡尔纳普。在琢磨维特根斯坦对自己的敌意时，卡尔纳普承认，他没有充分的解释："可能只有精神分析学家才能给出一个解释。"[7] 伯格曼尤其深受弗洛伊德的影响。在一本论文集的序言中，他提到自己一想到写书就感到恐怖："这种恐怖的一些成因很可能属于精神分析学家的研究范畴。"[8] 战后在美国教书时，他会坚持让学生去熟悉弗洛伊德的作品，自己还总是以试图把人看透为荣。"他是弗洛伊德最极致的追随者。"[9] 一位学圈成员海因里希·奈德后来表示，圈内有不少成员在接受分析，不过即使从学圈草创时期开始，这个过程就带有一些污名，不能公开讨论。瓦尔特·霍利切尔后来写了一本关于弗洛伊德的书，在精神分析和社会学之间建立了桥梁。

来访维也纳和拜访学圈的外国访客也利用当地的专业度为自己进行心理检查。来自挪威的阿尔内·内斯接受了弗洛伊德的合作者爱德华·希茨曼医生的分析，他每天早上 8 点都会步行到后者的诊所，将这种常例坚持了 18 个月。"我们都有些惊讶地发现，我已经患上了严重的童年期神经症。"[10]

弗兰克·拉姆齐在 1924 年开始接受精神分析，分析师是著名的精神分析学家、弗洛伊德的弟子忒奥多·赖克博士。对拉姆齐来说，精神分析是他来维也纳的核心原因，这不仅仅是在哲学的间隙宠爱、放纵一下自己的精神。他迷恋一位大他十岁的风流已婚女性玛格丽特·派克，这份感情注定无望，而他来维也纳的目的就是想从中恢复过来。他认为，一旦摆脱了心头的执念，他就会变得更聪明。[11] 他向母亲回报说："接受精神分析和我所期望的不同，在起初，它无论如何都比预想的更加疲惫和不舒服。"[12] 拉姆齐对肥胖的赖克说，他，赖克，是他见过的最丑的人。"每个人在开始分析之前都非得跟我说这个不可。"[13] 赖克回答。赖克让拉姆齐写信回家给父母，好获得重要的信息，比如他儿时的晨间排便情况。[14] 后来赖克惹恼了拉姆齐，他想借阅《逻辑哲学论》，然后宣称这本书的作者维特根斯坦先生"一定有什么强迫性神经症"。[15] 但拉姆齐的一位朋友报告说，尽管医患关系紧张，但这些谈话还是起了作用，治好了拉姆齐的失恋困扰。"他已经放弃了派[克]夫人，已经跟一位新的女士好上了，把能做的事都做了（尽管此前这种念头让他充满排斥感）……也许我们最好都去找赖克看看。"[16]

这是拉姆齐继 1923 年在普赫贝格拜访维特根斯坦之后，第二次到奥地利，这次他结识了维特根斯坦的姐姐格蕾特。在看到她的家宅有许多会客室之后，他才真正明白这个家庭"资财雄厚"。[17] 格蕾特带他去看歌剧，一家人也常和他一起吃饭。一次晚宴上，客人中也有汉斯·哈恩；格蕾特还把拉姆齐介绍给了"看起来算不上哲学家，但人是极好的"[18] 石里克。他至少回了两次普赫贝格，去见路德维希，但他们的讨论往往没多少成效。"这事情对他来说太艰难了，就像推特别重的东西上坡一样。"[19] 他在信中回报凯恩斯说，维特根斯坦拒绝家族的一切经济支持，甚至连圣诞礼物也拒绝了。

与此同时，他的精神分析持续了半年，之后他就回了剑桥。1925 年 11 月，拉姆齐对"使徒会"（the Apostles）——一个由最聪明的剑桥学生组成的自命不凡的秘密小团体——做了一次

演讲，这显示了弗洛伊德的思想对英国社会的精英与前卫阶层
已经有了多么深的渗透。拉姆齐理所当然地认为他们熟悉这门
新学科，并对自己的哲学兴趣做了经典的俄狄浦斯情结解释：

> 就我自己而言，比起建设性的思想，我对哲学和各
> 种批判的兴趣要大得多。我认为，这是出于我那深深压
> 抑着的对父亲的婴儿期竞争心，以及我想杀死他的愿望。
> 这意味着我永远不能从哲学活动中获得任何巨大的满足，
> 永远不会获得堪比弒父的快乐，而我的良心，或毋宁说
> 我对父亲的爱，在我小时候禁止我这样做。[20]

剑桥大学欢迎"无意识"思想。它被解释为对现有的受压
抑的性观念实施解放。它为性负罪感提供了安慰。这是在个人
层面上。与此同时，如果弗洛伊德是对的，即支配我们的是我
们在很大程度上并不自觉的驱动力，那么这就暗含了制度和治
理方面的困扰：说服很难单凭理性来达成，破坏性的冲动会将
人类推向冲突。

拉姆齐对待弗洛伊德和精神分析的态度十分严肃，结果这
成了他和维特根斯坦之间激烈争论的起因，而当时，两人已
经有两年没联系过了。这也是 1927 年二人就"同一性"问题
进行交流时，不得不由石里克充当中间人的原因。争吵发生在
1925 年维特根斯坦访问英国期间，当时他和拉姆齐都在凯恩斯

家。当时情形局促，拉姆齐正在筹备婚礼，而两位客人因为下
雨被困，只得留宿。拉姆齐觉得精神分析治好了他的一些性焦
虑，对弗洛伊德无上推崇；而另一方的维特根斯坦，虽然对弗
洛伊德的一些工作印象颇好，却认为他有道德缺陷。他有什么
证据来谴责弗洛伊德的人格，目前还不清楚。没有记录表明他
曾经见过弗洛伊德，但他和后者有一些私人层面的联系，特别
是通过格蕾特，她会送儿子去接受弗洛伊德的精神分析（因为
儿子口吃），而她自己也在 1937 年接受了分析。一年后，德奥
合并，她帮助弗洛伊德逃往英国。[21]

　　维特根斯坦尽管对弗洛伊德持保留态度，但仍然自认为是
弗洛伊德的粉丝，认为他的成就非同一般。即使意见不一致时，
他也总觉得弗洛伊德值得一读，并特别欣赏后者的想象力。有
证据表明，维特根斯坦在某一阶段甚至考虑过自己也成为一名
精神病学家。

　　弗洛伊德对维特根斯坦本人的思想产生的影响毋庸置疑，
尽管影响的程度是一个学术上有争议的话题。总之，维特根斯
坦还是很关注精神分析提出的各种问题，这个话题在他的写作
中四处浮现。我们所说的潜意识是什么意思？我们应该如何看
待精神分析对梦和笑话的解释？精神分析的目标和哲学的目标
之间是否有相似之处？

　　最后一个问题的答案是肯定的，维特根斯坦提出了几个相
似之处。哲学上的谜题会引起痛苦，这种感觉一旦被正确诊断，

即可得到缓解。如他所言："哲学家治疗起问题，就像治疗疾病一样。"[22] 也像精神分析一样，哲学家也能把那些贮存在潜意识中的东西带进意识，借此来帮助人们。而哲学家和精神分析师一样，会预料到自己必须克服一些阻力。

维特根斯坦对精神分析最深的担忧是，怎样才算是对病人的病情从精神分析层面做出了正确的解释，以及精神分析问题是否有可能得到确定的答案。我们可以想象一下，精神分析师告诉病人，她的梦境代表了她对父亲的受压抑的愤怒；那么，就算病人不相信这个解释，精神分析师会不会仍是对的？还有一个相关的问题：如果病人同意某种解释，我们是否必须将此视为最终结论？病人同意精神分析的解释，就能"解开"一个梦吗？维特根斯坦表示并非如此：他担心病人可能会被某种解释吸引，或者换句话说，被这种解释欺骗。事实上，正是因为弗洛伊德的工作如此有迷惑力，维特根斯坦才觉得它构成了一种危险。维特根斯坦曾提出一种可能性，即可能存在两种相互冲突的解释，但二者都有效：

　　假设泰勒和我在河边散步，泰勒伸手把我推进了河里。我问他为什么这么做，他答："我在向你指出一些事情。"而精神分析师却说，泰勒在潜意识里恨我……什么情况下，我们会说泰勒的解释是正确的？那就是，比如他从没表现过任何不友好的感情，或是我和一个教堂尖塔同时处在他的视野中，而泰勒的诚实人所共知。但在同样的环境下，精神分析家的解释也可能是正确的。[23]

正是由于这些原因，维特根斯坦对弗洛伊德的自卖自夸有所保留。"弗洛伊德不断地宣称自己是科学的。但他给我们的是'猜测'，甚至都还没有形成假说。"[24] 分析师给我们一个故事，以此来解释我们的梦境，这是在从事一种说服行为。但科学并不是说服行为：如果我们是想证明地球绕着太阳转，而非相反，那么把这种行为叫作"说服"，是很奇怪的。

精神分析的地位对维也纳学圈来说是一个活生生的问题，而且至今仍有争议。但在 20 世纪早期，人们可并不觉得精神分析显然就比超心理学什么的更有科学性。维也纳不仅不缺精神分析学家，灵媒也很繁荣。哈恩和卡尔纳普都不愿断然否弃超心理学。哈恩自己也参加过多场降神会（séance），其中的灵媒会自称接触到了亡灵。

哈恩对这些活动的参与引来了妹夫奥托·纽拉特的鄙视。但哈恩始终坚持，超心理学的各种说法需要加以研究，这也合情合理。说有些人拥有别人没有的能力，也并非不可想象。也许超心理学不是科学，但这必须得到证明，而不仅仅是断言如此。卡尔纳普站在哈恩的一边。

科学与伪科学的划界问题，学圈还会再次讨论。糟糕的科学——比如一个实验室的实验做得混乱，测量结果很差——和一些可以接受但非经验、非科学的东西，是有区别的。诗歌属于后者，占星术属于前者。而精神分析呢？维特根斯坦似乎在这两种选择之间摇摆不定，尽管倾向于认为它根本不是科学。科学与伪科学的划界问题，学圈还会再次讨论。而精神分析的地位将在学圈最重要的文件中提及。

9 石里克不喜欢的礼物

"抛弃形而上学！"仿佛这有什么新鲜似的！

——路德维希·维特根斯坦

我一直都支持女性们。

——奥托·纽拉特

　　石里克是一位非常抢手的学者，他的存在会给任何哲学系都带去一份与众不同。1929年初，波恩大学给了他一个诱人的高薪教授职位。他自1922年以来一直在维也纳，现在觉得是时候离开了。他越发感到沮丧，因为维也纳大学太缺钱了，他的门人费格尔和魏斯曼也没有职位。波恩的岗位很诱人，他几乎就要接受了。维也纳大学也没有认真用相应的工资来留住他。

　　由于怕失去他，恩斯特·马赫协会的支持者和委员会成员给他写了一封信。该协会是由"奥地利自由思想者"这个反对教会权力及其信仰结构的激进社会主义团体于1927年成立的。协会的目标是通过出版物、讲座和参观，向普通奥地利人推广科学教育。维也纳学圈与自由思想者之间的纽带，不出所料，就是学圈中人脉最广的成员奥托·纽拉特。1928年11月，恩斯特·马赫协会公开成立，维也纳学圈也事实上接管了它。纽拉特和卡尔纳普担任秘书，哈恩任副会长，石里克任会长。

给石里克的信中说，如若他离开，"恩斯特·马赫协会所宣扬的世界构想……肯定会遭受深刻而惨痛的损失"。[1]这个谄媚而直白的恳请，起了作用。出于对新家乡的忠诚和对自己的维也纳计划的未竟之感，这位德国教授拒绝了波恩。不过，他还是接受了美国西海岸的斯坦福大学的一个临时职位。斯坦福大学有许多诱人之处。石里克是个美国迷，但自从1/4世纪前与美国妻子布兰奇结婚后，他就再没去过美国。这次邀请是在夏季学期，石里克崇拜阳光，也急于从教学和管理中抽身歇息。

在他离开的几个月里，在他不知情的情况下，学圈成员开始起草他们所谓的"宣言"。它将成为传播他们信念的运动工具。待到石里克归来之时，这份宣言会呈交给他，以示对他的敬意，和对他留在维也纳、与他们在一起的感谢。

宣言经历了多次修改。它的主要作者是纽拉特、卡尔纳普和费格尔，也收入了哈恩的意见，以及魏斯曼和其他一些人的少量意见。它很可能是卡尔纳普的主意，是卡尔纳普和纽拉特在最终版上签的字。宣言题为《科学的世界构想：维也纳学圈》，其序言写道，只有当石里克面对着离开的可能性时，他和其他人才意识到"维也纳学圈的世界构想"这么个东西的存在。

一俟意识到有了新的哲学路径，他们就想把它展示出来。菲利普·弗兰克后来写道："正如每个父亲都喜欢展示自己小宝贝的照片,我们也在寻找传播的手段。"[2]"维也纳学圈"(Wiener Kreis)一名的首次出现,正是在这份文件中。这是纽拉特造的标签,旨在让人联想到令人愉悦的维也纳式意蕴,维也纳华尔兹、维也纳森林,"以及生活中属于愉快一面的其他事物"。[3]

宣言列出了一长串智识前辈的名单。它将莱布尼茨、休谟、孔德、马赫和玻尔兹曼,以及近时期的爱因斯坦、罗素和维特根斯坦,确认为"科学世界构想的主要代表"。至于学圈本身,宣言称其成员没有一个是"所谓的'纯'哲学家,他们都在一个专门的科学领域里做过工作"。

是什么把他们团结起来的?他们的信念有何独特之处?根据宣言,该学圈的基本取向就是摆脱了形而上学的科学,宗旨是为科学的目标、方法和主张提供比现有解释更好的理解。"科学的世界构想知道,没有解不开的谜。"他们的靶子是"伪问题":真正的问题是经验性的,除此无他。精神分析的主张也被针对。"如果有人断言……世界的始基是无意识……我们不会对他说'你说的是假的',而是问他'你的这些陈述是什么意思'。"学圈把经验主义、实证主义与逻辑分析两者结合了起来。日常语言常常会误导我们。哲学的作用是利用新的逻辑分析工具来澄清问题。如此,它可以帮助物理学、几何学、生物学和社会科学等稳固其科学基础。

宣言有两个方面值得特别强调。首先是语气。毫不谦逊。学圈代表现代性,反对传统力量,而它的任务是"清除几千年来的形而上学及神学残渣"——它针对的错误不是同时代少数人所犯的，而是那些从哲学的开端起就阴魂不散的。

其次是现实参与性。宣言声称，学圈与实现新的经济、社会关系以及教育改革的企图之间存在联系。宣言还声称，"学圈的成员以认同的态度看待"那些努力。学圈的哲学，应当与运用理性规划实现社会主义存在联系。正如菲利普·弗兰克所言："最初的维也纳小组全员都深信，消除形而上学不仅是在逻辑上取得进步的问题，它对社会文化生活也有重大意义。"[4]

秉持着"要以理性的方式重塑社会生活"这种精神，宣言以其最难忘的一句话收尾："科学的世界构想服务于生活，生活也会接受。"这句话之后是维也纳学圈成员的名单，按姓氏字母顺序排列：古斯塔夫·伯格曼，鲁道夫·卡尔纳普，赫伯特·费格尔，菲利普·弗兰克，库尔特·哥德尔，汉斯·哈恩，维克多·克拉夫特，卡尔·门格尔，马塞尔·纳特金，奥托·纽拉特，奥尔加·哈恩-纽拉特，忒奥多·拉达科维奇[5]，莫里茨·石里克，弗里德里希·魏斯曼。在另一份"认同维也纳学圈"人士的名单中，有弗兰克·拉姆齐、汉斯·赖欣巴哈、库尔特·赖德迈斯特和埃德加·齐尔塞尔的名字。

此时的维也纳学圈已经进入了公共领域，不再只是一个私下的学术研讨会。它将因此扩大影响力，但也会对国家造成更大的威胁，从而更易遭受攻击。1929 年 7 月，卡尔纳普打完了最终版手稿，一场大雷雨就此爆发。

* * *

　　我们很多人都会有过一种尴尬的经历：收到亲朋送来不想要的礼物，一份有欠考虑、我们无意收下的礼物。这往往是缺乏想象力的结果，也可能是因为送礼人以为自己喜欢的东西大家也都喜欢。

　　宣言就是这样一份礼物。宣言的激烈和自信与时代合拍，卡尔·克劳斯的影响更是一目了然。但只要稍加反思，作者们就该有所顾忌。写宣言是为了献给这位温文尔雅的人，向他致敬，但他自己可不会认同宣言的路线。从美国回来后，石里克在意大利度假时收到了卡尔纳普邮寄来的装订本。虽然被这一举动打动，但他感到了不安。他虽已主持学圈五年之久——在1923 年给伯特兰·罗素的信中，他把学圈形容为哲学家的工会——但已对把哲学当作"团体运动"的想法感到忧虑。他认为学圈是一群志同道合的哲学家相聚切磋问题，但不应失去各人的独立性：他们的小组不是什么帮派或队伍。他不喜欢冲突，也反对煽动：他认为追求真理就够了，并乐观地认为真理终将胜出。他是学圈里最不政治化的成员，而宣言则显然是一份政治文件，由三个极具政治倾向的人物执笔。诛心之人可能认为，这是在企图劫持学圈，将其纳入社会主义运动。但它更有可能出于天真，至少在纽拉特那里，是出于无法抑制的热情洋溢。

　　在宣言发表之前，参加学圈讨论的人不必自视为从属于某个运动。但从那一刻起，学圈内部的裂痕开始加深。事后来看，我们应该把宣言看成是标志着学圈的公共确立，而非其告终的

开始。石里克并不是唯一一个对宣言的内容或语气感到不快的
人。没时间去征求每位具名者的同意。反对者包括门格尔（他
要求现在只把他列为有关人士，而非学圈成员）、维克多·克拉
夫特和库尔特·哥德尔——最后一位开始减少在聚会上出现的
次数。没有人比维特根斯坦更反对宣言。最让他反感的是宣言
缺乏谦恭的好斗旨趣。但他不仅反对宣言的文风，也反对其实
质内容。魏斯曼曾就宣言的问题与维特根斯坦联系，维特根斯
坦也给魏斯曼回了信："正因为石里克不是泛泛之辈，人们就应
该注意不要让自己的'好意'，使他和他所领导的维也纳学派因
自吹自擂而变得可笑。我说的'自吹'是指任何一种自满的姿态。
'抛弃形而上学！'仿佛这有什么新鲜似的！对于维也纳学派所
取得的成就，它应该'显示'，而非'言说'。"[6]

维特根斯坦不是爱好交际的人，也不适合当委员。"哲学家
不会是任何思想共同体的公民。这就是他成为哲学家的原因。"[7]
剑桥使徒会曾数次试图吸纳维特根斯坦加入他们的秘密社团，
一直都不顺利。他有很多反对意见，其中之一是厌恶把炫示聪
明本身作为目的。而且，尽管维特根斯坦自己的写作中不容许
任何不确定性，但他憎恶他人作品中的任何自满或过度自信。
至于统一各门科学、包括社会科学的计划，他并不认同。

* * *

现在，学圈要开始推动议程了。这些议程会通过各种途径

来实现。其一就是恩斯特·马赫协会。大部分发言来自学圈内的哲学家，包括卡尔纳普和纽拉特的。但并非所有发言都如此。菲利普·弗兰克的弟弟约瑟夫是现代主义建筑师，他会就建筑和马克思主义发言；社民党政治家奥托·鲍尔也有发言。该协会的功能之一是为政治左派中有思想的成员提供一个平台，让他们公开自己的想法并接受公众的反馈。对非学者来说，在学会上发言还有一个额外的好处，就是可以进一步显示他们的知识水准。

在恩斯特·马赫协会之外，还有逻辑经验主义者的期刊。1930 年，汉斯·赖欣巴哈（来自柏林学圈）和卡尔纳普接管了《哲学年鉴》（*Annalen der Philosophie*），将其更名为《认识》（*Erkenntnis*），并将担任其编辑近十年。改版后的第一期收录了石里克的一篇文章，题为《哲学的转折点》，阐发了他心目中哲学应有的作用：科学为现实问题提供解决方案，而"哲学却是这样一种活动：借助哲学，陈述的意义得以澄清和界定"。[8] 石里克深信，他们正生活在"哲学的一个最终极的转折之中"。[9] 在后来的一篇文章中，石里克区分了逻辑经验主义者与形而上学家。他指出，经验主义者不会对形而上学家说他们是错误的，而会说他们的断言没有任何意义；就是说，经验主义不是否认形而上学，而只是无法理解它们。当然，前者之所以不能理解后者，是因为其中本来也没有什么可以理解的东西。

几年之间，《认识》刊登了许多重要的文章和论辩，涵盖了学圈感兴趣的所有领域。"记录语句论战"（Protokollsatzdebatte，稍后再谈）在《认识》的版面上上演。"证实原则"（同样，稍后再谈）首次刊印也是在《认识》上，在魏斯曼的一篇文章中。该期刊发表了学圈所有主要成员的文章，并为有抱负的哲学家提供了一处论坛，他们可以开始在这里树立名望。罗丝·兰德的一篇文章，就基于她自己研究波兰逻辑学家塔德乌什·科塔宾斯基的博士论文。《认识》也是卡尔·波普尔第一份发表文章的期刊。卡尔纳普1931年在该期刊上发表的一篇文章就体现了学圈的自信基调："那么多来自不同时代、不同国家的人，其中不乏出类拔萃的思想家，对形而上学投入了那么多堪称狂热的努力，到头来，这一切只不过是把语词无意义地串在一起？"[10]对，卡尔纳普说，可能就是这样的。

其他途径还有名为"科学世界构想著作集"（Schriften zur wissenschaftlichen Weltauffassung）的丛书，以及一系列国际会议。第一次会议于1929年9月在布拉格召开，会议有一个吸引大众的名称："首届精确科学认识论大会"。这次会议的资助有一部分来自捷克斯洛伐克共和国政府，该国的总统托马什·马萨里克本人就是一位哲学家。会议由恩斯特·马赫协会和柏林的经验哲学学会联合举办，部分行政任务由长期驻扎布拉格的菲利普·弗兰克承担。宣言印制了5000份，并慷慨地分发给与会者。维也纳学圈的核心成员，包括卡尔纳普、弗兰克、哈恩和纽拉特等，都做了发言。与这次大会同时举行的还有一场数学家及物理学家的会议。他们旁听了几次哲学大会，但对哲学家们抱有警惕，也对弗兰克那现代科学与传统哲学不相容的观点感到震惊。弗兰克的妻子也在听众席上听他演讲。"听发言的感觉很神奇，在我看来，话语讲给听众，就仿佛水滴落入深井，深得听不见水滴打底。一切好像都消失了，不留一丝痕迹。"[11]

在随后的几年里，直到第二次世界大战爆发前，还会有多次这样的会议，在哥尼斯堡、布拉格（又一次）、巴黎、哥本哈根、英国剑桥和美国剑桥举办。这些会议有很多作用，但显然都是外联计划的一部分，为的是将学圈的方法带到更广阔的世界。

会议以传统方式进行，就是说有代表、讨论和论文——其中有一两篇颇具历史意义。1930 年 9 月 5 日至 7 日，布拉格会议的后续会议在哥尼斯堡举行，主题是数学基础，卡尔纳普和魏斯曼都是主题发言人，后者在题为"数学的本质：维特根斯坦的观点"的发言中对维特根斯坦做了阐述。在一般情况下，这可能会成为会议的唯一话题。有传言说，这位伟人的思想还在发展，而现在有一个从他的人间使者这里听到最新消息的机会。但在哥尼斯堡，库尔特·哥德尔也提交了一篇简短但颇具开创性的论文。

学圈成员已经有了一些预感。卡尔纳普和哥德尔隔不上几天就会在咖啡馆见面。1930 年 8 月 26 日星期二，他们会在维也纳的帝国议会咖啡馆从下午 6 点一起待到晚上 8 点半。费格尔和魏斯曼也在那里。卡尔纳普当天的日记记录是轻描淡写的范本。哥德尔曾向他展示了一些"一致性证明方面的问题"。[12]
它现在被公认为是 20 世纪逻辑学的最重要成果。从本质上说，
哥德尔是在表明，无论把什么公理作为数学的基石，数学内部
都会不可避免地存在一些无法证明的真理。

年仅 24 岁的哥德尔是一个羞怯的青年，直到 9 月 7 日大会
的最后一场会议上，它属于数学基础圆桌会议的一部分，他才
公开宣布了他在不完全性方面的发现。现场没有引发沸腾，当
时大多数代表迷惑不解也是可以理解的。哥德尔将在《认识》
中扩展他的主张，但据说那天在哥尼斯堡的听众中只有一人立
即理解了他的成就的性质，他就是约翰·冯·诺依曼，一位生
于匈牙利的非凡的多面手。他是集合论、量子理论、博弈论和
计算研究等众多方面的先驱。后来他又协助了原子弹的研发。
他只比哥德尔大两岁，但已经发表了 30 多篇重量级论文。他
现在盯上了哥德尔，接下来的几周，两人会通信联系。在那段
时间里，哥德尔证明的重要性已然显露。它现在被认为是最重
要的逻辑学突破之一——也许没有之一。

* * *

出席哥尼斯堡会议的还有斯坦尼斯劳斯·约勒斯教授和他
的妻子阿黛勒。他们是维特根斯坦 1906—1908 年在柏林逗留
期间招待他的夫妇。他们与这位房客的关系一直很亲密——斯
坦尼斯劳斯像父亲一般地关怀着"小维特根斯坦"（他们如此称

呼他）。但是就像在维特根斯坦身上经常出现的那样，他们之间的关系也有了一道裂痕；同样也是维特根斯坦的典型情况，这似乎又是由于他认为东道主夫妇没有达到他的严格标准：他判定他们的某些行事不可靠，对维特根斯坦来说，这是一种死罪。

自此以后，约勒斯夫妇还听到了维特根斯坦的一些消息，但到 1930 年时已经失去了联系。参加完会议后，阿黛勒很感动，给这个她在他少年时就认识的人写信。"我们又去了哥尼斯堡的科学大会，是这么多年来第一次去。在那里的学界友人中，我遇到了一些维也纳人，并因此发现，我们从前的朋友——'前友人'会是一个比较粗鲁但更准确的说法——'小维特根斯坦'总归是已经变成了一个比乡村教师更重要的人物，在那里得到了很高的评价。现在，不管这是否对你无所谓，甚至惹你不喜欢，我都必须告诉你，我是多么地喜出望外，真的喜出望外。"[13]

维特根斯坦寄出了一封长长的回信。这封信与他一生中所写的其他信件正相反：他以忏悔的口吻，承认自己的人格缺陷并请求宽恕。他对阿黛勒说，他和他们夫妇缺乏相互理解，而他现在认识到，比起感恩和忠实的美德，这都微不足道。不过他证实了她的怀疑：哲学和数学教授的好感，对他确实无所谓。

1934 年，会议又回到布拉格举办，但这次的会议计划却是更名。在布拉格举行的一场有弗兰克、卡尔纳普和纽拉特参加的预备会上，人们决定在"科学统一"运动的名义下发起一系列聚会，旨在把研究自然界和人类世界的科学家——物理学家、

化学家、生物学家、社会科学家等——都团结起来。在法国政
府和一些法国基金会的资助下，第一届全规格的国际科学统一
大会于1935年在巴黎索邦大学举行。这是一次星光熠熠的盛事，
有 170 人参加，由伯特兰·罗素致开幕词。他后来称这是一个
了不起的、鼓舞人心的场合：

> 看到开幕会，我的第一印象是惊讶；惊讶于世界上
> 竟然有如此多的人认为意见应该建立在证据之上。在听
> 到论文和讨论后，我的第二印象是进一步的惊讶，惊讶
> 于发现这里倡导的意见都符合上述规则——我没有发现
> 任何迹象，表示这里有毫无根据的、仅仅出于激情的信
> 念，而此类信念在哲学家中和普通人中一直很普遍。[14]

与会者中，来自维也纳学圈的人物有石里克、卡尔纳普、
弗兰克和纽拉特。赖欣巴哈来自德国，查尔斯·莫里斯和欧内
斯特·内格尔从美国（分别是芝加哥和纽约）赶来，而被称为
法兰克福学派的新马克思主义思想家群体则派来了文化理论家
瓦尔特·本雅明。共有 20 个国家的代表参加了会议，会议内
容俨然是逻辑经验主义的盛宴：语言与伪问题、归纳与概率、
数学哲学。A. J. 艾耶尔提交了一篇关于分析运动的论文。但石
破天惊的是波兰的阿尔弗雷德·塔斯基。卡尔纳普和波普尔都
曾讨论过塔斯基关于"真"的工作，卡尔纳普劝说塔斯基在巴

黎介绍它。这篇论文引起了极大的轰动，于是大会又急忙增加了一场会议，来进一步讨论此文。

塔斯基认为，"真"的概念应用于日常语言时，会不可避免地让我们与"说谎者悖论"及"这句话是假的"这类句子纠缠不清。但他认为，我们可以对"真"的概念做出一致性说明，条件是，表达相关句子的，要是受限制、无歧义、理想化的语言，此类语言以数学家使用的语言为模型。我们对这样一种形式化的语言 L 进行理论化，可以"从外部"进行，即在某个所谓的元语言中进行，在其中我们可以谈论 L 语言的某个句子是否为真。我们要如何做到这一点？针对一些有限但依然颇具丰富性的语言 L，塔斯基展示了如何在我们的元语言中构建一个理论，该理论包含着正确的"双条件式"，其形式为"S（在 L 中）为真，当且仅当 p"，其中 S 位置放入一个 L 语言的句子，p 位置放入一个与 S 意思相同（即经验内容相同）的句子。可以说，塔斯基技术化的理论就此定义了"真（在 L 中）"，同时又绕开了各种争论，比如关于命题与世间（worldly）"事实"之关系的论辩。塔斯基的成功在于展示了我们可以如何让"真"成为一个有用、有意义的概念，同时又不卷入有争议的形而上学中。然而，他的理论即便在当时就是有争议的，至今仍是一个受争论的话题：有人认为他并没有真正避开关于"真"的形而上学论争，只是由后门把它们偷运进了词语与世界的关系之中。

四年后，塔斯基参加了在哈佛举行的科学统一大会。他参加会议的决定恐怕是救了他的命——战争爆发时他就不在波兰了。事实上，这种会议的好处之一就是培养跨越国界的友谊和联系。事实会证明，这些情谊是无价的，不只对塔斯基如此。查尔斯·莫里斯在将维也纳学圈的思想输入美国方面颇有作用，他敦促德语哲学家们学习英语，进而用英语写文章，借此来从美国大学获得职位：他帮助寻找译者和出版方，并亲自写信给美国各地的朋友和同行，为经验主义者寻找工作。在巴黎，艾耶尔和波普尔第一次见面。后来对学圈几位成员有救命之恩的苏珊·斯特宾从伦敦赶来。艾耶尔目睹了她和学圈里最健谈的成员之间的对话。"在这次大会上，我最愉快的记忆之一是看到奥托·纽拉特对斯特宾小姐大献殷勤，用英语对她说：'我一直都支持女性们'*。这是我唯一一次见到她不知所措。"[15]

在会议之外，还有另一个项目行将开启，带头的也是纽拉特这个一直相信科学统一性的人。也就是说，他认为现有的科学分工，分为生物学、化学、物理学等等，纯粹是现实需要。从根本上说，这种种分支从事的都是同一项事业：理解物质世界。各种社会科学亦是如此：人类也和其他一切事物一样，都是物质世界的一部分。纽拉特并不孤独。费利克斯·考夫曼在1936年出版的一本关于社会科学方法的书中，也对类似主题做了阐发。他认为，自然科学和社会科学间的差别被夸大了。它

---

*　原话：I have always been for the womans。

们的共同点，比如预测的中心地位，比彼此的分歧更重要。巴黎会议举行了一个投票，决定要开启一项雄心勃勃的丛书计划，一套"国际统一科学百科全书"。它暗自比附的对象无须赘述：法国的"百科全书"（Encyclopédie）——18 世纪下半叶巨大的启蒙运动项目，旨在记录世界上所有的知识。纽拉特从不把目标定得太低，他计划出版 200 卷，外加 10 卷"视觉词库"的补充卷。第一本题为《统一科学的基础》，将出现在 1938 年，玻尔、卡尔纳普、莫里斯及罗素等人都将为其撰稿，当然还有纽拉特本人。美国哲学家、教育改革家约翰·杜威也被纽拉特说服参与了百科全书项目，尽管他最初对逻辑经验主义持怀疑态度，并拒绝接受存在原子事实或原子命题的观点。（纽拉特到杜威家中拜访，用磕绊的英语认真地宣布："我发誓，我们不相信原子命题。"[16]）卡尔纳普和莫里斯成了纽拉特的合编者，出版方是芝加哥大学。他在巴黎会议上发表的激情澎湃的讲话，是以这样一句法语收尾的："新百科全书派万岁（Vivent les nouveaux encyclopédistes）！"

10　外国的陌生人

维特根斯坦对此会说什么？　　——莫里茨·石里克

1929 年圣诞假期，在学圈发表宣言仅仅几个月后，维特根斯坦回到了维也纳的家中。12 月 22 日，他见了石里克和魏斯曼，讨论量词"所有"（all）的意义。

我要先说日常意义上的"所有"，例如："这个房间里的所有人都穿着裤子"。我是怎么知道的呢？这句话的意思是："石里克教授穿着裤子，魏斯曼穿着裤子，维特根斯坦穿着裤子，此外没有别人在场。"每一个完整的列举都必须以"再无其他"结尾。这是什么意思呢？这里有一个构想，据此人们可以说："卡尔纳普先生不在这个房间里，某某先生也不在……等等。"[1]

维特根斯坦称卡尔纳普为"先生"而非"博士"，这种敌意意味着，他已经被排除在这个房间之外。在那个圣诞节期间，维特根斯坦至少与石里克和魏斯曼见了六次面。1930年还有数次会面，1931年还有。有时地点在石里克的家宅，另一些时候他们会利用维特根斯坦家族的众多房产，去新瓦尔德格的宅子或阿根廷人街的宅子，那里离石里克的公寓很近，十分方便。很偶尔的，魏斯曼和维特根斯坦也单独会面，但石里克还是绝大部分时候都在。

魏斯曼的主要职能是提词和记录。后来，他和维特根斯坦的关系被一位哲学家描述为"手套木偶与操纵之手"。[2]之前魏斯曼就有一个计划：写一本书，总结《逻辑哲学论》中的思想，使它们易读易懂，并纳入"科学世界构想著作集"中。很快，会面开始有了更为正式的气氛。如果维特根斯坦在维也纳，魏斯曼就会放下自己别的事务，包括家庭责任，尽可能多地与他相处。这本（从未出版的）书题为《逻辑、语言、哲学》（*Logik, Sprache, Philosophie*），其完成度之高，足以在《认识》1930年第一期上做了广告。维特根斯坦愿意，甚至渴望合作。魏斯曼懂得速记，他把自己与维特根斯坦的谈话记录，都汇集在中小学练习本上。

当时有几个问题。一是维特根斯坦的思想发展速度太快，快到几乎不可能记下一个固定的立场。思想家有勇气、有胸襟地否定自己先前的学术贡献，这样的例子是罕见的，尤其是像维特根斯坦这种情况，他原先的著作已经取得了神圣的地位。但事实上，这正是维特根斯坦要做的。他的哲学正在发展成为一种理解语言与世界之关系的全然不同的方法。因此，一本阐发《逻辑哲学论》的书应该说并不合适。1931—1932 年之交的冬天，石里克在斯坦福，所以魏斯曼和维特根斯坦单独会面，见了 18 次之多。维特根斯坦给石里克写了一封信，表示担心"很多事情会呈现得，与我认为正确的方式完全不同"。[3]

最终，"正确的方式"将在维特根斯坦的遗作《哲学研究》(1953)中得到表达。他放弃了《逻辑哲学论》中对语言的图像式描述。与其问一个句子描绘了什么，不如关注它的用法。[4]尤其是，词语可以有多种用法。我们之所以经常陷入哲学的泥潭，是因为对正常用法关注不够，而是试图用各种怪异的方式来使用语言。我们似乎是要尽力带上语言去度假，但我们最好是把它留在家里。我们会问一些奇怪的问题，比如"我能知道我在疼痛吗"，却没有意识到我们自己的感觉不是我们可以"知道"的，因为知识需要以怀疑的可能性为前提。这种看待语言的新方法把语言看成是嵌在一种生活方式中——哲学问题有了一丝人类学的味道。我们不能孤立地研究语言，而必须观察语言在实践中所遵循的规则。

在研究维特根斯坦的学者当中，他的这后一种哲学多大程度上已经在《逻辑哲学论》中有所预示，仍然是一个争议话题。但对于维特根斯坦的哲学演进，有这样一种总结：在《逻辑哲学论》中，他把语言、把正确的哲学方法，都构想为单一的一整套东西。就是说，要消解哲学上的伪问题，只有唯一的方法。但到了晚年，他已经愿意去多元化地构想语言，并且乐于采用各种哲学方法去消解伪问题。从后期维特根斯坦的角度来看，《逻辑哲学论》的作者自己也是陷入了某种哲学幻象。[5]

维特根斯坦自己重复的一则轶事，阐明了他为何及如何重新思考哲学。在剑桥时，他与朋友皮耶罗·斯拉法，这位意大利的马克思主义经济学家聊天。维特根斯坦当时正在解释，一个命题（如"猫在垫子上"这个句子），和命题的内容（猫在垫子上这件事），必须具有相同的逻辑结构。斯拉法手背向外，用指尖背面拂了一下下巴，手指于是划出了一道弧线——这是意大利人表示轻蔑的手势。他问："这个的逻辑形式是什么？"维特根斯坦从这个问题中学到了什么？学到的是：要理解一个手势，需要理解的不是它的逻辑形式（不管这么说的意思可能是什么），而是它的用法：它的使用时机，它想要传达什么。斯拉法的手势使得维特根斯坦承认，语言可以有多种用法。

维特根斯坦越发怀疑自己先前对语言和逻辑的看法，于是，1932 年前后，魏斯曼提出了新的著书计划。它将由二人合著，并将解释维特根斯坦新近的思想。但两人要面对的第二个问题，就是维特根斯坦的嫉妒心，以及他对自己思想的归属权的戒备。这一点需要准确刻画：这不是说他表现出对名利的渴望（无论如何，他曾经拥有过名利，而后舍弃了它），与一般作者不同，他似乎并不渴求广大的读者数量；然而，他的思想若要被传播，就必须不能被误解。这一点成了维特根斯坦的一个执念。而他的另一个执念是，他的思想也不能被别人挪用，不能被呈现为"他们"的思想。

可怜的魏斯曼处境尴尬：他必须把不停翻腾的思想变成固定的形式。而维特根斯坦在 1932 年 4 月的一封写给朋友的信中，显示出了他对魏斯曼的轻视。他谈到他自己正在多么努力地工作，并且说他在拿出"一些东西给一个正在写一本哲学书的人"，[6] 但没有明说是魏斯曼。其他时候，在别的信件中，他还把魏斯曼（Waismann）的名字拼错了。1936 年，魏斯曼出版了《数学思想导论》，一本从维特根斯坦的角度讲数学的书。一年后，维特根斯坦给一位挪威的朋友写信说："我还没读过魏丝曼（Waissman）的书，我也不准备读。"[7] 魏斯曼是一位极具原创性的思想家，但在秉性上，他更像是一只绵羊，而非牧羊人；尽管如此，他将自己的兴趣屈从于维特根斯坦到如此地步，而这些努力却只换来了忘恩负义，这还是很令人震惊的。

其他人也在承受维特根斯坦的狂怒。1932 年 5 月，维特根斯坦读了卡尔纳普的一篇已经发表在《认识》上的论文：《作为科学通用语的物理主义语言》。他确信，这篇论文与自己的思想有着匪夷所思的相似。他写信给石里克发火，抱怨说，他将"很快陷入这样的境地：我自己的作品将被认为只是卡尔纳普作品的'回炉'（zweiter Aufguss）或剽窃"。[8]

　　讽刺的是，维特根斯坦自己在《逻辑哲学论》的序言中解释说，他之所以没有指明自己所用的来源，是因为"我不在乎我的想法是不是已经被别人想到了"；[9]但他在责骂别人剽窃时毫无愧色。在 1932 年 5 月 6 日写给石里克的信中，他打了一个惊人的比方："如果我的园子里有一棵苹果树，那么，如果我的朋友们（例如你和魏斯曼）享用苹果，我会很高兴，这棵树也算是物尽其用了；我不会赶走小偷……但我有权对他们冒充我的朋友或声称对这棵树具有共同产权表示愤慨。"[10]

　　理论上，维特根斯坦与魏斯曼的出书计划仍在继续。到了 20 世纪 30 年代初，维特根斯坦经常与魏斯曼和石里克分别见面。1933 年夏天，他与石里克在意大利度假。一年后，即 1934 年，他看到了魏斯曼的书稿开头，大惊失色。魏斯曼已经感到合作过程充满挫折，正如他对石里克所说的："维特根斯坦有一种奇妙的天赋，他总是把一切都看成是第一次。但我想，与他的任何合作有多困难都是显而易见的，因为他总是追随当下的灵感，把他先前计划好的东西拆掉。"[11]

　　"著书会面"结束了。这至少意味着魏斯曼大可以按自己希望的形式出版一本书，而不必担心有哪个暴君会行使否决权了。

＊　＊　＊

　　到了这个阶段，一批新的年轻成员已然加入了学圈的讨论。他们最初加入的日期没有记录，他们有古斯塔夫·伯格曼、瓦

尔特·霍利切尔、马塞尔·纳特金（1929年移居巴黎）、海因
里希·奈德、罗丝·兰德、约瑟夫·谢希特和奥尔加·陶斯基。
对语言、意义和清晰度的关注已经真正扎根。后来，阿尔内·内
斯对讨论的进行方式做了一个有样学样的风趣描述："一个参
与者提出了一个意见，用的是句子T，第二个参与者大概认为
这个意见站不住脚，就插话说：'Würden Sie die Formulierung
U akzeptieren（您会接受表述U吗）？'年轻的瓦尔特·霍利
切尔发明了一个特殊的开场方式：'这也许不是一个可爱的表
述。'"[12] 他们计划的核心，就是确立什么算作"无意义"（sinnlos）。
门格尔开始对魏斯曼感到恼火，后者有一个习惯，"一切超出他
断言的东西都会被指为无意义，无论他断言的是什么"。[13]

　　1932年11月至1933年3月期间，罗丝·兰德一直在整理
一种表格，今天我们称之为"彩色编码表"：她会在表格中记
下六位学圈成员——石里克、魏斯曼、卡尔纳普、纽拉特、哈
恩、考夫曼——立场如何：同意特定命题（蓝色），不同意（红），
还是认为它无意义（绿）。纽拉特和绿色是一个常见的组合。

　　尽管如此，维特根斯坦在学圈内依然保持着神话般的地位。
当然，学圈成员讨论维特根斯坦已有多年，所以这一情况对新
来者（尤其是外国新来者）比对老成员显得更令人震惊。在学
圈发布了宣言、以挑衅性的姿态公开亮相后，奥地利以外的哲
学家们开始对它有所关注。本来柏林和布拉格就有学圈的一些
常客（来自柏林的如卡尔·亨普尔，布拉格的是菲利普·弗兰克），

现在，更远地方的一些最杰出的年轻哲学家开始带着好奇前来维也纳，来亲见这场革命运动。他们还会返回来处，用实证主义思想为家乡的文化授粉。

英国来了一位年轻、有趣、头脑敏锐、轻微自闭的牛津大学毕业生 A. J. 艾耶尔。在牛津，艾耶尔曾师从吉尔伯特·赖尔，这位年轻的老师后来会以他的《心灵的概念》一书而闻名于世，该书抨击了心灵和身体是两个独立的实体、精神现象是非物理的这样的思想（源自笛卡尔）。赖尔嘲笑了这一观念，还创造了"机器中的鬼魂"（the ghost in the machine）这一表述，以嘲讽某种非物理事物占据某种物理事物并与之相互作用的说法。

此前，艾耶尔与学圈成员没有任何交集，与维特根斯坦也只有一面之缘。作为赖尔的门生，他曾被导师带去剑桥三一学院，到惠威尔庭中供维特根斯坦使用的房间去拜访他。那是1932年末。他们坐在维特根斯坦为客人和参加他的研讨班的人准备的简单折叠椅上。会面进行得很顺利，却是因为一个误会。维特根斯坦问艾耶尔在读什么书，这位英国青年回答说是 17 世纪西班牙剧作家"船上的"佩德罗·卡尔德隆的《人生如梦》（*La vida es sueño*），然后又说他觉得很难理解。维特根斯坦很欣赏这种自谦的态度。他始终认为，一个人必须花大力气才能领会伟大艺术的深奥，这是对的；但其实艾耶尔的意思只是自己的西班牙语水平太浅，不太容易理解这部作品。

在开始于牛津大学任讲师前，艾耶尔曾计划在剑桥花几个月的时间跟随维特根斯坦学习。是赖尔劝说 22 岁的艾耶尔改去奥地利。赖尔在 1930 年牛津的一次哲学会议上碰到了石里克，并对他印象上佳。赖尔认为，去维也纳对艾耶尔有好处，而如果艾耶尔能带回一份那里的发展报告，那对哲学也有好处。他猜想，维也纳正在发生着激动人心的哲学事件。他给石里克写了封信，称赞艾耶尔的智识能力，让艾耶尔亲自带去。

艾耶尔新近才与蕾妮·利斯结婚（通过一场虔敬的天主教仪式，好战的无神论者艾耶尔会因这一仪式而后悔终生）。夫妻在维也纳第四区安顿好住处后，艾耶尔就去石里克位于欧根亲王街的家中拜访了他。他写下了自己的印象："他有一位朴实敦厚的美国妻子，看上去像一个德国'家庭主妇'（Hausfrau）；而他的外表和举止却风雅练达，让我联想起电影里看到过的美国参议员。"[14] 石里克收到赖尔的信后，不仅为艾耶尔安排了在大学听课的机会，还邀请他旁听学圈聚会，而艾耶尔就从 1932 年 12 月一直旁听到 1933 年 4 月。他后来回忆了自己对其他学圈成员的印象：纽拉特很有魅力，也很风趣，"一个大块头，中年发福，皮肤白嫩，让我想起棉花糖"；[15] 哥德尔"又黑又矮，沉默寡言，十分克制"。[16]

艾耶尔并不缺乏自信，但由于要用外语处理高度抽象的内容，所以他对学圈讨论的贡献很小。他所做的（也是他一直擅长的）是吸收思想。他本就乐于接受逻辑经验主义：他的哲学大英雄是苏格兰的首席经验主义者大卫·休谟。事实证明，他将是学圈的一位重要使者，尽管不为他们完全欣赏。英美世界的许多人都是通过艾耶尔首次了解到这个学圈的，但涉及维也纳内部的细微差别和分歧时，他论战式的文风损伤了公正性。

艾耶尔本人在那里度过了一段奇妙的时光。他感到的是解放。虽不再是维也纳的时尚，但他留了胡子，也知道在回牛津基督学院之前，他必须把胡子剃掉，因为教员活动厅（SCR）是个老古板的所在，"肯定不会容忍它"。[17]他对这座城市做了生动的描述。他喜欢：

> 拥挤的有轨电车；咖啡馆，在那里你可以坐在室内喝上几个小时的咖啡，读他们提供的报纸；酒窖，在那里你花不了多少钱就可以喝上几升最新年份的白葡萄酒；简简单单的夜店；广受欢迎的舞厅，在那里你可以请陌生人跳舞。就是其中一场舞会上，我第一次极为兴奋地意识到，在蕾妮之外，我可能对其他女孩也有吸引力，而我也被她们所吸引。我只和一个女孩跳过一次舞，再也没有见过她，但这段记忆一直伴随着我。确实，她可能很容易有别的动机：我这个外国人可能会被认为是比较富有的。但其实我们几乎没有什么钱可花。在去大学的日子里，我经常一个人在附近的餐馆里吃午饭，我也吃不起什么东西，除了清炖牛肉和面条，当时我对这些东西就没多少好感，后来更是一点儿也不喜欢了。[18]

* * *

A. J. 艾耶尔在维也纳的时间，与另一个也把名字缩写为首字母的外地人重叠了五个星期。此时，W. V. O. 蒯因刚获得哈佛大学的博士学位不久，研究的是《数学原理》的一些方面。艾耶尔语言天赋不错，在几个月内德语就达到了不错的熟练度；而蒯因还要快得多。他轻而易举就能学会各种语言，包括德语，足以听懂石里克讲课，到 1933 年 1 月，他已经能用德语在学圈里发言，后来还充分参与了一场 90 分钟的讨论。在那次会议上，他第一次见到了艾耶尔。

蒯因生于 1908 年，比艾耶尔大两岁。他在俄亥俄州的一个中等规模的市镇阿克伦（Akron）长大，在欧柏林学院时接触到伯特兰·罗素的著作。1930 年，他决定去哈佛读研究生，而那里的吸引力之一就是罗素《数学原理》的合作者，阿尔弗雷德·诺斯·怀特海，他从 1924 年起就在哈佛教学。蒯因在两年之内就获得了博士学位，之后他获得了 1932—33 学年的旅行奖学金。1930 年时，他结识了在哈佛拿资助基金访学的赫伯特·费格尔，后者力荐蒯因去维也纳。

蒯因后面还会去布拉格，我们也会看到，彼时卡尔纳普也已经转去了那里，并将成为蒯因的导师。蒯因说，他很快就发现了"从一个活生生的老师而非一本死书那里获得智识启迪是什么感觉"。[19] 在维也纳，蒯因并不是特别快乐。他的住处十分简朴，虽然包括洗澡的费用（别处则要额外收费）。他惊讶于公寓的电梯还要收费。和艾耶尔一样，蒯因也和妻子（娜奥米）

住在城里。蒯因夫妇和艾耶尔夫妇经常来往。

　　艾耶尔和蒯因只是众多外国访客中的两个。这些访客有的来自意大利和阿根廷，还有一位是来自中国的哲学家洪谦。欧内斯特·内格尔也来自美国。有几位来自柏林的哲学家，当然也包括亨普尔。1930 年 2 月，来自华沙的塔斯基在维也纳做了一些讲座，后来他成了这里的常客。还有来自斯堪的纳维亚的哲学家，包括阿尔内·内斯。

　　艾耶尔、蒯因和内斯都为学圈对维特根斯坦的崇敬所动容。艾耶尔写道："对他们所有人来说，维特根斯坦是神一般的存在，主要不是因为《逻辑哲学论》的力量，他们认为这是一部略带形而上学色彩的著作（'形而上学'是最难听的骂人字眼）；而是因为他后来的观点，而我自己（又是因为我德语不好）还未能从这些观点中充分学到东西。"[20] 据艾耶尔，伯特兰·罗素现在被学圈降格为仅仅是"基督（维特根斯坦）的先驱"[21,*]。在蒯因的一封寄回国的信中，这位美国人说他曾给维特根斯坦写信，他的"语言用法观"很有指导性："我想拜见这位先知。"[22] 这可能是随口说说；不过，不会有人把卡尔纳普等人说成先知，蒯因也不会。卡尔纳普的支持者和维特根斯坦的批评者可能会说，那是因为维特根斯坦的风格允许多种解释。1934 年参加学圈研讨会的阿尔内·内斯回忆说，石里克话不多，但"当我们

---

* 圣经中，耶稣的先驱 / 先行者（forerunner）是施洗约翰。——译注

的讨论陷入僵局时，他会问：'维特根斯坦对此会说什么？'如
果有人引用了维特根斯坦的著作、他在研讨会上的发言或私下
谈话时，那么显然只有非常非常聪明的解读才能被接受。就像
在挪威解读易卜生那样"。[23]

由于学圈成员只有通过魏斯曼和石里克才能接触到维特根
斯坦的最新思想，因此可以想见，二人——尤其魏斯曼——成
了维特根斯坦的哲学立场或说"（正确的）维特根斯坦的看法"
的仅有公认权威。[24] 他们会报告和维特根斯坦会面的情况，就
像传递德尔斐神谕的信息一样。当然，魏斯曼对维特根斯坦害
怕被歪曲一事非常敏感。在研讨会上，他会这样警示众人："我
将向你们介绍维特根斯坦思想的最新发展，但维特根斯坦拒绝
为我的表述承担任何责任。请你们注意这一点。"[25]

其他人会接受他对维特根斯坦的解读，并在论文和会议上引
用。就这样，像耳语传话游戏似的，维特根斯坦的影响力越来
越大。但由于这位神秘的哲学家本人很少露面，当然也不会出
席哲学大会，人们开始质疑他是否真的存在——只是半开玩笑。

关于某个话题，也是魏斯曼首先介绍了维特根斯坦的相关
想法；这个话题后来成了学圈的一则关键信条，它就是"证实
主义"（verificationism）。

* * *

在 1929—1930 年之交的时候，维特根斯坦向魏斯曼和石

里克解释过他关于证实的思想，魏斯曼随后在他为《认识》第一卷写的一篇文章中公开了这些思想。证实主义是要为何者有意义提供一个标准。其拥护者的动机是想让所有的研究领域都变得科学化，从而把形而上学驱逐出"意义"领域。它宣称，除非某件事情有被证实的可能，否则它就是无意义的。

这里需要一些展开，尤其是因为在 20 世纪 30 年代早期，该怎样理解证实原则还存在一些混乱。人们慢慢看清，证实主义有着卡尔纳普版（纽拉特、弗兰克和哈恩采纳）和维特根斯坦版（石里克和魏斯曼采纳）的区别。卡尔纳普版不考虑定义为真的分析性陈述（"所有平房都有一层"），进而表示，一个综合性语句——如"上帝是全能的"——到底是"经验上有意义的"还是"认知上为空"，[26] 取决于是否有证实它的标准。维特根斯坦版则是，意义就在于使其为真的条件。"月亮是覆盆子酸奶做的"或"水在 100 摄氏度时沸腾"的意义是什么？根据维特根斯坦，这些说法要这样理解：在它们为真的世界里，必须有何种情况。

最后，是卡尔纳普版胜出。

证实主义立场的激进程度再夸张也不为过。"月亮是覆盆子酸奶做的"是一个可检验的陈述。它有意义，但是假的。它是真是假，有各种办法可以检查。但是关于上帝的一些相当典型的陈述——如"上帝无处不在""上帝是全能的"——通不过哪怕一种证实主义检验的严格解释。它们表面看似有意义，但根据意义的证实标准，它们事实上是胡话。尽管不是像一串随机的笔划或声音，比如"xysvotp og dcplqz"那样的胡话，但仍然是一类胡话。

这并不是排除它们或许具有文化意义的可能性——很明显，在教堂、清真寺、犹太会堂和寺庙里，某些不可证实的短语一直在被吟咏。但它们没有认知意义，没有真值。

对审美陈述和道德陈述也大可以这么说。诸如"杀害无辜的人是错的"这样的道德主张，并不能接受检验。审美判断也是如此。艺术鉴赏家们可能就"古斯塔夫·克里姆特是比埃贡·希勒更优秀的艺术家"这一说法展开激烈的争论；对一首音乐、一部电影，或是戏剧、建筑、诗歌等的美学价值进行争论，也是司空见惯。当我们参与这样的争论时，我们自认为是在进行批评和判断。我们甚至会对意见不同的人抱有尖锐的看法，可能会认为他们愚蠢或粗俗，麻木或迟钝。学圈认为，在一个重要的意义上，这些美学争论不应该被刻画为"毫无所谓"（pointless），而是也该刻画为"无意义"（meaningless）。

和各种关于上帝、伦理和审美的陈述一起下垃圾滑道的，还有哲学家们长期参与的几个形而上学争论。以康德著名的"现象"（Phenomenon）与"本体"（Noumenon）二分法为例。现象是在我们看来如此的事物：那张桌子在我看来是黑色的长方形。但表象可能有欺骗性，并在任何情况下都取决于我们的官能——我们无法探测到蝙蝠能探测到的声音，也无法看到老鹰所看到的东西。但康德还创造了"本体"一词,也就是"物自身"(Ding an sich)。物自身独立于对它的一切经验而存在。我们无法直接接触它——我们可以对它进行设想,但终归必然不会有关于"本体"的知识。对此,学圈的裁决是:胡话。我们无法从经验上检验关于本体的说法。

对他人是否有思想和感觉的怀疑(如我真的能知道你感到疼痛吗)变成了更为直接的问题,即我如何能证实你的思想和感觉(如:你是在说你疼痛吗?你是在流血和/或尖叫吗?)。

其他长期以来的争论也被证实标准所消解。比如一元论与多元论之争——世界是一还是多?唯物主义和唯心主义之争——是存在一个独立于人心的世界,还是世界完全发生在人心之中?两个辩论的双方都有悠久而杰出的传承。但是,有什么经验性测试哪怕在原则上可以裁决此类问题的是非?格奥尔格·威廉·弗里德里希·黑格尔等人提出的历史有"一种精神",并朝着一定的方向不可阻挡地前进的宏大主张,又该怎样对待?它又如何能够得到检验?卡尔纳普在 1934 年 10 月开办了几场讲座,在讲座中举例说明了形而上学的主张:

> 泰勒斯说"世界的本原是水",赫拉克利特说是"火",阿那克西曼德说是"无限",毕达哥拉斯说是"数"。"万物不过是永恒理念的影子,而这些理念本身又处于一个无空间和无时间的范畴",这是柏拉图的学说。从一元论

者那里，我们了解到的是"只有一个本原，一切如其所是者皆奠基于其上"；但二元论者告诉我们"本原有两个"。唯物主义者说"一切如其所是者，本质上都是物质的"，但唯心主义者说"一切如其所是者，都是精神的"。以下人士的主要学说，都属于形而上学（在我们说这个词的意义上）：斯宾诺莎、谢林、黑格尔，以及——至少给出一个当下的名字——柏格森。[27]

在这个学圈里，杀死历史上的哲学利维坦带来的满足感，是无比强烈的。

11　漫长的仇恨

如果说世界上有哪座城市可以称得上是现代政治性反犹主义的摇篮，那就是维也纳。　——彼得·普尔泽[1]

大学图书馆员并不是弗里德里希·魏斯曼的理想工作。他从 1930 年起就担任这个职务，但工资只有 480 先令，于是不得不靠私人授课来补充收入，包括给维特根斯坦的一个外甥上课。要是能做一名大学教师，他会乐意得多。事实上，对他的素质进行任何公正的评估，都会认为他非常适合大学的教职。他也许不是最具有原创性的思想家，但也发表了几篇有分量的论文。他有着一流的头脑，在找出问题的症结、将复杂思想变得简明易懂方面，他有着非同寻常的能力。他认真负责、乐于助人，本可以成为一名勤勉的教员。他受的是数学和物理学的训练，因此他非但没有被新哲学吓倒，反而欣然接受了它。

但魏斯曼有两个根本性的缺陷，在大学当局的眼里，这两个缺陷超过了他明显的优点。第一个，也是最基本的，是他对被考核、被评判生出了非理性的恐惧，所以迟迟没有获得博士学位，因此只得接受图书馆员这个职位。

第二，他是犹太人。

要了解维也纳学圈的历史，就必须正视它的犹太因素。大多数成员都是犹太人或半犹太人，包括伯格曼、费格尔、弗兰克、霍利切尔、哈恩兄妹、考夫曼、纽拉特、兰德、谢希特、陶斯基和齐尔塞尔。门格尔的母亲是犹太人。波普尔和维特根斯坦是犹太血统。中心的一些重要来访者，如艾耶尔和塔斯基，也是犹太人。柏林的汉斯·赖欣巴哈是半个犹太人。其他一些人，如维克多·克拉夫特和卡尔·亨普尔（也来自柏林），也无法忽视或避开反犹主义，因为他们有犹太妻子。

1848 年革命后，犹太人获得了在维也纳居住的权利，并于1867 年获得了完全的公民权，这一年，维也纳的人口普查只登记了 6000 名犹太人。到 1936 年，维也纳的犹太人口约为 18 万，占总人口的 9%，是德语世界犹太人口最多的国家——在欧洲，只有华沙和布达佩斯两座城市定居着更多的犹太人。犹太人口最急剧的增长发生在 19 世纪下半叶，但直到一战结束、奥匈帝国崩溃之时，数字都一直是上升的。

弗里德里希·魏斯曼出生在维也纳，他的父亲来自乌克兰的敖德萨，当时属于帝俄。他是一个很难归类的犹太人。粗略来说，维也纳的犹太人可以分成两派，长袍派和领带派。"长袍犹太人"（Kaftanjuden）比较恪守宗教信仰，更为传统，也穷得多。

他们往往是新近从奥匈帝国东部边陲过来的，特别是来自加利西亚，一个今天分跨波兰和乌克兰的地区。加利西亚犹太人在19世纪末就已经开始到来，但随着第一次世界大战的爆发，沙皇军队进入加利西亚，他们在维也纳的人数加速增长。哥萨克人是俄军中反犹最激烈的部队。1918年12月发生了一场毁灭性的大屠杀。由于害怕再有大屠杀，几十万犹太人纷纷逃亡，其中就有学圈未来成员罗丝·兰德的家族。虽然许多人最终还会返回家园，但至少有35000人留在了首都。他们挤在城市的特定区域：利奥波德城（第二区）和更北一点的布里吉特瑙（第二十区）。这些东欧犹太人自豪于自身的独特性，希望保留这种独特性：少数抛弃社群的人，会让家人丢脸蒙羞。

领带犹太人（Krawattenjuden）则较为富裕，更能融入维也纳的生活。许多人是一代（或两代）之前从捷克斯洛伐克和匈牙利过来的。奥尔加·陶斯基一家从摩拉维亚搬到维也纳时，她自己只有3岁，但她的工业化学家父亲，则代表了一种典型。领带犹太人家庭崇尚德语文化，而宗教在他们的生活中很可能扮演着较为边缘的角色。对他们来说，柏林比耶路撒冷更重要；他们更有可能阅读席勒而非《塔木德》，更有志于让自己的孩子进入文理中学而非犹太学校——文理中学是通往大学的大门，而大学则是通往天堂、或说中产阶级生活的道路。

魏斯曼已经摒弃了大部分犹太习俗，在这个意义上，他可以被归为领带犹太人；但是就像罗丝·兰德一样，他也出身东欧，经济状况岌岌可危。兰德因奥匈帝国的崩溃而失去了国籍。同样，**魏斯曼**虽然出生在维也纳，但也没有奥地利国籍，作为外国人，他的大学学业不得不找"洋费"（foreign fees）。但维也纳学圈是富裕的领带犹太人主导的，他们几乎都是世俗人士（犹太教学者约瑟夫·谢希特不在此列）；逻辑经验主义和宗教可不是天生的一对。

学圈虽然犹太色彩如此强烈，但绝非例外。在维也纳社会生活的许多其他领域，如金融、商业、艺术和个人执业的行业中，犹太人占据着奇高的比例。到 19 世纪 80 年代，犹太人就已经占到维也纳医生和律师的一半以上。1936 年，他们占全市律师的 62%，报刊编辑的 71%，广告主管的近 100%。

但有些职业对犹太人来说要难进得多，特别是那些属于公职人员的职业。公务员这一职业几乎完全对犹太人封锁。1934 年，奥地利的 161000 名公务员中，只有 700 名犹太人。同时，弗里德里希·魏斯曼在维也纳大学的困难也是一类例证。如前所述，1922 年在考查莫里茨·石里克能否接掌归纳科学教席时，大学教授委员会会检查他是不是犹太人。两年后，奥地利的一家报纸公布了一份在高等院校任教的犹太人名单，向全社会发出了一个并非不明显的信号：犹太人在大学里肯定已经有足够的存在感了。

1923 年，维也纳的右翼德意志学生会动议，所有犹太作家的书籍都要打上大卫之星的印记（他们还发布了一份因政治等其他原因而不受他们欢迎的教授名单，其中包括石里克）。
1930 年，大学校长正式企图限制犹太人的数量，但此举在被裁
定违宪后失败。但犹太人要获得教职，标准还是必须比非犹太
候选人高得多；连著名的犹太学者也不获晋升。他们的犹太身
份是晋升的障碍，但这一点通常不予挑明，而且从性质上看也
几乎无法证实。但除了可怜的魏斯曼外，伯格曼（因学术界的
反犹主义而改当律师）、费格尔、波普尔和齐尔塞尔很可能都受
到了歧视。他们每一位都有着出众的才干，但不及他们的人获
得了大学的委任，他们却没有。可怜的齐尔塞尔没有获得特许
任教资格；公开说法是他的研究不够哲学化，但其他因素很可
能才是原因：他有两大不利标签——马克思主义者和犹太人。

＊ ＊ ＊

　　反犹主义是一只变化多端的野兽，维也纳的犹太人找不到
避开它的成功策略。一旦出了问题，被指责的总是犹太人。战
役失败？怪犹太人。通货膨胀？犹太人的错。憎恨现代主义？
因为它起源于犹太人。维也纳作家兼哲学家奥托·魏宁格写道：
"现代性的精神是犹太式的，无论你如何看待它。"[2] 所有打破
禁忌、逾越传统的新事物，都让传统派感到恐惧，他们很自然
地把现状的颠覆归咎于犹太人。基督教社会党的报纸《帝国邮
报》（*Die Reichspost*）从各个角度，在每个版块中都涉及了犹太
人问题。

这里有大片的刻板印象：大发战争财的人、贪婪的资本家、诡计多端的傀儡操纵者、颠覆性的变革分子、摇尾乞怜的下属（魏斯曼？）、滑腻的揩油者、淫荡的颓废者。富裕的犹太人（"有钱犹太佬"）因其权势而遭人讨厌。专业人士和知识分子（"墨水犹太佬"，魏斯曼再度中招）因其影响力而被憎恶。来自东方的犹太人（"乞丐犹太佬"）因其贫穷和风俗特异而被鄙视。第一次世界大战结束时，食品和燃料都严重短缺，新涌入的难民被认为是加剧困难的罪魁祸首。在维也纳，时而有人高喊："让犹太佬滚出去（Hinaus mit den Juden）！"在维也纳以外的奥地利腹地，那里的犹太人少得多，但反犹主义却更强烈。

一个不幸的事实是，中产阶级犹太人与非犹太奥地利人一样，对新来的讲意第绪语的人也有一些鄙视。那些中产阶级犹太人曾努力工作，赢得体面的社会地位，在文明的基督教社会中站稳脚跟。那些可怜的流动游商和牲口贩子——留着胡须、戴黑色毛皮帽的男人，戴"仪式性假发"（Sheitel）的女人——是一种尴尬，也是一种非常明显的提醒，让中产犹太人想起了已然抛在身后并急于忘记的生活。随着反犹主义越发地丑陋，一些中产犹太人开始偷偷觉得，也许东方犹太人（Ostjude）至少要承担部分责任。作家约瑟夫·罗特本人就是一个"东方"犹太人，他发现并诊断了这种病态："人们不希望一些刚从罗兹（Lodz）来的陌生人提到自己来自波森（Posen）或卡托维茨（Kattowitz）的祖父。这是一个濒临绝境的'小资产阶级'不光彩但可以理解的态度，他刚要爬上相当陡峭的梯子，到'上流资产阶级'的露台上，去呼吸自由的空气，观赏壮丽的景色。一看到来自罗兹的表亲，这个人很容易失去平衡，跌落下来。"[3]

当然，偏执也不是什么新现象：在奥匈帝国时期，偏执就一直盛行。在 19 世纪末，主持维也纳工作的，是卡尔·吕格这位有魄力的市长。他的成就之一是利用管网为城市引来了泉水，但他还开展了心狠手辣的反犹运动，并借此提高了自己的人气。他给犹太人贴上了"杀害上帝之人"的标签，并对犹太资本家进行谩骂。一位犹太代表反对吕格的挑衅，他回答说，反犹主义会"消亡，但要等到最后一个犹太人灭亡之后"。[4] 他与个别犹太人友好地打交道，但他有一句名言："谁是犹太人，由我来决定 (Wer ein Jud ist, bestimme ich)。"吕格深受该市一位流浪艺术家阿道夫·希特勒的赏识，希特勒称他是"我们中间有史以来最有干才的市长"。[5] 所以在反犹主义方面，维也纳是有案底的。正如一位历史学家所说："如果说世界上有哪座城市可以称得上是现代政治性反犹主义的摇篮，那就是维也纳。"[6]

不过，在帝国崩溃之前，至少维也纳的犹太人觉得自己是众多犹太人中的少数，他们这种政治、文化和宗教忠诚的混合形式可以愉快地共存。奥匈帝国的犹太人大多把第一次世界大战当作展示自己爱国主义的机会来拥抱。战后，剧作家阿图尔·施尼茨勒希望重新强调他的三重身份："一个忠于德意志文化的犹太裔奥地利公民。"[7] 在这一点上，他的态度很是典型，代表了维也纳学圈中大多数犹太人所出生的社群——这些家庭在政治上忠于弗朗茨·约瑟夫皇帝，在艺术上崇拜贝多芬。

战后的奥地利散发出了更褊狭、更天主教化、更不世界化的气息，对犹太人来说不是舒适的居处了。但事情还没有绝望到让他们感到移民的迫切性。大多数人与西格蒙德·弗洛伊德有同样的感受，他在 1918 年停战日写道，他将继续留在维也纳，尽管帝国已经消失："我将行尸走肉般地继续活下去，并硬使自己相信，这就是全部（Ich werde mit dem Torso weiterleben und mir einbilden, dass es das Ganze ist）。"[8] 尽管如此，犹太人已经感到自己是显眼、暴露的了。

理论上，《凡尔赛条约》允许公民选择一个他们虽不生活其中，但更适合自身"种族"或"民族"的国家。然而事实上，这种自由只得到了有选择的保障。来自哈布斯堡帝国各州的约 7.5 万名讲德语的犹太人，其加入奥地利国籍的申请就被拒绝，因为奥地利最高法院宣布他们不是"种族"上的德意志人。

面对咄咄逼人的新现实，有些奥地利犹太人的反应是加深自己的宗教虔敬，不顾基督教人口中敌对分子的蔑视、奚落和讥笑。但在更世俗的人中，有几种反应。少数人转向了犹太复国主义，创立这项运动的是忒奥多·赫兹尔，一位有领袖气质的维也纳记者，他认为在国内追求公民平权是无望的，坚信只有在犹太人的国家里，犹太人才能摆脱反犹主义（这个乌托邦里当然会有大量的咖啡馆）。另一些人不愿意接受犹太复国主义的政治计划，但却拥有犹太文化身份认同，这些人甚至可以说在避不可避的反犹主义獠牙前变得更加显眼。

弗洛伊德和施尼茨勒都属于后一类人。弗洛伊德是一个公开的无神论者，但仍自认为是犹太人，并收集犹太人的笑话和轶事。"我可以说，无论犹太教还是其他宗教，都与我毫无关联，就是说，它们对我而言只是十分重要的科学课题；在情感上，我对宗教都没有投入。但另一方面，我对我的民族一直有一种强烈的团结之感（feeling of solidarity），也在我的孩子身上培养了这种感情。我们都一直保持着犹太归属感（confession）。"[9] 阿图尔·施尼茨勒同样对自己的犹太身份有着深深的感触，但在日常生活中也不恪守犹太习俗；在一年中最神圣的日子——赎罪日（Yom Kippur）——他的祖母会禁食祈祷，但家里其他人之所以也这样做，"主要是为了她；而在她去世后继续这么做，完全是出于对她的尊敬之情"。[10]

但是，在犹太人身份的多维分类中，还有另一类人：同化主义者（assimilationist）。同化主义者希望融入更广阔的文化，并愿意——有时甚至热衷于——放弃自己的犹太联系和身份。与学圈有关的犹太人物大都属于这一群体。当然，他们几乎一致敌视宗教。赫伯特·费格尔写道，他的父亲是一个直言不讳的无神论者，这"使我自己（在 8 岁时）从犹太教中解放出来变得相当容易"（"解放 /emancipation"是一个尖锐的措辞）。但对同化主义者来说，不仅宗教扮演着次要角色，甚至不扮演任何角色，而且他们几乎不认同自己是犹太人。一些人甚至改宗了基督教。事实上，欧洲没有哪座主要城市像维也纳这样有如此高的改宗率，尽管改宗依然很少发生。改宗者包括古斯塔夫·马勒、卡尔·克劳斯和社会民主党的创始人维克多·阿德勒。波普尔的父母都改奉了路德宗，他自己也始终认为同化是解决反犹主义的一个办法。汉斯·哈恩和奥托·纽拉特都是混合婚姻家庭，他们的犹太裔父亲改了基督教，门格尔的母亲也是如此。门格尔从不认为自己是犹太人。

改宗当然有实际的原因。犹太人和非犹太人要结婚，其中必须有一个改宗，而非犹太人又岂会去接受"外人"的地位？要想在公务员队伍中升迁，改宗也是一种务实的做法。在其他职业，放弃犹太信仰也有所帮助。马勒的妻子阿尔玛声称，古斯塔夫受洗是因为"他害怕自己会发现，作为一个犹太人很难在维也纳找到工作"。[11]

新教是犹太改宗者的首选信仰。毕竟，它是启蒙运动的信条；天主教被认为更落后，更受反犹主义的污染。改宗几乎很少出于真诚的宗教理由，虽然这因人而异，因家庭而异。然而，即使是持怀疑态度的人，也觉得换上"犹太—新教—无神论者"的身份，比"犹太—天主教的无神论者"这类身份更舒服。

在摆脱与旧宗教联系的过程中，被同化的犹太人接纳的是一种新宗教：教育。对学习的痴迷将许多犹太人推上了受人尊敬的社会地位。奥托·纽拉特的父亲，政治经济学家威廉·纽拉特，自食其力地完成了学业，还自学了拉丁文。他的私人图书馆藏书达13000卷。"科学在纽拉特这里，就是世俗化的犹太教，"历史学家史蒂文·贝勒写道，"他的儿子奥托则继承了此点。"[12] 卡尔·波普尔也得益于在一个拥有大型图书馆的家庭中长大，尽管与纽拉特的收藏相比孰多孰少有不同的估计。

* * *

半自由的条件，可能是犹太成就的完美孵化器。犹太人可以自由地学习，但许多通往社会地位的途径是对他们封闭的。要想有所表现，他们就必须超常表现。

尽管如此，犹太因素在多大程度上是20世纪前30年维也纳思想文化繁荣的核心，仍是历史学家之间的争议话题。诚然，犹太人在文化和知识精英中的比例极高，但同样也有许多著名的非犹太人，包括奥地利最重要的三位艺术家：克里姆特、希勒和柯克什卡。"犹太维也纳"这种说法曾让生于维也纳的艺术史家恩斯特·贡布里希心烦意乱。他抱怨说，对于那个时代的维也纳艺术家，"调查他们中有没有谁是犹太人或有犹太血统，太有违常理了，我宁愿把这样的调查留给盖世太保去做"。[13]

有一本讽刺性的图书，即以维也纳事务中的犹太因素为主题，它想象了一座没有犹太人的城市。作者胡果·贝陶尔的一生，就体现出了犹太身份中的一些矛盾，而他的死，也阴森地预示着一个类似的死亡，它将标志着维也纳学圈的终结。贝陶尔生

于一个犹太家庭，但在 1890 年，青年时期的他受洗成为一名
路德宗的信徒。他是一位多产、畅销的小说家，好几本书被改
编成了电影。他也是一名记者和杂志出版人。他的书和杂志都
包含了露骨的性描写。

他最著名的作品出现在 1922 年，正是莫里茨·石里克到
达维也纳的那一年。两年之内，《没有犹太人的城市》就卖出
了 25 万册。它描述了一个政治煽动者卡尔·施韦特费格博士，
他与卡尔·吕格有着明显的相似之处：通过攻击犹太人而得势。
干净利落的解决方案就是驱逐犹太人，把战后维也纳的所有问
题都归咎于他们。然后有一天，在一点钟，哨声宣布所有运载
犹太人的火车都已离开，教堂响起钟声庆祝。

但是，在现在这个没有犹太人（Juden-frei）的空间里，生
活并不像市长或居民所设想的那样幸福。维也纳变得沉闷，失
去了它的精神和能量。几乎立时，这座城市开始解体。时髦的
商店因为缺乏时尚的犹太妇女的光顾而破产。一个顾客坐在帝
国咖啡馆里向领班抱怨说，这个地方现在太空荡荡了，空得"即
便在炉子旁边都会冻僵"。[14]

贝陶尔的色情出版物激怒了奥地利的保守分子。《没有犹太
人的城市》巩固了他的恶名。1925 年 3 月 10 日下午 3 点，一
名持极端右翼观点的口腔诊所青年工人奥托·罗特施托克走进
贝陶尔的办公室，向他连开五枪。贝陶尔被紧急送往医院，但
两周后还是死于枪伤。在审判中，罗特施托克说，必须记住，

耶稣降临人世是为了与犹太出版商做斗争，因为他们是撒旦之子。他指责贝陶尔嘲笑德意志文化，说他毫无悔意。虽然他被判有罪，但他的律师称他精神不正常。法官同意了，罗特施托克被判在精神病院服刑。后来他被评估为精神正常，被允许参军。这个审判结果，同样耐人寻味地预示着另一场审判的结果。

* * *

人如何看待自己的身份，并不总是和别人对他身份的判断一致。贝陶尔大可以宣称自己是路德宗信徒，但身份的认定是双向的。在奥地利，虽然你可以宣布退出犹太教或无视自己的犹太血统，但这并不能让别人对你的犹太出身无动于衷。同化主义的犹太人并没有外显他们的犹太性，但在非犹太世界里，他们仍然是犹太人。改宗者和混合婚姻的孩子，大体仍被视为犹太人（在这个意义上，纳粹1935年的纽伦堡种族法案对犹太人依据血统的定义，不过是对维也纳通常做法的正式编纂罢了）。小学时代的波普尔尽管是成长于一个名义上的新教家庭中，却还是受到了某个反犹教师的大量虐待，以致被迫转学。

在维也纳，只要有犹太出身，那么无论是已然改宗，还是有强烈的犹太身份认同，你都很可能和其他犹太人住在同一个街区，从事在犹太人中常见的职业，最关键的是还会和其他犹太人交往。几乎没有证据表明奥托·纽拉特将自己视为犹太人，甚至没有证据表明他对犹太人困境有过多少反思，但他主要还是在各种犹太人圈子里活动。波普尔的情况也是如此。历史学家埃里克·霍布斯鲍姆也是在维也纳长大，他写道，虽然他的家庭"完全不信教，但我们依然知道，我们是犹太人，也无法摆脱犹太身份"。[15]

事实上，维也纳可以说是欧洲最具种族意识的城市。在文化上随处可见的一个观念是本质主义，即种族不仅与身体，而且与心理特征有关。在 21 世纪，研究者们提出，隐性偏见，即无意识的偏见，是一种强大而恶毒的力量。耐人寻味的是，这种偏见似乎也像影响主体人群那样影响着少数群体。因此，有证据表明，美国的非裔美国人与白人一样，对其他非裔美国人怀有同样的偏见。[16]凡空气中飘着偏见的地方，每个人都会多少吸入一些，连受害者自己也是如此。因此，一些学圈成员、甚至一些犹太成员，其对犹太人所持的态度，在今天说出来的话是会让我们不舒服的，但对此我们不必过于惊讶。

美国心理学家大卫·巴坎曾这样描写古斯塔夫·伯格曼：

> 伯格曼是一个被纳粹深深伤害了灵魂的难民。我见过很多这样的人，但伯格曼的伤是我见过最重的。他已经变得非常反犹。他宣布放弃犹太身份。有人告诉我，如果有人给他寄一张犹太新年贺卡，他会把它寄回去。他的观点是，要防止犹太人重蹈历史上各种迫害的覆辙，唯一的办法就是无情地同化。这意味着，任何犹太人都

不应该和犹太人结婚。[17]

　　巴坎是在伯格曼移民美国后才认识这位哲学家的。他推测伯格曼是在纳粹兴起后才形成这样的观点，这既不太可能，也没有事实依据。维也纳有很多犹太人，尤其是被同化的中产阶级，对自己的民族出身持有十分暧昧的态度。也许最臭名昭著的就是奥托·魏宁格，他写了厌女和反犹的《性与性格》。魏宁格认为人类性格中有男性面向和女性面向，女性部分联系着本能，男性部分则关乎创造力和智慧。犹太人本质上是女性化的。"女人和犹太人都是皮条客，他们的目标都是让男人感到内疚。在所有时代中，我们的时代不仅最为犹太化，也最为女性化。"[18]犹太人缺乏道德本能，而且和女人一样，没有什么个体意识。此类内容还有很多。维也纳一半的知识分子津津乐道于这些无耻谰言，其中许多人还把《性与性格》看作一部光彩夺目的作品。

　　1903 年 10 月 3 日，魏宁格在贝多芬去世的那栋楼里租了一间房；这不是巧合，因为他沉迷于思索天才的本质。当晚，就在这间房里，他用手枪将子弹射入了自己的胸膛。年仅 23 岁的他在第二天就去世了。在生命的最后一年，他改宗了基督教。

　　参加他葬礼的有卡尔·克劳斯，他也是一个有反犹倾向的改宗者。克劳斯写过一本反犹太复国主义的论著《锡安的王冠》，挖苦赫兹尔，认为只有完全同化才能带来真正的犹太解放。克劳斯尤其厌恶"东方犹太人"。他说，他对意第绪语这种语言有一种审美上的反感，认为它不纯正（不纯、污染和疾病等概念通常与犹太人联系在一起）。施尼茨勒这位骄傲的犹太人，反而认为犹太人所以招人憎恨，但又弱小得无力应对所受的冲击，自身是有部分罪责的，因为他们有着"过分的客观性"和"某种自我分析的倾向"。[19]

维特根斯坦也对犹太人持有本质主义的看法。维特根斯坦家族是一个不寻常的例子：家族的犹太身份埋藏了至少两代之久，也几乎没有影响到路德维希的成长。即便如此，他后来还是开始质疑自己是否刻意掩盖了自己的出身。1937 年 1 月，他向英国的多位亲密熟人发表了一些痛苦的忏悔，让那些不得不听的人和维特根斯坦本人一样不舒服，其中包括承认他曾让人们认为他没有那么像犹太人。

维特根斯坦习惯于向各种朋友推荐魏宁格的《性与性格》。毫无疑问，他发现它强调残酷的诚实——对自己也对他人——这很有吸引力，它那不妥协的风格也与维特根斯坦自己相吻合。被维特根斯坦联系到犹太民族身上的特征，是数个世纪以来的常见诽谤：鬼鬼祟祟，贪图金钱。但讽刺的是，这位 20 世纪最具原创性的哲学家也深信犹太人没有原创能力："即使是最伟大的犹太思想家，也不过是有点天分罢了（比如我自己）。"[20]

这是他发表过的最没有原创性的论断。克劳斯和魏宁格也表达过对犹太人思想同样的判断。犹太人的思想尤其是寄生在别人思想上的，这被许多奥地利人视为理所当然。因此也就无怪乎，有那么多马勒音乐的批评家在世纪末的维也纳谴责这位改宗基督教的犹太人的作曲是模仿之作（derivative），或是维特根斯坦认为门德尔松系出模仿了。

卡尔·波普尔则难能可贵：他从未认真对待这些可笑的种族主张。但他对自己的犹太血统也保有一种十分暧昧的态度。他的父母也许生来就是犹太人，但根据他出生时所登记的宗教，他不是犹太人。作为一个无神论者，他一直讨厌被归为犹太人。在他退休的那一年，《犹太年鉴》（*Jewish Year Book*）请求将他收入其中，却得到了粗暴而严厉的回应。波普尔告诉他们，他不相信种族，所以"我看不到我有什么理由可以自认为是犹太人"。[21] 他憎恶种族自豪感，认为这"愚蠢且错误，即使是由种族仇恨挑起的。一切民族主义或种族主义都是邪恶的，犹太民族主义也不例外"。[22]

纵观波普尔的一生，他始终是一个世界主义者，也认为人应该把自己看作世界公民。然而波普尔似乎也吞下了一定剂量的维也纳毒药。他可能认为所有的民族主义都应该反对，但尤为不能容忍一种民族主义就是犹太复国主义。在《无尽的探索》（1976）一书中，他提出了一个奇特的论点：鉴于奥地利反犹主义的力量，犹太社会主义者推动社会主义事业的最有效方式本应该是完全远离政治；在新闻业等职业中占据如此突出的地位，同样是不明智的。

维也纳反犹主义这枝"病毒株"，需要结合其他国家存在的偶发反犹主义来理解。奥地利只是这种现象的一个特异表现。在这方面，一些访问维也纳及学圈的外国访客的观点很有启发。弗兰克·拉姆齐曾到维也纳接受精神分析，他在写回国内的信中这样描述他的第一印象："我喜欢我的分析师，虽然他是个犹太人（但所有最好的分析师都是犹太人）。"[23] 与此同时，W. V. O. 蒯因也在自传中坦陈，他曾这样想过三位集邮的朋友："真可惜……他们都是犹太人。"[24]

＊　＊　＊

这就是维也纳学圈运行于其中的氛围。几乎所有与学圈有关的人，他们的生活都受到反犹主义的直接影响，还有一些人受间接的影响。但这在多大程度上影响了他们的思想，却难以确定。一些学者，特别是玛拉基·哈科恩，主张两者有强有力的联系。哈科恩是卡尔·波普尔的传记作者，他声称，波普尔的许多智识计划和投入，包括对民族主义的敌视、对启蒙运动的辩护以及对开放社会的倡导，都是他与自身犹太属性相纠缠的一部分。犹太人是哈布斯堡最忠诚的臣民。当然，波普尔和学圈成员，是通过玫瑰色的后视镜来看待哈布斯堡时代的。第一次世界大战后，他们觉得犹太人太过出挑；而在帝国的黄金时代则不同：每个人都很出挑。

虽然他们几乎不可能没有意识到（除了我们将要看到的"属于另一个世界"的库尔特·哥德尔）无处不在的反犹主义，但他们中却没有一个预见到了事件的走向。要离开奥地利，有着各种理由，包括事业的发展，但即便在纳粹统治德国之时，对大多数人来说，生命可能受到威胁的想法依然看似荒谬。纽拉特是一个明显的例外，因为他积极参与政治；但其他人仍然受着积极看待事态发展的诱惑，就比如弗洛伊德。1933 年，当听说自己的书在柏林被付之一炬时，他说："在中世纪，他们会烧死我本人；如今，他们烧我的书就满意了。"

12　红色维也纳的黑暗岁月

"卡尔纳普在等你"

　　一战之后，奥地利的经济本就低迷，学圈宣言发表不久之后，它又遭受了致命一击。1929 年 10 月，华尔街的崩盘引发了世界性的大萧条。从 1929 年到 1932 年，奥地利经历了一场经济浩劫，生产下降了 40%，失业人口超过 1/3。

　　经济崩溃不仅冲击了奥地利的每个城市、乡镇和大大小小的村庄，还加剧了首都和各省之间长期存在的紧张关系。在国家的其他地方，维也纳的左翼政治治理是受鄙视的。维也纳是一个红色孤岛，周围的地区都是更为整齐划一的天主教和保守派，在政治上处于基督教社会党的控制之下。1919 年 5 月，奥地利最西边的沃拉尔贝格省（Voralberg）举行了一次全民公投。尽管他们的愿望未被理会，但其中超过 80% 的人投票赞成加入瑞士，而不是继续隶属于这个有时被称为"维也纳犹太国"（der

Wiener Judenstaat）的国家。后来成为萨尔茨堡大主教的西吉斯蒙德·魏茨将维也纳政府描述为"撒旦的统治"。[1] 在这个不可逾越的鸿沟面前，维也纳学圈将被视为是站在都市的、犹太的、无神的、社会主义的一方。

撒旦的统治还能再持续一阵。但国境另一边的德国，纳粹党正在集结力量，这为他们的奥地利同行壮了胆色。1932 年 4 月，奥地利纳粹党在地方选举中表现良好——此前，他们一直是一个边缘运动。5 月，恩格尔伯特·陶尔斐斯，这位年轻无经验的矮个子政治家及基督教社会主义者，成为联邦总理。8 个月后，阿道夫·希特勒成为德国总理，进一步加剧了奥地利的政治压力和不信任。1933 年 2 月，工会宣布罢工，抗议铁路工人减薪，陶尔斐斯派军队进行了镇压。3 月 4 日，他先是召开议会紧急会议，然后暂停议会。直接总统制于 3 月 7 日宣布实行。

维也纳的奥地利马克思主义结束了，短暂的奥地利法西斯主义时代已经开始。新闻自由受到限制，宪法法院被解散，德意志国家社会主义工人党也遭取缔。新政权与天主教意大利的关系比与新教德国更为密切。墨索里尼和陶尔斐斯很快建立了强有力的政治睦邻友好关系。希特勒的反应是对所有想去奥地利旅游的德国人收取费用。

在维也纳，动乱一刻也没有停歇，爆炸和暴力事件时有发生。纳粹正在聚集力量。卡尔·门格尔看着年轻的纳粹分子在街上游行。"我发现我几乎无法集中精力，每个小时都要冲出去买一份最新号外。"[2]石里克告诉门格尔，他从早到晚都在看报纸的号外。大学主楼*经常因骚乱而关闭，不过石里克和门格尔都有钥匙可以进去，因此他们各自的学圈得以继续。门格尔写道，在这栋荒如沙漠的大楼里，远离了街上的纷争和狂热后，里面就像"一片安静的绿洲"。[3]门格尔有着一丝顽皮心。他后来告诉一个学生，他曾把一个特别烦人和咄咄逼人的学生介绍给走廊那头的一个"专家"——一个纳粹同事——从而成功躲过了他的注意。在尚未关闭之时，大学本身即已成为战场，示威和争吵经常发生。作家希尔德·施皮尔写道，她"赶到现场时，一名犹太学生被殴打并被扔下大学台阶，躺在台阶之下流血"。[4]

1934年2月的两个星期里，安全部队和左翼的准军事组织"保卫团"之间的战斗，再次让奥地利面临爆发全面内战的危险。赫米内·维特根斯坦给弟弟路德维希写信说："我们听见枪声不断，我不明白红方怎么能储备到足够的武器，可以连续战斗好几天。"[5]在全国范围内，约有200名平民丧生。5月1日，在左派被镇压后，陶尔斐斯出台了一部新宪法，建立了一个一党制国家（祖国阵线），支持民族主义，支持独立，支持天主教，反纳粹。

奥地利纳粹的反应发生在三个月后。1934年7月25日，

---

*　维也纳大学是"主楼式大学"，庞大的主楼内集中了多所系科和职能部门，堪称一处主校区，所以作者在本书中使用"大学"一词时有时也指这栋建筑。

10 名伪装成军人的纳粹分子突袭了总理府大楼。陶尔斐斯遇刺，事后发现这是一场拙劣的政变企图。希特勒并不是政变的幕后主使，但愤怒的墨索里尼认定德国人在其中插了一手。他向奥地利法西斯政权承诺提供军事支持，并命令意大利军队前往意奥边境。墨索里尼的愤怒有个人原因：碰巧，陶尔斐斯的妻子和孩子当时是他的客人，住在他位于亚得里亚海度假胜地里奇奥内（Riccione）的别墅里。

虽然奥地利四处都有小规模骚乱发生，但政变很快被镇压下去，也有新总理得到任命：前教育部长库尔特·舒施尼格。他为人正派而冷漠，后来的事实也证明他十分幼稚。对纳粹党的禁令依然存在，但在接下来的几年里，意大利和德国之间的军事力量平衡发生了急剧的变化。希特勒肆意违反《凡尔赛条约》，下令重建德国的陆、海、空军。1936 年 3 月，德国坦克开进莱茵兰，而那里原本是非军事区——而英法两国政府不过是发出了微弱的抗议。

随后，法英两国无意中一同将意大利推向了德国的怀抱。1936 年 10 月，两个法西斯政府签署了后来所谓的罗马—柏林轴心协定。但转折点早在一年前的 1935 年 10 月即已出现，当时意大利人在开展新的殖民计划，部署了飞机和毒气，入侵了阿比西尼亚（今埃塞俄比亚）。入侵正值英国大选前一个月，如何应对意大利的侵略成了选举议题。威斯敏斯特政府推动国际联盟（国联）对意大利进行制裁，这一政策产生了意想不到的灾难性后果。

意大利与英法两国的关系都出现了裂痕，尽管制裁措施非常轻微（比如不包括石油），以至于给国联的信誉都造成了致命的损害。国联成立于 15 年前，其使命是以集体安全维护世界和平。1935 年 12 月，英国外交大臣和法国首相之间泄露了一项计划，即《霍尔—赖伐尔协定》，在该协议中，墨索里尼以阿比西尼亚的大部分土地作为交换，以换取意大利反对德国未来吞并奥地利的任何企图，这只会加强大众的看法，即英国和法国在抵抗侵略和维护集体安全原则的决心上都不是真心的。这一计划曝光于众之后，由此引起的强烈抗议迫使塞缪尔·霍尔和皮埃尔·赖伐尔辞职。

尽管意大利人的武器装备具有压倒性优势，但他们直到 1936 年 5 月才占领阿比西尼亚首都亚的斯亚贝巴。在当时的英国，讨好法西斯主义的政策显然已经控制了英国全体。而德国和奥地利建立更紧密关系的势头已不可阻挡。

* * *

1934 年 2 月 24 日，奥地利短暂的内战结束后的两个星期，这个国家成了一党制政府。莫里茨·石里克收到了警方的传票，他们有一些关于恩斯特·马赫协会的问题：这个俱乐部是做什么的？它的政治倾向是什么？有人认为它是一个左派阵线：果真如此吗？无论如何，警方要停止其活动。

在接下来的一个月里，石里克写了三封信支持恩斯特·马赫协会，解释它的起源，说明它的政治中立性。关于该俱乐部支持反政府活动的说法，石里克说"绝无此事"[6]：成员的政治关系从未引来质询，因为他们就是与政治无关；学圈里有几个成员是左派，这纯属巧合。在给维也纳警察总部、维也纳安全专员和联邦警察系统的三封信中，每封信它都使用了同样的措辞：俱乐部"绝无政治性"（absolut unpolitisch）。为了进一步证明该俱乐部是无党派的，也证明他本人不是颠覆分子，石里克指出，他已经加入了祖国阵线（尽管当时对所有公务员，包括大学职员都有这种要求）。

这些解释无济于事。恩斯特·马赫协会于1934年3月6日被解散。当局这时要对石里克忠实可靠的图书馆员魏斯曼下手了。在1936年2月10日，他收到一张纸条："根据教育部1936年1月29日的 ZL. 2818/I1 号条例，自1930年以来一直在维也纳大学哲学系担任图书馆员的弗里德里希·魏斯曼博士今后不再受聘这一职务。图书馆员级别之月度酬劳，将不再支付给该名人员。"石里克提出了无力的抗议，写信给哲学系主任说，既然不能再聘任魏斯曼为图书馆员，那他石里克就只得坚持要另有胜任的人选来代替他。石里克解释说，这是一个原则问题。这个原则的性质，他没有明说，但可能是石里克可以配一个助手。

魏斯曼已经被剥夺了他微薄的图书馆员收入，现在也失去了成人教育的教学工作。齐尔塞尔也是如此，他被逮捕并拘留，虽然很快获释；后来他在一所中学找到了工作。纽拉特心爱的事业"（国际）社会和经济博物馆"也遭关闭，因为它简单易懂、具有煽动力的信息被认为是危险的。

纽拉特对政治的进展有足够的远见，所以针对这种不测提前做了准备。他的博物馆与荷兰的一些组织合作，1933 年 7 月，就是陶尔斐斯宣布他将在无议会的情况下统治奥地利之后不久，纽拉特在海牙成立了"国际促进维也纳视觉教育方法基金会"。这满足了纽拉特扩张的胃口，但更实际的目的是，如果奥地利的时局进一步恶化，他能借此开辟一条可行的逃生之路。

1934 年 2 月，纽拉特照例前往莫斯科，访问以他的博物馆为范本的共产主义宣传机构图示统计所。即将回家时，他收到了一封电报，来自他的情人与合作者，玛丽·赖德迈斯特。"卡尔纳普在等你。"这是事先安排好的暗号，意思是：去布拉格。警察突袭了他的办公室，翻检了他的个人文件。她又说："信件转寄给菲利普。"意思是，他要去菲利普·弗兰克在布拉格的家，她会在那里和他碰面。

他在布拉格做了安排，把研究所的财产经波兰和丹麦转移到了海牙。玛丽和他的盲人妻子奥尔加此后不久便与他成功会合。他到海牙的时候，可没得到什么红毯式的迎宾接待。荷兰与德国有着漫长的边界，急于强调自身的中立性，可不希望被视为犹太人或政治难民的港湾。而纽拉特既是犹太人又是政治难民，当然备受怀疑。

* * *

为什么奥地利法西斯主义不能容忍学圈？

逻辑经验主义内在倾向于社会主义吗？

1929 年的宣言坚持认为两者之间有显然的联系。"维也纳学圈认为……它满足了当今的一种需要：我们必须为日常生活塑造智识工具，不仅是为学者的日常生活，也要为所有以某种方式一同致力于自觉重塑生活的人，他们的日常生活。"毫无疑问，这至少反映了其中一位作者的情感：奥托·纽拉特。在学圈成员中，他的政治参与度最高，也始终与奥地利马克思主义意识形态最为合拍。对他来说，逻辑经验主义和社会主义有直接的联系。一方面，学圈要用新的逻辑工具来改造哲学，而纽拉特认为，奥地利马克思主义者那理性且技术性的规划，也能够且必将变革社会。

纽拉特可以被称为马克思—边沁主义者，就是说，他一半是马克思主义者，一半是边沁主义者。18 世纪英国哲学家、功利主义创始人杰里米·边沁曾提出，行为的好坏取决于它是否产生了最多的幸福，并提出了衡量这种幸福的框架——"幸福演算"（felicific calculus）。纽拉特也认为应该有一种衡量幸福的方法，并以此来审视各种社会政策的合理性。后来，他被称为"幸福社会学家"。他最看重的幸福出现在幸福最短缺的环境，即贫困而挣扎的生活之中。他是一个头脑冷静、技术官僚式的马克思主义者，关心的是数据等各种形式的证据，以及检验并发现哪些方法有效。什么是让人们有饭吃、有衣穿、受教育、有房住的最好办法？他欣然接受用"社会工程师"（social engineer）一词来概括自己的活动。"他透过社会主义哲学的镜片看待一切，不论是思想还是事实——尽管这副镜片常常带来扭曲。"[7]

但在学圈内部，他的政治取向远非孤例。学圈之内和学圈周围的多数人物都是左翼。宣言的另外两位主要作者卡尔纳普和哈恩，也有强烈的社会主义倾向。哈恩将他对受压迫者的关切延伸到了动物界（他曾亲自将一个虐待自己马匹的马车夫扭送警局）。费格尔是左派，菲利普·弗兰克是坚定的社会主义者，埃德加·齐尔塞尔也是（他已于 1918 年加入社会民主党），瓦尔特·霍利切尔也是——这位年轻的共产主义者在讨论中经常引用马克思的话。社民党和学圈之间还有个人联系，比如约瑟夫·弗兰克，他是菲利普的弟弟，也是维也纳住房计划的推动者。

学圈中的大多数人都有左派倾向，这并不令人震惊。此外还有犹太因素。社会民主工人党的创始人维克多·阿德勒，以及其他领导人中的好几位，都有犹太背景；社民党是各政党中最不反犹的，而且也获得了绝大多数犹太人的选票。这并不意味着它没有偏见——远非如此。在奥地利，越是偏激，越有可能取得选举上的成功。是强酸还是较弱的醋酸之类，不过是一个程度问题。在社民党内部，反犹主义没有在基督教社会党中那么明目张胆，而后者的反犹行为又比法西斯弱得多。

但社民党依然是大多数学圈成员的天然政治家园。我们应该记得，有几位学圈成员曾亲身参与过第一次世界大战。战争可以让士兵和平民都政治化起来。1914 年，卡尔纳普曾被卷入战争兴奋的浪潮；到最后，他和另一名士兵汉斯·哈恩一样，成了和平主义者和社会主义者。汉斯·哈恩的肺部受了伤。在波恩，在他接掌维也纳的教席之前，他曾因散发和平主义传单而引起了一个小小的公愤。纽拉特对社会主义的坚定也是因战争而形成的。

学圈的左翼本能有着多种表达方式。在成人教育中最为显眼。从 20 世纪 20 年代到 30 年代初，成人教育是一个蓬勃发展的行业。成人教育讲师有更多的自由去讨论一系列在古板沉闷的大学里回避的话题，而讲师本身也往往来自那些或多或少被大学拒之门外的群体：犹太人、妇女、社会主义者。

几乎所有的学圈成员都曾在市民业余大学（Volkshochschulen，实质是成人教育中心）中任教，而费格尔、哈恩、克拉夫特、纽拉特、兰德、魏斯曼和齐尔塞尔等人，更是经常在那里教书。纽拉特讲授计划经济、住房和城市规划方面的课程。齐尔塞尔开设了许多课程，其中一门与人格崇拜有关。他的著作《"天才"概念的兴起》就是献给维也纳市民业余大学的。石里克和卡尔纳普也曾在那里授课。古斯塔夫·伯格曼事实上是在参加了魏斯曼讲授的哲学和数学的夜校课程后，才入选这个学圈。社会主义大学教师会的负责人哈恩在报纸上撰文，公开拥护成人教育和学校改革事业。他反对学生的地位低下，反对学者对学生高高在上的漠视。

维特根斯坦虽然自己没有从事成人教育的教学，但仍卷入了改革运动。在奥地利南部的乡村学校任教时，他采用了改革运动的方法：督促学生自己找出答案，而不是灌输。对于最优秀的学生来说，他显然很能启迪心灵。他对教育的热情从《兴趣学校词典》（*Wörterbuch für Volksschulen*）即可见一斑。这是他为自己的学生编写的一本小学拼写词典，出版于 1926 年。

学圈成员参与成人教育不完全是出于意识形态的动机，也不完全是无私的。有几位学圈哲学家发现，他们的学术生涯受阻，或是因为他们坚持逻辑经验主义，或是因为自己的种族，或是两者皆有。市民业余大学提供了大学之外的另一种选择，也提供了他们急需的收入来源。在保守派看来，它具有煽动性。

但成人教育并不是学圈成员与政治的唯一交集。纽拉特为社民党的刊物《斗争》（*Der Kampf*）写文章。在 1928 年的一期中，他加入了一场关于无产阶级生活方式的辩论。他认为，SDAP 试图塑造的风尚——如鼓励戒烟、鼓励妇女盘头——都既琐屑又愚蠢：这些只是短暂的时尚，与阶级斗争无关。哈恩也供稿来支持《斗争》；齐尔塞尔也是如此，他写的文章涉及哲学和科学的社会学，以及浪漫主义意识形态的社会根源。该刊物对这些的回报是始终倡导科学在现代社会中的作用，并大力宣扬科学的种种突破。学圈的公众面孔——恩斯特·马赫协会，是传播左翼思想的另一个渠道。公众可以到场听讲座，主题包括马克思主义与现代主义建筑的联系、与科学统一计划的联系等。知名左翼人物会在协会上发言，其中最著名的是奥地利马克思主义知识分子领袖奥托·鲍尔。

＊　＊　＊

　　然而，要是有了维也纳学圈是社民党人的某种思想战线的印象，就不对了。纽拉特推动学圈采取更明显的战斗立场，但在这一点上他被否决了。他被迫承认，学圈的其他成员并不努力投身于这一事业，也无须这样做。这一点甚至在宣言中得到了明白的表达：“当然，并不是每一个科学世界构想的追随者都会成为一名战士。有些人乐于孤独，会在逻辑的冰坡上过着离群索居的生活；有些人甚至可能不屑于与大众打成一片，并对这些事情不可避免地以‘琐屑化’的形式传播而抱憾。”[8]

　　讽刺的是，当石里克收到警方传票，接受有关恩斯特·马赫协会的讯问时，它确实已经变得更加、更加地非政治化了。20世纪30年代初，极端主义右翼情绪浮出水面，而SDAP也暴露出了自己的摇摆和怯懦，于是，该协会选择了回避对抗，将重点从讲座项目转向了每周四晚学圈成员内部辩论的一系列深奥话题。社会政策和奥地利马克思主义话题出局，新的话题则关于归纳问题、记录语句的意义和重要性，以及伦理学的地位。这些话题不无争议，但也不带来直接的威胁。逻辑经验主义一直都有着提防教条主义、独断论的方面。对学圈来说，科学的发现不能被预先占有，这一点至关重要；科学会把我们带上不总是能事先预测的道路。对于科学家们有朝一日会发现什么，他们采取的是中立的立场。

尽管即便是最非政治化的公民也无法忽视奥地利极端主义的兴起，但至少在最初，该组织的几位成员基本上脱离了政治舞台。其中包括魏斯曼，他既不信任马克思主义，也怀疑社会科学的科学主张。另一些人尽管是左派，但对把政治插入哲学的做法持谨慎态度。卡尔纳普就代表了这种态度，至少从1928 年左右开始，他的立场是，绝对价值陈述（absolute-value statement）在认知上没有意义。然而，他在给伯特兰·罗素写的一封信中，询问了罗素的社会主义立场和他在逻辑学方面的工作是否确实有关："在最抽象的数理逻辑领域达到了最高清晰性的人，也在人际关系领域中旗帜鲜明地反对用情感和偏见的手段来窄化人类精神。这仅仅是巧合吗？"[9]

对于哲学与政治的分离，最有力的拥护者是莫里茨·石里克。石里克是外国人，出身于显贵家庭，在经济上和社会上都有保障，自然不会像其他人那样敏感地意识到即将到来的政治灾难。他一开始是左派，但到 20 世纪 20 年代末，他肯定算不上社会主义者了。他还认为，在方针层面，学圈就应该在政治领域保持中立。他认为学圈与恩斯特·马赫协会之间的联系令人担忧，误导了他人的印象。

　　石里克以他不事张扬却卓然有效的方式推动了自己的议程。阅读学圈的会议记录，我们就能清楚地看到，至少在玻尔兹曼巷，学圈并不讨论"那种政治"。周围的世界或许已经开始坍塌，但他们并未就 1927 年 7 月 15 日的开枪事件展开论争。宪政民主可能受到了威胁，但准军事组织、恶性通货膨胀和失业率的上升从未提上议程。1933 年 1 月，希特勒就任德国总理，这是国际上的头版新闻，但它显然只是在玻尔兹曼巷的议程结束后，在咖啡馆里讨论的话题。

＊　＊　＊

　　那么谜团就在于，为什么民族主义者和纳粹党人会把维也纳学圈视为一股如此险恶的力量——学圈在 1934 年的政变后很快就发现了这一点。在德国这边，与维也纳学圈的旨趣十分紧密的柏林学会正在消亡。许多成员流亡国外，包括该学会的领导人汉斯·赖欣巴哈，他于 1933 年在伊斯坦布尔找到了一份工作（土耳其领导人凯末尔·阿塔图尔克想要搞活伊斯坦布尔大学，所以很快就聘用了来自纳粹德国的流亡教授——赖欣巴哈用德语授课，配有土耳其语翻译）。1935 年，德国的大学城海德堡成立了一个新的物理学研究所，由诺贝尔物理学奖得主菲利普·莱纳德领导。莱纳德反对相对论，理由是它是犹太物理学。值得注意的是，开幕式上的一席演讲，即针对"所谓的维也纳学圈"。它被描述为一个"主要由外族人组成的俱乐部，主要是近东和东方人种"，并且它在宣传一种"区别于雅利安逻辑"的新逻辑。[10]

这种敌意有其理由。因为，即便说逻辑经验主义没有内在的社会主义色彩，它终究有着内在的反法西斯、反纳粹色彩。

纳粹主义有着多样的思想根源，其一是浪漫的德意志民族主义：德意志血液与德意志土壤融合在一起，形成一种神秘的纽带。这种意识形态脉络是在故意地、悍然地反理性：魔力（magic）和感性优先于经验和理性；在探寻真相的过程中，情感比枯燥的理智运思（intellectualizing）更可靠。纳粹主义沉浸在怀旧和传统中，对所谓"人民性"（völkisch）思想的坚持是它的必备成分。许多政治思想家，如让-雅克·卢梭和卡尔·马克思，已经发现了现代人内心的一种隐忧（malaise），例如城市化、工业化和专业化带来的异化，即工人与土地和自身劳动产品的剥离。对人民性意识形态的一种理解方式也是对这一挑战的一种响应：它把对群体、种族和人民（Das Volk）的强调，看作对抗个人主义焦虑的一剂良药。先是有一个一个的人，然后有了个人的集合，而个人的集合要被理解为比其组成部分更多、更伟大的东西。

但在"人民"之中，也有一些特殊的个人。具有人民性意识形态的浪漫主义，就包含着赞颂天才的部分，特别是以歌德和贝多芬为代表的德意志天才。这种天才是在一种独特的德意志精神中滋养并孕育出来的。天才们自成一类：他们可以而且应该按照不同于普通凡人的规则行事。他们所遵守的是不同寻常的准则，也承担着特殊的责任和义务。他们拥有一些难以名状的超越性（transcendental）天赋。

在维也纳大学里，也有一些强大且有影响力的"社会"价值拥护者——尤其是社会学家兼经济学家奥特玛·施潘。施潘办有自己的学圈，也是一个受欢迎的讲师和多产的作家，有许多的弟子。在某些方面，他甚至比"人民"思想家走得更远：他认为整体先于部分，只有整体才是真正的真实——其中的个体则不是。

* * *

这些就是支撑法西斯及纳粹意识形态的一些思想观念脉络。

而逻辑经验主义，与其中的每一种都对立。实证主义是启蒙运动的产物。它崇尚代表进步的科学和技术。它接受现代主义，而许多保守派认为现代主义是颓废的，会导致动摇。它抨击传统，而保守派认为传统是社会的基石。它蔑视迷信思想。它虽然没有明显的民主倾向，但的确暗含着反精英的气质。教士阶层声称自己对上帝有某种特殊的洞察，而形而上学家则声称对表象之外的世界有某种特殊的理解，而宣告所有知识都是经验性的，就暗含着知识要开放给所有人检验，因此不难看出，为什么这种观念会被视为对教会和某类哲学思想家的威胁。

　　逻辑经验主义也对群体的本体论地位表示怀疑——个人才应被认为是解释行动的基本单位。这个论题，即方法论的个人主义，至少可以追溯到老卡尔·门格尔的《国民经济学原理》（1871），后来由卡尔·波普尔等人更充分地发展。英国首相玛格丽特·撒切尔对它做了出了名的荒唐曲解：宣称没有"社会"这回事。当然，方法论个人主义者并不认为社会不存在。他们相信的是，社会不是因果关系上的行为主体。如果想解释一个行动为什么发生，你应该做的是去探明一个或多个个人为什么以某种方式行动。阶级不会引发行动，阶级中的个人才会。设出一个因果关系上的整体或群体，而它还在某种程度上超绝于构成它的要素，这就是形而上学胡话。

　　事实上，形而上学的问题还不止于此。哈恩在 1930 年写的一本小册子中，称其是在"否认世界"（world-denying），[11] 认为这是一种欺骗或安抚大众的方式。如果我们被迫面对这样的想法——经验世界构成了我们唯一的现实，在这个表象的面纱后面并没有真正的现实——那么社会改革就会变得更加紧迫。我们将不得不面对此时此地，而不能从比如对来世的许诺中获得慰藉。他提出了奥卡姆剃刀原则的一种版本：我们不应认可超过解释手头问题所需的原则或假设。而且他把这一点与民主、与对君权神授等的攻击联系了起来。

　　神化天才的做法则受到了埃德加·齐尔塞尔的持续批判。

像几乎所有的学圈成员一样，齐尔塞尔热爱音乐；他也热爱文学。但他对艺术的兴趣大于对艺术家的兴趣。他把天才崇拜的兴起，追溯到宗教世界观受到侵蚀和威胁。他说，我们需要新的神来取代那些被抛弃的神。正如我们所见，学圈也不能幸免于它自己的天才浪漫主义，而与这一标签最相关的人物维特根斯坦，也对何为天才的问题着迷。在 1912 年 8 月 16 日给伯特兰·罗素的信中，他写道，贝多芬和莫扎特是"上帝真正的儿子"。[12] 维特根斯坦被互相矛盾的恐惧所折磨：一方面，他怕无论天才必须具备何种品质，他都不具备；另一方面，既然他是天才，就必须以一种特殊的方式与世界互动。齐尔塞尔坚持认为，天才的概念被笼罩在形而上学的晦暗之中。

1934 年上半年，卡尔纳普发表了几场发人深省的讲话，一场在布尔诺，另一场在布拉格。这些讲话的速记现在存放在匹兹堡的卡尔纳普档案中。他认为，仅仅因为陈述是无意义的，就得出结论说它们"没有后果"，那将是错误的。恰恰相反，伪语句(pseudo-sentences)可以产生强大的情绪反应。他接着表示，政府尤其可以从培养神圣感和崇高感中获益。在统治阶级最反对社会变革的国家——包括德国和奥地利——神话和形而上学也最盛行，这并非巧合。卡尔纳普说："大众"是形而上学要愚弄的主要目标，因为形而上学能使他们安分守己。他的讲话传递的信息是，形而上学不仅是一个学术问题，也是一种政治"武器"(Kampfmittel)。[13]

"形而上学"仍然是经验主义者最喜欢的侮辱性字眼。他们蔑视所有形而上学，当然也包括法西斯主义的形而上学。他们还敌视宗教。宗教与法西斯意识形态之间的联系至今仍是一个有历史争议的话题。但无可争议的事实是，德国、奥地利和其他地方的数百万普通公民认为，信仰上帝和支持法西斯或纳粹政府之间没有矛盾。一方面，对于大多数奥地利人来说，定期去教堂才是常态；另一方面，维也纳学圈谴责大多数关于上帝的陈述是认知上无意义的。几乎所有的"学圈"哲学家都不信教，有些还公开反对宗教。年轻的时候，卡尔·门格尔曾在日记中写道："上帝已经活得够久了。"[14]它写于学圈成立之前，但能干净利落地概括许多学圈成员的情绪。卡尔纳普总是非常努力地工作，还特意在周日工作，这显然是出于无神论的信念。[15]而我们应该记得费格尔对放弃信仰的描述是"解放"（哥德尔是个例外：他后来声称通过逻辑证明了上帝存在）。

所以，学圈反对"人民"意识形态，贬低浪漫主义，怀疑传统，批判对天才的赞颂，支持现代主义、个人主义，最重要的是，它死死地反对形而上学。也正如我们讲过的，这个学圈还带有浓厚的犹太色彩和左翼色彩。这显然不是一篮可能吸引奥地利法西斯主义者或德国纳粹分子的食材。

13 哲学论争

"无"本身"无"着。

——马丁·海德格尔

要凝聚一个群体，有共同的敌人会很有帮助。对康德的敌意就使维也纳学圈团结了起来，但康德早已死去，而且也不是最令人满意的敌人。然而，有一个人物引来了他们的共同鄙视。时至今日，他仍使哲学家们产生分歧：有人认为他是 20 世纪最伟大的哲学巨人之一，但对学圈成员来说，他是一个大言不惭的冒牌货。有一次，学圈一起读马丁·海德格尔关于死亡的文章。"有人提出将这一文本转换成科学语言，而尝试解决这项挑战带来了许多乐子，竟至人人趋之若鹜。"[1] A. J. 艾耶尔报告说，学圈认为所有的当代德国哲学家"不是流氓就是傻瓜；哪怕只是想到海德格尔的名字，都让他们恶心"。[2]

海德格尔出生于 1889 年，比维特根斯坦小几个月。他曾在弗莱堡大学学习，在马堡大学任教，后又回到弗莱堡。他加入纳粹党，又在希特勒掌权后阻挠他以前的老师、犹太哲学家埃德蒙德·胡塞尔进入大学，这些做法使他臭名昭著。有无可争辩的证据表明，海德格尔不仅是一个狂热的纳粹分子，也是一个意识形态上的反犹分子，这些证据很多是在他 1976 年去世后才曝光的。波普尔认为他是"猪猡"和"骗子"，实属合理。[3] 据说，卡尔纳普"读海德格尔的感觉，就像魔鬼读圣经"。[4]

事实上，抨击海德格尔最为直接的，正是卡尔纳普。

1929 年 7 月 24 日，在接替胡塞尔继任弗莱堡哲学教席的一年后，海德格尔发表了就职演讲"什么是形而上学"，这时距他出版成名作《存在与时间》才刚刚两年多。时至今日，人们之所以知道他，主要还是因为这一著作。在其中，他论述了"存在 / 是"是什么的问题；某物的存在 / 是其所是，究竟是什么？对"存在"的探究主要不是一种科学探究。他认为，不应把人看作脱离世界的东西，而应看作世界的一部分。与《存在与时间》错综复杂的行文相比，《逻辑哲学论》简直就是一本儿童画册，但与后者一样，《存在与时间》很快就被誉为天才之作。

与"存在是什么"这个问题相对的是"不存在是什么"。海德格尔一直对他所谓的"无"感兴趣。他认为，终极形而上学问题是："为什么有着什么，而不是'无'？"而海德格尔提出，我们对死亡的意识，使自由和本真（Eigentlichkeit）成为可能。"什么是形而上学"演讲中，出现了"'无'本身'无'着（Das Nichts selbst nichtet）"这句话。一个未经确证但颇为可信的故事说，演讲之后是一片寂静，然后一个勇敢的人提了一个问题："海德格尔先生，什么是形而上学？"海德格尔答道："问得好！"

1932 年，卡尔纳普在《认识》上发表了《用语言的逻辑分析克服形而上学》一文，[5] 把海德格尔及其 1929 年的演讲当作主要的靶子。他走的是典型的逻辑实证主义路线。乍一看，关于"精神"或"绝对"的陈述看起来好像说了些什么；我们甚至可能会被说服，认为它们在说一些深刻的东西。当海德格尔断言"'无'比'非'和'否'更原初"（Das Nichts ist ursprünglicher als das Nicht und die Verneinung）时，我们可能会有同样的感觉。但是，正如卡尔纳普所问："我们在哪里寻找'无'？怎样才能找到'无'？……有没有'这个无'？——'无'本身，无。"[6] 这里，证实主义就有用武之地了。形而上学的命题，即使在原则上也无法证实。因此，形而上学家的断言不是错的，而是毫无意义。对形而上学最恰当的刻画不是深刻或浅薄，而是胡说八道。它们没有认知意义，应该被理解为撩拨某种感受的陈述。但要把握感受，更有效的方式还是艺术、诗歌或音乐。诗人（卡尔纳普以尼采为例）来做形而上学是可以的，但科学家不行。他的苛刻判决是："形而上学家是没有音乐能力的音乐家。"哲学的真正使命不是与形而上学的疑问缠斗，而是对科学的方法和陈述进行一些逻辑上的澄清。

海德格尔的政治观此时尚未显露。他的哲学和他的政治之间是否有关仍是一个有争议的问题，而他的哲学信徒也极力否认这种关联。当然，并非所有形而上学家都是法西斯主义者。1934 年在布拉格召开的大会上，经验论者与研究海胆的胚胎学专家汉斯·德里施之间发生了一些龃龉。德里施并不是纳粹分子（后来纳粹强迫他退休），而是想为形而上学保留一席之地，拒绝接受生命可以完全用物理或化学现象来解释。在一场全体会议上，他探讨了"活力论"这一思想，即认为存在一种不能还原为物质存在的力量。有一两名经验论者反对。次日，石里克发表了题为"论整全性概念"的演讲，这被认为是对德里施的斥责，也是对学圈立场的伸张：不存在不同于各部分总和的那种整体。

* * *

卡尔纳普在他反对海德格尔的檄文刊登之时，已经离开维也纳，转投布拉格德语大学。这是 20 年前与学圈有关的另一个人物——物理学家菲利普·弗兰克走过的路线。大学里的哲学家们反对这一任命，但弗兰克狡黠地在科学系（而不是哲学系）争取到了一个教席，理由是需要一位哲学家来帮助理解自然科学的发展，借此绕过了反对意见。

最初，弗兰克曾希望这个教席由汉斯·赖欣巴哈担任，但后者抱怨说工资太低，难以养活自己和家人。于是，卡尔纳普于 1931 年就任新职。在布拉格的生活可不像在维也纳那样能激发智识，他的讲座上出现的学生数量少得令人沮丧：通常只有五个人，其中一个是伊丽莎白·施托格。卡尔纳普曾在维也纳见过她：她自称"伊娜"（ina）——一个化名，里边的 i 始终小写。二人于 1933 年 3 月 5 日举行了婚礼，菲利普·弗兰克担任证婚人和翻译（因为卡尔纳普不懂捷克语）。卡尔纳普到底是逻辑学家，不断打断程序，要求澄清某句话，最终逼得弗兰克发了火："你到底想不想结婚？如果想，就回答，不要问问题！"[7]也许是人到中年，也许是因为这段结合很是幸福，反正卡尔纳普显然不再沉迷婚外情了（虽然有证据表明伊娜本人并不完全忠诚）。随着卡尔纳普夫妇的迁居，布拉格成了学圈的另一个战略要塞，此外还有柏林，以及相对次要的华沙。

　　1931 年 1 月，还在维也纳的时候，卡尔纳普就发烧了。他度过了一个特别不愉快的夜晚，但在这种躁动的状态下，他想出了第二部主要著作《语言的逻辑句法》的基础。这部作品将在捷克斯洛伐克写成，但其思想的雏形已经对学圈发表过了。

　　这个计划是要开发一种形式化的语言，用以提供工具来定义基本的逻辑概念，如分析性（"所有单身汉都是未婚男子"）和逻辑后果（从"1. 对于所有 x，如果 x 是哺乳动物，那么 x 是温血动物"，及"2. 对于所有 z，如果 z 是鲸鱼，那么 z 是哺乳动物"，得出"3. 对于所有 x，如果 x 是鲸鱼，那么 x 是温血动物"）。一旦采纳这些语言规则，我们可以把语言的规则和对世界的断言分开。只有在逻辑和语言建立起来之后，才有可能对关于世界的知识做出断言。

该书最重要的智识举措是"宽容原则"(Principle of Tolerance)。尽管卡尔纳普仍然坚持认为逻辑对哲学探究至关重要，逻辑学家必须清楚地说明游戏规则，但他现在认为，并不存在唯一一种真正的逻辑。我们大可以按心愿采用任意框架。"逻辑中没有道德。人人都可以自由地按自己的意愿建立自己的逻辑，即自己的语言形式。对他的要求只有一个：如果他想对它展开讨论，那么他必须清楚地说明自己的方法，并且给出句法规则而非哲学论证。"[8]

一个框架之所以优于另一个，并不是因为它"真"而另一个"假"，而是因为它更简单，或更有用。这与威廉·詹姆斯、约翰·杜威、查尔斯·桑德斯·珀斯等思想家所代表的美国实用主义传统有明显的亲和关系，他们认为，理论或信念要根据其是否有效、根据其实际应用来评价。

无论是弗兰克还是卡尔纳普,都不能说是"逃离"了维也纳。他们的迁居是出于正常时期的正常原因：薪水、职业发展、换个环境。第一个出于非平常动机而离开的人是赫伯特·费格尔。石里克相信，费格尔一定能在大学里获得一个私人讲师的职位。但费格尔是学圈中意识最清醒的人。在纳粹执掌德国的两年前，亦即费格尔30岁生日之前，他就已经断定，一个年轻的犹太学者在奥地利是没有前途的。在哈佛大学访学之后，他接受了爱荷华大学的一个职位，与新婚妻子玛丽亚于1931年起航赴美。在接下来的几年里，他数次在暑假期间回维也纳。然而他再也不会以维也纳为家了。

费格尔到了美国没多久，就在《哲学期刊》上发表了一篇文章（与美国哲学家阿尔伯特·布伦伯格合作），题为《逻辑实证主义：欧洲哲学新动向》，向美国读者介绍维也纳学圈的思想。这是"逻辑实证主义"一词已知的首次使用，尽管不是所有人都对这个词满意。比如弗兰克就反对，也许是因为他不喜欢任何"主义"。但他也承认，冠以专门术语对一种知识方法而言很是重要。"在观点和理论之中的长期浸淫让我明白，如果想让一种观点在众多意见的园地中被看作一棵可敬的树木，我们就必须给它上标签，就像对公园中的榆树和橡树那样。"[9]

费格尔代表了学圈的未来，汉斯·哈恩则代表了它的过去。在 20 世纪头十年，哈恩通过与弗兰克和纽拉特的讨论，确立了学圈的原型；他在把石里克带到维也纳的过程中发挥了重要作用；他是学圈中罗素和怀特海的《数学原理》最热情的拥护者，并帮助学圈形成了议程；他的声音对宣言的措辞大有影响。1934 年夏天，在大学的一次讲座中，哈恩因胃痛倒下了，结果发现是癌症。他在一次拙劣的紧急手术后去世。他的过早逝世影响至关重大。在《认识》上发表的讣告中，弗兰克称他是维也纳学圈的真正创始人。

与此同时，哈恩以前的学生库尔特·哥德尔已经与普林斯顿高等研究院建立了联系，在 1933 年 10 月至 1934 年 5 月期间以及 1935 年两度访问那里。他与石里克的学圈越发疏远。

因此，到 30 年代中期，学圈实际上是在三年内失去了四名关键成员，并且再也无法从这些打击中恢复。数学家奥尔加·陶斯基也离开了：1935 年，她成为剑桥大学格顿学院的研究员。

* * *

学圈内部一直存在的分裂开始加深。宣言当然在其中起了作用。要是以为学圈曾是一个由志同道合的人组成的亲密而团结的联盟，那就错了。他们中间既有深刻的争执，也有明显的个性冲突。公开化加剧了争论，因为某种意义上，现在有了更多的利害关系。如果某俱乐部公开地支持一套特定思想，那么其成员就更有理由要确保这些思想如实地反映自己的思想。

一些分歧早已存在。尽管几乎所有的学圈成员都已相信，他们已经借助维特根斯坦和拉姆齐解决了数学问题：数学真理是一种重言式。但哥德尔一直静静地坐在学圈的聚会上，一个字也不相信。他是一个数学柏拉图主义者，用罗素的话说，是一个"纯而又纯的柏拉图主义者"。[10] 哥德尔认为真理"就在那儿"，不是人类心灵的建构。它们不仅独立于心灵而存在，而且可以被数学家发现。

并不意外地，比起学圈的其他一些人，哥德尔对维特根斯坦采取更为怀疑的态度。对维特根斯坦的态度是紧张关系的来源。虽然石里克和魏斯曼崇敬维特根斯坦，但另一些人对维特根斯坦在其"随从"中激起的那种密教般的恭顺感到困惑，哥德尔就是其中之一。纽拉特是另一个突出的怀疑派，在学圈讨论维特根斯坦哲学的时候，他会反复大吼"形而上学"。为了安抚觉得这些插话很烦人的石里克，哈恩提议纽拉特干脆说"形"（M）来代替。纽拉特回答说，他认为"如果每次在大家<u>不</u>谈形而上学的时候，我都说'不形'，那倒会省时省事"。[11]

　　学圈最重要的个性冲突，发生在石里克和纽拉特之间。这两个人可说是天差地别。石里克沉静内敛，最喜欢待在研讨室，或在家静静读书；纽拉特则酷爱交际，滔滔不绝。石里克是非政治性的抽象思想家，纽拉特是行动的马克思主义者。石里克是妥协者，纽拉特是论战者和劝诱者。两人之间还存在着某种程度的阶级张力：石里克出身德国显贵家庭，纽拉特则是工人的斗士。两人对彼此的学术成果也没有无限的尊重。纽拉特在石里克的思想中探查到了一丝神秘主义，这自然是受了维特根斯坦的影响。石里克则认为纽拉特是一个独断论者，缺乏严谨。纽拉特对这一指控非常敏感，他担心自己被看成一个上蹿下跳的秘书，一个组织者和运动家，但不是一流的思想家。在给卡尔纳普的一封未寄出的信中，纽拉特写道："可怜的石里克，让我很郁闷……他真是咄咄逼人，身上尽是不友好的习惯。"[12]

　　在石里克拒绝纽拉特的手稿之时，两人的关系紧张到了顶点，这份手稿本来是要收入"科学世界构想著作集"的，讨论的是史学和经济学的科学基础。石里克抱怨说，这纯粹是一种宣传，而且以感叹号结尾的句子太多！纽拉特则指责石里克是资产阶级思想家——因为他相信哲学可以脱离现实世界，否认社会和政治语境与哲学的相关性——并威胁要起诉他。最后，纽拉特被说服搁置了这本书，转而写了另一本关于社会学的书。虽然石里克经常在他优雅的公寓里招待别人，但他一次也没请过纽拉特。石里克抱怨说：他嗓门太大了。

＊ ＊ ＊

几乎没有一个话题能让学圈意见统一。但学圈内部最为公开的分歧是"记录语句论战"。

这个争论要结合语境来理解。逻辑实证主义计划可以看作由两部分构成。一方面是考察词语之间、命题之间的联系。这些联系不仅仅是"所有的单身汉都是未婚男人"这种，这只是一个词可还原为另一个词或与另一个词同义的情况；还有其他种类的关系。例如，有时句子能从其他句子中逻辑地引出，像是这类推论："如果 pH 条在溶液中变红，那么该溶液是酸性的。pH 条在溶液中确实变红了。所以溶液是酸性的。"有些句子可能与其他句子不一致："纽拉特留着大胡子"和"纽拉特剃光了胡子"两句就是矛盾的，它们不可能同时为真。

但除了对语言的分析，逻辑实证主义计划的另一方面是语言与世界的联系。我们如果只用其他词语来定义词语，就永远逃不出语言：我们会被困在语言的圈子里。所以最终我们必须逃出去，从语言跳到世界。一定有某种方式让词语不是从其他词语，而是从世界中获得意义。但词语不是通过代表孤立对象获得意义的，而是在句子或命题的语境中，以及该命题与世界形成关系的方式中获得意义的。这里就出现了记录语句。

学圈人士大多同意，让知识和有意义的语言得以构建的记录语句，是基本的观察陈述："这个物体是蓝色的"这种。但这大概就是一致意见的最大限度了。1929—1936 年间，学圈成员就此类记录语句进行了长时间的争论。在包括但不限于学圈的聚会上、《认识》的版面上，都有相关争论。什么样的句子才算得上记录语句？记录语句真的存在吗？它们能否被怀疑？记录语句和经验世界之间有什么关系？

逻辑经验主义在多大程度上具有基础主义野心，是一个有争议的事情。基础主义（大致）意味着存在一些独立于其他命题的、确定的真命题。而关于知识是否可以放在坚如磐石的基础上，相关争论至少可以追溯到 17 世纪的笛卡尔。记录语句是否提供了坚实的基础？对此，学圈内部存在争议。石里克和（早期）卡尔纳普有基础主义的本能。他们的想法是，通过有效的推导，我们可以从这些记录语句、这些安全的基本陈述，转移到更复杂的陈述。最终，所有的科学，包括社会科学，都将因其共同基础而统一起来。当然，《逻辑哲学论》已经把它的大厦构建在这样的观念之上：复杂陈述建立在简单陈述之上，而后者又描绘了对一些简单对象的某种编排，即事态。

卡尔纳普最初的观点是，记录语句捕获了直接经验，不需要进一步的辩护或公开确证。直接经验就是感性资料，即直接呈现给心灵的东西，如番茄的红色。他面临着来自两个方向的攻击。第一个对手是纽拉特。纽拉特坚持认为，观察关乎的必须是对象的可观察属性，以及我们可以公开同意的特性。番茄是红色的，或者桌子、棍子有一定的尺寸，这些都是可以检验、可以接受公共审视的。而这一点，又只有在一种对词语、概念和规则有共同理解的语言之中才是可能的。

1930—1932 年，纽拉特和卡尔纳普之间的争论到了最激烈的程度。最后，卡尔纳普让步了。哲学家希拉里·普特南很欣赏卡尔纳普的一点，就是他愿意改变自己的想法："对我来说，卡尔纳普这个人，至今仍是把寻求真理看得高于个人虚荣心的典范。"[13] 但这样一来，卡尔纳普就只得承认纽拉特长期以来的断言，即最基础的确定性无法达到。如果记录语句是关于物质世界的（而不是对这个世界的感觉和印象），那么它们就总有可能是错的。我说"那根棍子是弯的"，我就可能错了，因为它弯曲的表象可能是光线造成的错觉。

莫里茨·石里克也加入了争论。石里克希望重新获得纽拉特和现在的卡尔纳普准备抛弃的确定性。他在 1934 年的一篇文章中提出了自己的观点，引发了新一轮的争论。石里克坚持认为，记录语句关乎的必须是对象对某一个人"表现得"如何，并采取"此时，此地，此物"的形式：如"此时，此地，蓝色色块"。这里的"此时""此地"确保了"无误性"（infallibility）。

相比之下，指涉过去经验的语句，就容易因为记忆有误而出错。

表面上看，这似乎是一种晦涩难解的分歧，一种"针尖上能站多少个天使"式的争吵。但其实它对学圈有着深远的意涵。石里克框架的优势在于，它的起始陈述是无法反驳、无须进一步确证的。我不可能在宣布"此时，此地，蓝色色块"上犯错。如果基于此，我可以建立起更复杂的陈述，我就能放心地这样做，因为大厦的基础是牢固的。

好倒是好，但缺点是，究竟如何才能从一个关于我和我的经验的主观陈述，走向一个我们都能同意的陈述，这一点是不清楚的。你可能看到了一个蓝色色块，但我可能没有。这样的说法有可能使我们陷入一种唯我论。更糟糕的是，如果你能保证的只有此时此地，那么你就不能确定"此时，此地，蓝色色块"在五秒钟后依旧成立。纽拉特称，石里克的激进主观主义把记录语句带入了一条死胡同——它永远无法把我们引向非主观断言，比如关于桌子、棍子尺寸的断言。

石里克和纽拉特各自立场的逻辑，要求他们提供不同的知识阐述。既然纽拉特已经准许记录语句可以像任何其他经验陈述一样被宣布无效，他就必须解释科学是如何进步的。他提出了一个比喻，来说明我们要如何理解关于世界的知识。他以前用过这个比喻，以后还会再用，后来这个比喻被称为"纽拉特之船"。他说，我们必须先行假定现有的知识是可靠的。我们不能一下子推翻所有的假设——那是无稽之谈。但我们也不能设

想有任何坚如磐石的基础。我们总是可以在进步的过程中弃掉
一些些"知识"。"我们就像是水手必须在外海重建船只，而终
究无法在干船坞里把船拆掉，再用最好的材料重建它。"[14]

纽拉特之船远不是石里克所渴望的基础性确定性。而裹挟
在这场争论中的，是另一个关于真理本质的分歧。就说"番茄
是红色的"这个陈述吧。它会因为在某种程度上与世界相似而
是真的吗，即这串字母和声音的组合是否呈现了一种对现实的
准确说明？纽拉特认为这种说明是无稽之谈。石里克赞同维特
根斯坦的观点：一个由词语、声音构成的句子，可以根据世界
来进行核查，可以因与现实共享相同的结构形式而与现实相一
致；但纽拉特认为，这种观点是难以索解，或者用他最喜欢的
嘲笑来说，是形而上学的。纽拉特和石里克之间的论战充满了
敌意和相互误解。用哲学术语来表达的话，石里克赞同的主张
接近"真理符合论"（correspondence theory of truth）。相反，
纽拉特对"为真"是什么意思不感兴趣，他采取的是"证成融
贯论"（coherence theory of *justification*），认为陈述不能通过与
语言外的东西进行对比来证明合理性，而只能与其他陈述进行
比较。例如，它们是否与其他陈述相矛盾？如果矛盾，它们就
不能共存，有些方面必须让步。石里克则反对说，纽拉特的方
法向相对主义敞开了大门。他表示，因为陈述可以或准确或不
准确地描绘现实这一看法在纽拉特那里无法说通，那么对纽拉
特来说，最重要的就只能是各陈述彼此融贯。

这些基本的智识分歧加剧了石里克与纽拉特的关系中一直存在的紧张。1934 年纽拉特的一篇文章《激进物理主义与"现实世界"》[15] 嘲笑了石里克的"诗歌"——石里克曾说他理解的记录语句是"一切知识之光"[16] 的光源。这标志着二人关系的最终破裂,从此,他们再也没有说过话。

* * *

在记录语句之外,学圈的第二大主要论战,是关于证实主义的。如果某陈述不是分析性的,即不是仅因其措辞为真或为假,那么根据证实原则,它就只有在可证实的情况下才有意义。这是经验性和非经验性的探究和领域之间的一个关键区分。正是这个区分,使得许多关于伦理、审美和宗教的陈述成为非科学陈述,既不真也不假。

前面我们知道了,卡尔纳普和维特根斯坦对证实原则的解释是有区别的:卡尔纳普版指出,一个综合句子是否有认知意义,取决于是否有证实它的标准;维特根斯坦版则是,意义就在于标准。

但还有一个更深层的问题。

什么才算证实?当逻辑经验主义者试图对证实原则进行更精确的描述时,困难很快就开始出现了。以关于过去和未来的陈述为例。如果一位学圈成员在 1929 年宣称"1969 年将有人类登陆月球",这一陈述当时能怎么证实呢?还有,历史学家针对过去的说法呢？这些似乎并不能得到像科学命题那样的证实。我们只要烧水，就能检验水在 100 摄氏度时沸腾的假说；而历史命题又蕴涵了何种预测？比如，"1683 年，维也纳被奥斯曼土耳其人围困"，我们凭直觉会觉得这样的句子是有意义的！但它是在何种情况下、如何有意义的？

提议多种多样。史学显然是讲证据的，所以看待历史学家工作的一种方式是把他们的工具与科学家的相类比。科学家有培养皿，历史学家有档案。而历史学家确实会做出某种预测。如果维也纳确实在 1683 年被奥斯曼土耳其人围困，人们可能会期待这一事实出现在文书档案之中，包括尚未出土但将会出土的文书。

对逻辑实证主义者来说，这听起来是一条合理的出路。但所有关于历史的陈述真的都是这种形式吗？"1920 年 1 月 1 日上午 8 点 30 分，卡尔纳普在刮胡子"，这个陈述听起来也有意义——然而再过一个世纪，可能既没有证据支持或反驳这个陈述，也没有任何相关证据会出现的前景。

证实的实操问题又该如何解决呢？假设某位学圈成员声称月球背面有水存在。由于在 20 世纪二三十年代，太空旅行并不可行，他们是否必须将这种说法视为毫无意义？最初，卡尔纳普似乎接受这一结论；但许多学圈成员并不欢迎这条路线，而是开始一致认为，重要的是一个说法"在原则上"可以证实。飞向月球在当时并不可行，但<u>原则上</u>是可能的。

　　但这又引出了进一步的问题。说某件事"在原则上"是可能的，是什么意思？比如，关于来世的说法——我们的灵魂最终会到天堂或地狱——是怎么样的呢？关于这样的言谈是否有意义，石里克和卡尔纳普存在分歧。石里克认为，如果死后有来生，它最终会被我们发现，因此一些关于来世的命题是可证实的；卡尔纳普（和艾耶尔）则否定无形存在者持有思想的可能。

　　此外，更棘手的是，证实论者如何解释不可观测的东西？现代物理学的很多内容都设定了不可观测物。就是说，为了让世间的某些现象讲得通，科学家们猜想，鉴于我们的物种和感官限度，一定存在一些我们无法直接感知的实体，包括原子、电子、病毒、无线电波等。天体物理学家认为，宇宙是由大爆炸创生的。当然，大爆炸无法观测。然而这一点有大量的证据支持，包括宇宙微波背景辐射。而我们肯定都想说，大爆炸理论是科学。证实论者能做到把不可观测物夹带进他们对科学的描述之中，却又不被可怕、可鄙的形而上学污染吗？

　　还有一个连带的概率问题。现代物理学内含着，有些陈述的真实性只能概率性地确定。这意味着什么？它又如何证实？逻辑经验主义者又一次出现了分歧。

　　来自柏林的汉斯·赖欣巴哈推崇的是有时称为"频率主义"（frequentism）的说法。意思是，说抛骰子后显示五点的概率是1/6，等于是说在多次抛出后，骰子有1/6的次数会落在五点上。卡尔纳普写道："在维也纳学圈里讨论概率时，我们理所当然地采用了频率概念。"[17]事实上，频率主义面临着各种困难，例如如何处理单个事件的问题。我们似乎可以问："爆发全面核战争的概率是多少？"但这种情况要么会发生，要么不会发生；而如果发生，肯定不会多次发生。波普尔后来提出了另一种概率主义诠释：倾向性（propensity）理论。他认为概率就像一种"趋势"或"倾向"：骰子有 1/6 的趋势会落在五点上。与频率主义不同的是，这种理论的优点是能够让单个案例变得有意义，但要阐明什么是趋势或倾向总是困难重重。

　　另一种路径可称为"主观主义"。主观主义认为，关于概率的陈述，关乎的是"信念度"（degree of belief）。它关乎的不是世界，而是我们对世界的认识。我说掷骰子显示五点的概率是 1/6，这反映的是我的信心，而如果我发现了一条相关的新信息（例如骰子加了重），这个信心是会改变的。贝叶斯概率是主观概率的一种变体。在 18 世纪，托马斯·贝叶斯对如何基于现有可用证据来表示概率，给出了一种说明。卡尔纳普试图用逻辑语言来把握这一点——一个陈述和它的证据之间要有一种逻辑关系。骰子落在五点上的概率是 1/6，这个概率会被证据——例如，它落在五点上的次数是 1/6——部分地确证。

＊ ＊ ＊

　　记录语句、证实、概率，是学圈论争的老三样。但还有伦理。
　　伦理是个棘手的问题。维特根斯坦曾在《逻辑哲学论》的最后一行中宣告："对于不可说的，我们必须保持沉默。"这句话浓缩了他的裁断：伦理超出了语言界限。这并不妨碍人们竭力陈述伦理真理，但这种尝试会像捕猎幽灵一样注定失败。伦理不可言说，伦理陈述都是胡话性质的。

学圈花了很长时间才认识到，他们误解了维特根斯坦的核心信息。维特根斯坦认为，基于合理性来建立伦理学，这一目标注定要失败。表面上，维特根斯坦是认为伦理学无足轻重，但这个结论是不正确的；恰恰相反。伦理陈述不能与世界相比较，不能认定真假，所以伦理不可说；但它可以显示。

1929 年 11 月，维特根斯坦在剑桥大学举办讲座，在讲座中，他对那些被吸引来谈论和书写伦理学的人表示了同情。"[伦理学] 所说的，并不在任何意义上增进我们的知识。但它是对人类心灵中某种倾向的记录，对此我个人不禁深表尊敬，此生都不会加以嘲笑。"[18] 在另一个场合解释《逻辑哲学论》时，他写道："我的工作由两部分组成：这里呈现的，再加上所有我没有写的内容。而恰恰是这第二部分才是重要的部分。"[19]

维特根斯坦认为伦理不可言说，这种观念连他的忠实支持者石里克也提出了质疑。人们显然确实提出了各种伦理主张，比如"说谎是错误的"，这样的主张哲学家和普通人都理解。对学圈来说，伦理学的无意义不在于它是胡言乱语，而是因为伦理主张在可证实事物的网络之外：你无法证实"说谎是错误的"这一主张。它指出的，只是伦理陈述不具有科学意义。这种说法有时称为"非认知主义"（noncognitivism）。最终，哲学或科学都无法证明一种价值判断优于任何其他价值判断。学圈与维特根斯坦的区别可以这样表达：大多数学圈成员或多或少都同意，当涉及伦理时，在某种意义上，需要的是沉默；但对维特根斯坦来说，这种沉默承载着一些神秘的（卡尔纳普和纽拉特会说是形而上学的）基调。

由于伦理主张无法证实，所以学圈基本上忽略了伦理学。但也有一些学圈人物做了从逻辑实证主义角度分析伦理问题的尝试。最著名的尝试也许来自 A. J. 艾耶尔。他提出，我们不该把伦理陈述理解为命令，它们更像是情感表达。说"说谎是错误的"只是表达了对说谎的不赞同。这个立场后来被称为"好哎 / 呸理论"（hurrah/boo theory）。"说谎是错误的"就像提到说谎然后摇手指一样，就像是说："说谎，呸！"而说"慷慨是一种美德"也就等于说："慷慨，好哎！"

因此，如果我对某人说"你偷那笔钱的行为是错误的"，我并没有比我简单地说"你偷了那笔钱"表达了更多的东西。在补充说这种行为是错误的时候，我并没有对它做任何进一步的陈述。我只是单纯地表达了我在道德上对它的不赞同。就好像我用一种奇特的恐怖语气说"你偷了那笔钱"，或者在写这句话的时候特地加上一些感叹号。[20]

　　艾耶尔的路径曾短暂风行。但在二战之后——越来越多的集中营和杀戮细节得到了披露——许多批评家认为，说对不道德的指控只是在述说一种感受，而无客观性基础，这种观念令人厌恶。一位著名的英国哲学家 C. E. M. 乔德甚至指责艾耶尔无意中助长了法西斯主义。乔德写道：艾耶尔的哲学帮助创造了一个道德真空，这个真空必然会被法西斯主义这样的非理性运动所填补。[21]

　　有两位学圈思想家提出了一种伦理"客观性"的变体。一个是石里克。在他的《伦理学问题》（1930）一书中，他一反常态地偏离了维特根斯坦的立场。他认为，承认伦理陈述是有意义的，意味着把伦理学当作科学的一个分支。这是一个纯粹的理论问题。"如果存在有意义的伦理问题，并且因此能够被回答，那么伦理学就是一门科学。"[22]

　　这怎么可能呢？解决办法是，给这个话题赋予一个经验主义意味。说某件事物"可欲"（desirable）是讲不通、没有意义的：可欲性不可能与世上的任何事物相联系。但说某件事物"被人欲求"（desired）就讲得通：这是对事实的陈述，可能为真或为假。那么，理解伦理，本质上就是一项经验工程，是要调查人类想要从生活中得到什么，以及如何才能最好地实现人类的心愿。石里克称，这样一来，伦理学就是心理学的一个分支。从中会涌现出各种追求人类福祉最大化的方向和策略。这不是功利主义，即那种认为我们应该将人类的幸福安康最大化的理论；因为这是描述性的，不是规范性的：石里克是在确定伦理学是什么，而不是在规定伦理学应该是什么。石里克认为，科学地研究伦理学，必须时刻警惕它变成道德说教的风险，因为"最大的危险莫过于从一个哲学家变成道学家，从研究者变成布道士"。[23]

卡尔·门格尔接纳了这一立场，在 1934 年出版了自己的伦理学著作。作为一名数学家，他决定将伦理学处理为数学的一个分支。他剔除一切规范性因素，用数学方法研究群体动力，分析一组具有某种伦理立场的人面对另一组立场不同的人会发生什么。这本书有一个重要影响：维也纳大学的经济学家奥斯卡·摩根施特恩读了这本书后受到启发，发展出了博弈论，成为该理论的创始人之一。

在石里克和门格尔的经验性处理之外，哲学在伦理学中显然还有一个作用，就是对伦理学陈述进行逻辑分析：比如划出手段和目的的区别。哲学家可以找出不一致的地方，明确各个事实分歧的性质。

然而，这仍然不足以解决伦理学核心的一个难题，至少是逻辑经验主义者所理解的那种难题。如我们所见，许多学圈成员都有强烈的道德观。纽拉特不是唯一一个喜欢大谈自己意见的学圈成员——卡尔纳普一生都在参与政治活动。但是，如果逻辑经验主义者确信不存在伦理真理，他们怎么会如此认真地对待伦理问题呢？一些批评者认为逻辑经验主义破坏了伦理学：卡尔纳普在布拉格的一位同事认为这对年轻人的思想有很大的威胁，甚至公开表示他在考虑是否呼吁当局把卡尔纳普关进监狱。

对于这个难题，逻辑经验主义的答案可能无法说服所有人，但它是这么说的：伦理学（正如大卫·休谟宣告的那样）归根结底是一个情感和性情的问题。我们人类是有价值观的生物，而我们的价值观并不总是一致的。你可能认为平等是最重要的，我可能把别的一些权利置于平等之上，这就会导致分歧，甚至是激烈的分歧。我们可能会以各种方式试图说服对方，例如引用证据来支持己方观点。但最终，我们没有办法调和彼此的分歧，我断言我的价值观是真的，你的价值观是假的，也不会有任何收效。我们可能只得接受彼此的意见分歧。在极端情况下，价值观的冲突可能变成暴力。但伦理学无关乎真理，不是科学。哲学家也没有特别的伦理洞察。卡尔纳普说："我相信……哲学无法以某种方式帮我们对价值问题本身做出裁断。"[24]

这是否会让伦理学丧失驱动力？不会——至少非认知主义者是这么说的。我的价值观很可能对我非常重要，我会很想看到它们的实现。它们反映了我对自己的看法和对世界的认知。我的伦理观点能唤起我的行动，与它们既不真也不假，两者毫无冲突。只要我承认它们与经验性陈述不属于同一类别，我提出伦理判断就是完全合法的。

以上就是逻辑经验主义的立场。毫无疑问，一些读者会觉得它令人信服，而另一些读者则不太认可或根本不认可它。我们能指出的只是，经验主义者自己认为，他们一方面采取鲜明的伦理和政治立场，另一方面又认为这些立场并不比与之相悖的立场更"真"，这中间并没有什么矛盾。

* * *

学圈成员还讨论许多其他问题，为数太多，无法一一详述；不过有一个相对较小的问题值得一提。在学圈的著作中，有几处提到是否应该把人按种族归类。[25] 显然，对学圈成员来说，这是个非常个人化的问题：他们中的一些人发现自己被归入的种族类别，是自己没有什么忠诚感，只有微弱的认同或者毫无认同的。宽泛言之，问题是依种族给人分类是否有经验基础，即关于族群的命题是否能挑出一些可观察到的差异。如今，主流科学家表示，种族分类没有任何基因上的区别作为支撑，但逻辑经验主义者却采取了不同的立场。他们似乎有一个共识，即种族不是伪分类，而是确实有其经验地位。魏斯曼甚至似乎认为种族性情可以遗传，因此种族可能对行为有预测性。

但是，除了种族分类法是否有意义的问题之外，还有一个附带问题：种族是一种划分人类的有益方式吗？这种分类有什么作用？至少魏斯曼认为，理论上它可能是有用的。但事实上，种族分类已经被纳粹、奥地利法西斯分子，以及后来的美国种族隔离主义者，为了纯然邪恶的目的而接纳并使用。因此毫不意外地，种族分类的使用遭到了石里克、卡尔纳普、纽拉特和魏斯曼等人的反对，有时是强烈反对。这样，在类别（范畴）的有意义性与其目的性之间，就出现了区别。

* * *

最后一个更基本的争论需要提及。学圈一开始就有一个共同目标：发展一种能够理解物理科学最新启示的知识哲学，并在此过程中击溃形而上学。这就是哲学的作用。

但现在连这个雄心也开始让学圈分裂了。回到剑桥时，维特根斯坦的思想已有转变。这些思想将在他身后出版的《哲学研究》中得到最充分的表达。他开始把哲学看得类似于治疗。他注意到某些问题会迷惑众人，让人陷入昏乱：例如，某物可能同时全为红色又全为绿色吗？如果现在维也纳时间是正午，那么太阳上的时间是什么时候？但他现在认为，这些并不是深刻的问题。它们是谜团，可以被语言分析解开。某物不可能同时既红又绿，这不是一个形而上学的真理，而是一个语法真理。声称某物同时既红又绿，在语法上没有意义。

哲学家的任务是把我们从这些语言陷阱中解救出来，这一观点没有被学圈采纳，但人们感受到了它的影响，尤其是对魏斯曼的影响，他与石里克是最忠诚的维特根斯坦派。魏斯曼还是坚持认为，哲学依然可以帮助知识进步，然而就像他的师父一样，他现在开始关注我们如何使用日常的、自然的语言。卡尔纳普对关注日常谈话感到厌倦，继续探索形式语言的逻辑。

1933 年 11 月 4 日,石里克写信给《伦理学问题》的英译者。"今年冬天我不打算开'维也纳学圈'会了。我们的一些老成员已经变得过于教条,可能给整个运动抹黑。"[26] 学圈的裂痕正变得不可弥合。他们团结的精神正在分裂成小派别,他们早期的乐观主义,即他们可以一起粉碎形而上学,正在陷入严酷、复杂的局面。

然而,一劳永逸地摧毁逻辑经验主义的责任,却被一个学圈之外的人承担了过去。

14　非正式反对派

恐怕我必须承担责任。　　　　　　　　——卡尔·波普尔

　　谁杀死了逻辑实证主义？这是个好问题。卡尔·波普尔在他的思想自传《无尽的探索》中也提了这个问题，还帮我们提供了一个答案："恐怕我必须承担责任。"[1]

　　波普尔生于1902年，有着与许多学圈成员一样的成长环境。他的父亲是一位杰出的律师，家族来自波希米亚；母亲来自维也纳的一个中产阶级家庭。两人都是犹太人，在1900年改奉了路德宗。如前所述，和许多中产家庭一样，这个家庭的积蓄在战后的通货膨胀中化为乌有。

　　波普尔不是神童。一开始，他中学还没毕业就参加大学的数学大课，但发现内容太难了。随后，他于1922年重返大学，杂七杂八地选课，但专注于数学。他在事业上有过各种错误的尝试：当过细木工学徒，社会工作者，最后才是教师——此前

他已经是教育学院的学生。在那里，他遇到了未来的妻子约瑟芬·安娜·亨宁格（亨妮）。他在1926或1927年读到了奥托·纽拉特在报纸上发表的一篇文章，第一次听说了维也纳学圈。在师范培训期间，他继续上大学课程，并于1928年获得了心理学方法的博士学位。博士论文是一部出色的作品。他的教学生涯——教数学和物理——也在一年后开始了。他在业余时间发展种种思想，终使他成名。

要理解波普尔和学圈的复杂关系，恐怕需要弗洛伊德派们开场大会，尽管怀疑精神分析的波普尔会不屑于他们的分析。他显然是学圈通常应该吸纳的那种人才。波普尔在《无尽的探索》中声称，假如受到邀请，他会认为是一种荣幸。那为什么他一直未获邀请呢？

答案是，邀请权属于莫里茨·石里克，而脾气温和的他对冲突深恶痛绝。他认为对话应该文明有礼。他觉得波普尔为人粗鲁，哗众取宠，是个不容异说的恶霸。他没看错。波普尔是一个强有力的演讲者，但也是一个抱持敌意的听者。波普尔后来写道，科学应该越来越接近真理；但对辩论中的他来说，真理总是没有获胜重要。令人介意的是，对于对手，他既要击败，又要贬低。在私下里，波普尔很有魅力，十分慷慨；但在公开场合，他是尼采式强力意志的化身。这是不是由深深的不安全感所驱使的，是一个无法检验的假说。

石里克与波普尔的关系一直很紧张。石里克曾是波普尔博士学位的考官之一。尽管波普尔的论文包含了对石里克在物理主义方面的著作的哲学攻击——石里克认为一切存在的东西都是物理的，有意义的陈述都可以转化为物理陈述——但论文还是通过了。波普尔大概是第一个使用"物理主义"（Physikalismus）一词的哲学家；这一学说有纽拉特的支持（他自己在1930年使用了该词），后来尤其得到了卡尔纳普的进一步发展，但石里克也有贡献。然而，波普尔的拥护者是他的另一位考官，心理学家卡尔·布勒，虽然就连他也不是全心全意地认可波普尔的博士论文，而是认为这个论题"显然是次要的和文学性质的"[2]（但这并未妨碍他们给了论文最高评等）。

波普尔批评石里克本人是一回事，贬低石里克的偶像就是另一回事了。波普尔的关键性错误发生在贡珀茨学圈（哲学家海因里希·贡珀茨领导的讨论小组）。在那里，他当着石里克和包括卡尔纳普在内的其他几位学圈成员的面，做了一番发言，以他标志性的尖刻而不留余地把维特根斯坦批得体无完肤。虽然在个人交往中，他自己就是个再独断不过的人，但他现在竟指责维特根斯坦独断。石里克在中途就冲了出去。事实上，这意味着这位脾气暴躁的年轻人已经撕掉了他未来进入学圈的入场券。石里克的结论是，他的辩论方式与他试图营造的开放而充满建设性的气氛并不相容。

* * *

　　和学圈成员一样，波普尔也是经验主义者，认为科学必须植根于证据。但他认为，维也纳学圈把理论和证据的关系搞颠倒了。

　　波普尔强调，他感兴趣的主要不是意义——有意义和胡话之间的区别。他认为这个话题很无聊——一般意义上的语言问题他都觉得烦。虽然他赞同澄清问题的计划，但他认为，追求完全的精确是徒劳的。他坚决反对维特根斯坦后期哲学中出现的观点，即哲学问题本质上是误用语言的产物。

　　他的计划关注的不是语言，而是划分科学与伪科学、经验与非经验的界限。例如，他想区分占星术和相对论。两者的区别并非一个对，一个错：一个科学理论可能被证明是错的，而伪科学理论反倒可能是对的。问题也不在于一个基于证据，而另一个不是：占星师也会仔细解读星盘，使用复杂的方程式，但这不能让他们成为科学家。那么，区别在哪里呢？

　　波普尔的关键见解涉及的是归纳推理，即从个别事实出发建立一般性断言。归纳问题可以追溯至大卫·休谟。在我生命中的每一天，太阳都从东方升起，所以我得出结论，它明天也会如此。但在休谟看来，这个推导没有正当而合理的理由。另一个著名的例子则关于黑天鹅。你看到一只白天鹅，然后又看到一只，于是你提出一个理论：所有天鹅都是白色的。假设你看到了更多的白天鹅，你是否因此证明了所有天鹅都是白色的？

　　不。在你的研究中，你可能观察到一万只天鹅，它们都是白色的，但这仍然不够。因为第二天你可能就会看到一只黑色的天鹅。这说明了一种不对称性。看到多少只白天鹅，都不能给"所有天鹅都是白色的"假说下一个定论，但只要看到一只黑天鹅，就可以推翻这个假说。当然，学圈并非没有意识到归纳问题，但他们主要诉诸"可确证性"（confirmability）概念来应对波普尔的批评。就是说，即便某件事情不能被确凿无疑地证明，它也可以被新的证据所支持，即可以得到"确证"。

这个辩护让波普尔无法信服。他说，我们必须推翻科学运作的旧模式。他表示，科学的进步是以如下方式进行的：首先，科学家们提出一个理论，然后去检验它。这个方法就是"试错"。理论越大胆越好，因为这样一来，它就越可供反驳。科学做出预测，这些预测可能不会实现，这样的话，理论就必须被修改或完全放弃。经验与非经验、科学与非科学的区别，恰恰在于科学是可供"证伪"的，伪科学则不行。

以精神分析为例。尽管卡尔·波普尔一生对维特根斯坦怀有深深的敌意，但二人对弗洛伊德的批判却有着惊人的相似。和维特根斯坦一样，波普尔也抱怨，没有一致的标准来判断精神分析的各种主张。也和维特根斯坦一样，波普尔也不完全对弗洛伊德持漠视态度——他对弗洛伊德的肯定要比一般认为的更多。事实上，在《猜想与反驳》中，他写道："[弗洛伊德的]许多作品都相当重要……[其理论]描述了某些事实，但用的是神话的方式。它们包含了最有趣的心理方案，但都不可检验。"[3]

关键就是这个"可检验性"。精神分析打着科学的幌子。那么在波普尔的术语体系中，什么可以证伪精神分析的理论？如果分析师一直坚持认为我的梦应该解释为针对父亲的、受压抑的愤怒，最终没有什么能证明他是错的。每一个行为都能够被赋予一个精神分析学意味。如果我在某个窘境下变得愤怒，精神分析师可以给出一个解释；如果我保持冷静，他们可以呈上另一种解释。波普尔坚称，这不是科学方法。

在《猜想与反驳》中，波普尔讲述了他在 1919 年与心理治疗师阿尔弗雷德·阿德勒关于后者的自卑理论的对话。波普尔颇记述了一些此类轶事：集中于智识争辩，并且是波普尔机智地占到上风。波普尔提出了他认为是自卑理论的一个明显反例，阿德勒不予理会。"我略感震惊，问他怎么能如此肯定。'因为我有千倍的经验。'他回答道。于是我不禁说：'而有了这个新例子，我想你的经验就变成了一千零一倍。'"[4]

* * *

在晚年，波普尔会夸大其词地谈论所谓的学圈"传奇"，即他曾是学圈一员这一错误观念。把自己想象成传奇的主角，这与他狂妄自大的性情倒是一脉相承。当然，他确实反对"学圈"的一些主要信条。但他说是自己疏远学圈，也是对历史的歪曲。

首先，说学圈是一个意见统一的群体，只有他一个人是批评者，这个前提就是错的。事实上，正如我们所见，学圈内部有很多分歧。当时只有纽拉特认为波普尔的立场与学圈完全不相容。是纽拉特给波普尔——大概就是随口一说——贴上了"学圈正式反对派"的标签。纽拉特对波普尔发起了猛烈的攻击，指出了他的批判中的几个主要缺陷。纽拉特对科学理论在一次"证伪"之后就要抛弃的观点嗤之以鼻：负面结果会动摇我们对一个理论的信心，"但不会将其自动清零"。[5]毕竟，除非你有更好的替代，否则你不会放弃一个理论。

不过，撇开纽拉特不谈，学圈其他成员都认为波普尔——用费格尔的话说——做出了"有价值和有帮助"[6]的贡献。波普尔的第一篇学术文章就发表在学圈的期刊《认识》上。即使是本人无法容忍波普尔的石里克，也开始重视他作为思想家的价值。波普尔的《科学发现的逻辑》出现在学圈的"科学世界构想著作集"书系中，而出版的决定（只要波普尔同意将这部巨著从原来的篇幅缩短）得到了石里克，特别是卡尔纳普的支持。包括卡尔纳普在内的几位学圈成员都慷慨地审阅了它。这反映了一个事实：尽管波普尔有着相反的主张，但他和维也纳学圈活动在同一个哲学领域，为类似的问题而斗争，并被类似的关注所激励。波普尔的智识英雄，特别是伯特兰·罗素，同样也是学圈的英雄。他的一些智识敌人，尤其是海德格尔，也是学圈的敌人。他针对科学哲学的兴趣和写作，也是对学圈的兴趣和写作的回应，而不是与学圈的研究大异其趣或毫无关系。在这个意义上，他的整个哲学生涯都要归功于学圈。他过分强调自己与学圈的差异，这始终令这一群体恼火。虽然他会激烈地抵制如下定性，但他必须被看作这一学圈的思想家，尽管他被排斥在他们的聚会之外。使他居于其外的，不过是他猛烈的独断风格——或者说得更宽宏一些，他拒绝接受别人的权威。

此外还有个人联系。波普尔有许多朋友和熟人都是学圈成员，他会与他们进行激烈的讨论。他们包括卡尔纳普、费格尔、考夫曼、克拉夫特、门格尔、纽拉特、兰德、魏斯曼和齐尔塞尔。波普尔与费格尔建立了特别密切的联系。波普尔说，他们的第一次会面"成了我一生的决定性因素"。[7] 他们彻夜不眠地沉浸在关于科学哲学的谈话中。费格尔敦促波普尔出书，认为波普尔有着杰出的头脑。波普尔和门格尔也很熟络，会被门格尔请去参加他的数学讨论会。波普尔与卡尔纳普断断续续地较量了几十年。而波普尔很可能把他最高的钦佩留给了与学圈有关的波兰逻辑学家阿尔弗雷德·塔斯基。1935 年塔斯基访问奥地利时，和波普尔在一张长椅上坐了 20 分钟（"一张难忘的长椅"[8]），并在此时阐述了他关于"真"的理论。"任何语言都无法形容我从这一切中学到了多少……虽然塔斯基只比我年长一点，虽然我们在那些日子里关系相当亲密，但我把他看成是我真正可以视作哲学导师的唯一人选。"[9]

* * *

在他认为的所有胜利中，他自称对维也纳学圈的胜利对他的意义最为重大。他总是热衷于强调自己的原创性，尽管近年来一些学者将他一些关键思想的来源溯及其他人，特别是卡尔·布勒。[10] 无论如何，我们都应注意到，虽然学圈成员认真对待波普尔的思想，但在他们看来，这些思想并没有粉碎他们的世界观（Weltanschauung）。在 1934 年 11 月给卡尔纳普的一封信中，石里克写道，波普尔"完全被我们说服了"。[11]

　　波普尔的诘问，"谁杀死了逻辑实证主义"，措辞是不祥的。因为确实有了一场真实的杀害：学圈残余部分的彻底终结，和一起谋杀大有关系。

15 喂，你这该死的混蛋

我很容易想象，例如，目睹自己身体的葬礼。

——莫里茨·石里克[1]

1936 年 6 月 22 日星期一上午 8 点左右，约翰·内尔博克离开了他的公寓，带着一把小型自动手枪。我们知道接下来的 75 分钟发生的许多细节，最后的结果就是他开枪打死了莫里茨·石里克。至于内尔博克的动机，就不那么明确了。后来，在德奥合并之后，他改变了说辞，声称他以为他的受害者是犹太人，他的行动全乎由意识形态驱动。但他在审判中给出的解释并不是这个，而这也不是他第一次修改说法。

无论内尔博克的动机为何，莫里茨·石里克的谋杀案只有在其政治背景下才能得到理解。因为，别的先不说，奥地利报纸对此事的反应就是高度政治化的。

内尔博克认识石里克已近十年。1925 年，他还是一个 22 岁的大学本科生时，就选了石里克的课。他是个不错的学生，后来获得了博士学位。1928 年的某个时候，他认识了石里克的另一个学生西尔维娅·博洛维卡，并对她产生了迷恋。内尔博克向她表白了自已的感情，但遭到了拒绝。更糟糕的是，1930年她告诉他，她对石里克教授有"某种兴趣"。

博洛维卡声称石里克对她也有同样的感情，但没有独立的证据。石里克当然是学圈里已婚男人的典型，对妻子经常不忠。不管怎么说，内尔博克开始相信石里克和博洛维卡有性关系，于是图谋报复石里克，并执念于此。1931 年的某个时候，内尔博克警告博洛维卡说，他会枪杀石里克，然后自杀。她认为这个威胁足够可信，于是转告了石里克，而石里克也认为它足够令人担忧，于是通知了当局。经过调查，内尔博克被诊断为分裂性精神病，并被送进维也纳的施坦霍夫精神病院。博洛维卡也受到怀疑，同一位精神病学家奥托·波佐教授博士对她进行了评估，说她是"一个性格略显古怪的神经质女孩"。[2] 在她住进波佐博士的诊所后，波佐写信给大学校长，建议给她一个完成学业的机会。

石里克一定希望这件事能就此结束。但三个月后，内尔博克被释放了。因为有博士学位，教书是一条显见的职业道路，为此他努力学习，通过了教师资格考试。我们不知道他和石里克多久碰一次面，但在 1932 年，又发生了一次激烈冲突，结果内尔博克再次被拘留，这次只拘留了 9 天。警方有时会派一名保镖保护教授，但后来什么也没发生，保镖也就撤走了。石里克指出："我担心他们开始认为是我疯了。"[3]

1934 年，内尔博克在一家成人教育中心做了题为"实证主义批判"的讲座。他对逻辑经验主义的敌意是他敌视石里克的产物吗？很有可能。无论如何，现在他（勉强）靠辅导准备博士学位考试的学生来谋生。按计划，他会在 1935 年夏天开始在成人教育中心开课，有望借此获得更稳定的收入。1934 年政变以来，成人教育中心内部的权力就发生了从左向右的变化，但在 1935 年 1 月，也就是几个月前，他才收到聘任被撤回的通知。该中心给出的解释是，逻辑经验主义已经不合时宜，就此开办系列讲座课不会受学生欢迎。

真正的原因是内尔博克的精神不稳定史。成人教育中心如何发现这一点的，无论当时还是今日，都是一个有争议的问题。内尔博克声称，石里克背地里反对了对他的任命（并推荐魏斯曼代替他讲课），而另一封给中心的信（可能是魏斯曼所写）包含了他（内尔博克）精神健康史的细节。该中心的秘书长否认了这一说法，坚称他是独立发现内尔博克的问题的。

丢掉了教学工作，并担心在精神病院的日子在余生里都会困扰他，内尔博克陷入了抑郁症。几个月后，他的脑袋里又一次充满了杀人的念头，他设法购买了一把辛格手枪，以及弹药。先杀了石里克，然后自行了断，这就是他的计划。但他改变了心意，把子弹丢进了多瑙河，留下了手枪。

1935 年夏天，现长居美国的赫伯特·费格尔在意大利南蒂罗尔的博尔扎诺拜访了正在那里度假的石里克。他发现石里克心情阴沉，这是因为他最近与奥托·纽拉特和暴躁青年卡尔·波普尔的分歧，更严重的是内尔博克的一些威胁性信件，给了他太大压力。内尔博克还反复给他家里打骚扰电话。同样令人不安的是，这个年轻人养成了旁听石里克讲座的习惯。1936 年初，他参加了一次关于永生的讲座。对于逻辑经验主义者来说，"宣称永生"是否毫无意义是一个难题。这次讲座让天主教徒内尔博克极度激动。

他又搞到了十颗子弹。

* * *

1936 年 6 月 22 日，石里克本不该在维也纳。第二届国际科学统一大会于 6 月 21 日在哥本哈根开幕，他本来要在那里宣读一篇论文。这次盛会的明星是丹麦物理学家尼尔斯·玻尔。官方地说，大会的主题是生物学和物理学中的因果关系，并将讨论玻尔的一些发现的哲学意涵。

我们不清楚石里克缺席的原因——有一封信一个月前寄给纽拉特，说他积劳成疾，但也有可能是旅行许可未能及时送达。未能与会的石里克会去讲他夏季学期的最后一次讲座课。同一天早上，内尔博克似乎在离开公寓后不久，就做出了一个致命的决定，这个决定困扰了他一整夜。他回到住处拿起枪，装好子弹后塞进外套里。然后他走到了大学，待在了离通往哲学院的台阶不远的地方。

与此同时，在早上 9 点前一点点，石里克离开了自己位于欧根亲王街的公寓。去上讲座课之前，他习惯于在早餐桌旁走动，为自己做心理准备。像往常一样，离开公寓后，这位教授乘坐 D 路有轨电车，沿经过美景宫花园和公园的斜坡——沐浴在阳光下——驶向维也纳市中心。有轨电车在同时代的记载中被描述为"看起来效率很高但适合自杀"。[4] 这条路线又短又直。石里克在上午 9 点 15 分左右到达[*]；41 号教室的学生已经在等他了。可以想见，讲座教室里像往常一样挤满了人。

石里克走上大学正门的宏伟台阶，穿过铁门，走到大厅，然后右转上楼，去往目的地。在那里，他从内尔博克身边走过；很难想象石里克没有注意到他。内尔博克冲到石里克前面，转过身来，在仅仅一两米远的地方直接向他射击。一个目击者听到他喊道："喂，你这该死的混蛋，这就是你的下场！"大学管理员海因里希·德里梅尔[†]一听到枪声就报了警，但为时已晚。

维也纳学圈的创始人死了。法庭文件显示，他身中四弹；有两颗子弹直接穿过心脏。

---

[*] 德语区大学的开课时间标整点，但时间后若标以"c.t."（cum tempore 的缩写）字样，则会延迟 15 分钟开始。所以，石里克可能是准点到达教室的。

[†] 德里梅尔（1912—1991），法学家，二战后任奥地利教育部长（1954—1964）、奥委会主席（1956—1969）等职。

内尔博克平静地等待被捕。

* * *

当时看来，这则来自维也纳的震惊消息后果重大，值得外国媒体报道。不过美国的顶级报纸《纽约时报》只给了它一个段落，埋在版面底部，上面大幅的版面都用来刊登女性网球服装的广告，商品中包括仅售95美分的针织头带（时值温布尔登网球锦标赛前夕，英国轰动一时的弗雷德·佩里将要卫冕他的单打三连冠）。《纽约时报》以其典型的俭省方式总结了石里克的谋杀案："莫里茨·石里克教授，54岁，维也纳大学杰出教师，今日于进入教室时被枪杀。警方称凶手是精神失常的毕业生，上过石里克教授的哲学课。"

就这么多了。平心而论，当时世界上发生着很多事情。在美国，民主党全国代表大会即将在费城开幕，在这次大会上，富兰克林·D.罗斯福将第二次被提名为总统候选人。当时美国经济仍处于深重而漫长的萧条、停滞之中，罗斯福将在他的就职演说中告诉代表们，美国人"与命运有约"（a rendezvous with destiny）。在国际上，有许多故事可以登上《纽约时报》，不过吸引其通讯员注意的是来自德国的一则边缘新闻。纳粹的宣传部长约瑟夫·戈培尔正在考虑禁止最近上映的一部名为《乡村医生》的电影。这部感伤的喜剧讲的是加拿大一处偏远伐木小镇上的一名无证医生的故事。它由著名的迪翁（Dionne）五胞胎主演，这是已知的第一组活过婴儿期的五胞胎。虽然纳粹为什么不批准这部看似无害的电影没有官方解释，但《纽约时报》指出其编剧是索尼娅·莱维恩，并推测这可能导致柏林认为该片是非雅利安的。

一些英国报纸也报道了石里克的谋杀案，其中就有《每日邮报》，该报给出了一个额外（且编造）的细节：子弹射出时，石里克正与一名女学生交谈。但当时的英国报纸，注意力也主要集中在别的地方。在石里克被杀的那一周，英国议会正在就意大利入侵阿比西尼亚和解除制裁进行辩论。同时，另一次殖民冒险也让英国人付出了生命的代价。1922 年，奥斯曼帝国崩溃后，经由国联的授权托管，英国控制了巴勒斯坦，也包括耶路撒冷。从那时起，第一批巴勒斯坦阿拉伯人就开始了对英军的游击战，后来犹太人也打起了游击。犹太人大多是追寻着赫兹尔的维也纳式梦想，新到此地的。在石里克被杀的那一周，英国还有一个罕见的"成功"故事。在阿拉伯人袭击一列火车后，英国人用战机追踪并杀死了逃亡的巴勒斯坦"恐怖分子"，杀死在纳布卢斯（Nablus）附近的一个山洞里。

报纸也报道了，维也纳的剧院、影院及歌剧院的演出正在被纳粹投掷的臭气弹干扰，这种策略被用来打断理查德·瓦格纳的《特里斯坦与伊索尔德》演出，指挥是布鲁诺·瓦尔特，一个犹太人。尽管奥地利的动荡在不断趋于激化——或者说，也许正是因为有这种动荡，才有对冲它的诉求——奥地利国家旅游局也在英国《每日电讯报》上刊登了大幅广告："来奥地利度一个完美的'温馨舒适'（gemütlich）假期"。[5]

* * *

石里克的遇害，让奥地利失去了一位最著名的思想家。虽然生于德国，但石里克选择在维也纳大学度过了他学术生涯中最富有成效的十几年。他聚集了一群才华横溢、志同道合的数学家、逻辑学家和哲学家，领导了一场震撼哲学世界的运动。他使维也纳成了对科学和知识进行批判性思考的灯塔。

至少在奥地利，他理应获得敬意。但事实上，虽然天主教日报《帝国邮报》等几家奥地利报纸报道了这一消息，但却是内尔博克被看作了这一血腥事件中更引人注目的人物。即便石里克被提到了，但好几位编辑都判断读者更想听到的是对他的武断指控，说他是被卷入了某种三角关系。而石里克的成就，罕有文章谈论，只是学圈的"机关报"《认识》上不出意外地刊登了回应表示震惊，其中有菲利普·弗兰克和汉斯·赖欣巴哈等友人的致敬。"怎么会有人类杀害石里克？"[6]愤懑而又茫然的赖欣巴哈写道。更令人惊讶的是，与奥地利法西斯政府有关的刊物《基督教企业国家报》（Der Christliche Ständestaat）*向他慨然致敬。神学家迪特里希·希尔德布兰德教授将石里克描述

---

* "企业国家"是本国人对奥地利联邦国（1934—1938）的俗称。

为高尚而和蔼可亲的人，表示"对他的逝去深感痛心"，但同时也承认"他的哲学取向不属于我们"。[7] 此外在《新自由报》(Die Neue Freie Presse) 上，作家希尔德·施皮尔（石里克的前学生）也发表了一篇光彩夺目的致敬文章。在后来的一本书中，她描述了自己听到这个消息的过程：

> 1936年6月22日，我乘71路电车进城，偶然间越过邻座的肩头瞥见了一份报纸上的标题："哲学家莫里茨·石里克被枪杀"。即便是今天，我也能感到我那时变得双膝瘫软，头晕目眩。就在那辆拥挤不堪的电车里，我的眼泪不由自主地流了下来。我下了车，在一栋房子的墙上靠了好久。这是我经历过的最深重的悲哀，与先前的爱情之痛不可同日而语。[8]

但其他地方的反应却不一样。率先发难的是德国的《柏林日报》(Berliner Tageblatt)。该报在6月23日刊登了一篇关于危地马拉的文章，那里的犹太人和黑人被禁止开业，紧挨着这篇的就是石里克被杀的消息。文章详细介绍了石里克的学术背景，他写了些什么，何时获得的特许任教资格，何时又到了维也纳，并顺便告诉读者——或者说是误导读者——石里克是犹太人。

此番言论奠定了基调。再回到奥地利，7月10日，《林茨大众报》(Linzer Volksblatt) 刊文谴责石里克破坏了"民族性格的精美瓷器"，⁹学生们被迫喝下了实证主义的毒药。两天后，知识分子周报《更美未来》(*Schönere Zukunft*)上出现了这样的内容："这个犹太人天生就是反形而上学的，他喜欢逻辑性、数学性、形式主义和哲学中的实证主义——或者说所有这些特征在石里克身上都体现得淋漓尽致。不过，我们要指出，我们是生活在基督教德意志国家的基督徒，哪种哲学是好的、合适的，要由我们来决定。"

这是一篇长文中的一段话，作者胆小得不敢透露自己的真实身份，而是用了一个假名，奥地里亚库斯教授博士（Prof. Dr. Austriacus）*。奥地里亚库斯一文还有很多一脉相承的地方：内尔博克是被石里克具有极度破坏性的哲学变成精神病人的。这种令人作呕的哲学是反宗教、反形而上学的。"指引"那颗杀死石里克的子弹"的逻辑，并非来自某个寻找受害者的疯子，而是来自一个被剥夺了生命意义的灵魂"。

文章继续说，维也纳学圈在国外被视为奥地利哲学的代表，"这对奥地利这一基督教国家的声誉十分不利"。当然，石里克并不是独自追求他的哲学计划。他的合作者中就有他的"密友"，共产主义者奥托·纽拉特。

文章丝毫没有说石里克是犹太人（他的确不是）。但这种假

---

* 该名来自"奥地利"(Austria/Österreich，东方之国)，常见于物种分类的拉丁标准名中，如（奥地利）长耳蝠，奥地利毛蚁等。

设（或武断指控）显而易见。石里克即使不是犹太人，至少也是犹太人的朋友，代表了一种犹太思想脉络。文章对石里克的其他指控还包括称他有犹太裔的研究助手（魏斯曼和两名犹太女性）。文章最后说，希望这场谋杀能带来一些好处：

> 犹太人在他们的文化研究所里可以有他们的犹太哲学家！但在基督教—德意志的奥地利，维也纳大学的哲学教席应该由基督教哲学家担任！最近，许多场合都在宣告，和平解决奥地利的"犹太问题"也符合犹太人本身的利益，因为否则的话，暴力解决这个问题就不可避免。希望维也纳大学发生的这起可怕的谋杀事件，能让人们加快努力，为犹太问题寻找真正令人满意的解法。

"奥地里亚库斯教授博士"其实是维也纳大学的哲学家约翰·绍特，他是康德主义者，也是纳粹分子，还是奥特玛·施潘的盟友——施潘是一个极端民族主义的社会学家和经济学家，认为社会代表着比其中的个人更高程度的实在。绍特后面才会公开为内尔博克辩护，但他对石里克的猛烈抨击，激起了该校一位有原则的教授理查德·迈斯特博士的反对。他首先写信给石里克的儿子阿尔伯特，请他对奥地里亚库斯的文章发表评论。

阿尔伯特自然要为父亲辩护，但他的答复并没有很好地反映父亲的情况。他选择不去指出父亲助手的种族出身无关紧要，而是对事实提出抗辩：他父亲并未雇用两名犹太女助手，而且魏斯曼只是一个图书馆员，不是"常任的研究助手"。阿尔伯特还写道，他父亲也不是无神论者，而是一个虔诚的新教徒。然后，为了挽救父亲的名声，他不顾一切地对纽拉特进行了恶意攻击。"纽拉特并不是我父亲的朋友（比如说他从未到我家拜访过），而是站在他的对立面。我记得父亲偶尔有一些言论，这些话都清楚地表明，他对纽拉特的评价不太高。"他还声称，他的父亲不是那种爱参加俱乐部的人，只是出于责任感才接受恩斯特·马赫协会的主席职务，与协会的活动没有什么关系。至于奥地里亚库斯的另一种说法，即他父亲纯粹是为了自保才加入祖国阵线，这非常荒谬；父亲是出于真正的信念。

这些言论被迈斯特转交给了大学当局。迈斯特认为，出于对遇害同事的忠诚，大学的学术委员会有义务对石里克遭到的人身攻击做出回应。该机构于 1936 年 11 月 28 日召开了定期会议，并将他们对奥地里亚库斯一文的反对意见转交给了联邦教育部。行动很小，但很可敬。他们徒劳地希望教育部能给予石里克官方辩护。教育部并没有这样做。

对内尔博克的审判始于 1937 年 5 月 24 日。舒施尼格已经恢复了死刑，而对谋杀罪来说，这是预期的量刑。内尔博克不是蠢人，他清楚地懂得，他获得轻判的最佳前景在于在其动机的个人因素之外，也强调其意识形态的方面。他声称，石里克宣扬了一种背信弃义的犹太哲学。尽管如此，三天后他被判有罪——别的判决都说不过去。不过，法官还是很同情他。这个有罪之人被判处了 10 年刑期，每年还要睡四次硬床，以加重他的刑罚。

1936 年 7 月，极具声望的期刊《哲学评论》上发表了一篇关于证实原则的文章。文章解释说，可证实性是指证实的"可能性"。理论上，我们有可能证实关于月球背面是什么样子的陈述，尽管飞往月球实际上不可行。然后，文章转到了关于永生的一些陈述。"在我死后，我将继续存在。"文章认为，这种说法也并非毫无意义，毕竟作者就可以想象目睹自己身体的葬礼。"我的身体死后，我将继续生存"，这一陈述原则上是可证实的。[10] 这篇文章发表于作者身后，作者正是石里克：他与证实主义斗争到了最后一刻。

16　学圈活在心中

1936 年 6 月莫里茨·石里克的遇害，预示了维也纳将要发生的所有邪恶和悲剧……在这之后，一切都可能发生，而且几乎都发生了。
　　　　　　　　　　　　　　　　——希尔德·施皮尔

　　像演出一样，大会也必须继续。第二届科学统一大会在哥本哈根召开。6 月 21 日，大会在这个晴好的星期日开幕，一直持续到 6 月 26 日。当时的美国正从大萧条中非常缓慢地好转，再去一趟欧洲对一些美国人来说开销太大。不过，与会者还是有 80 至 100 人。接待会在尼尔斯·玻尔家中举行，正是他提议了哥本哈根这个会议地点。他是会议的中心人物，第一篇论文由他宣读。他是糟糕透顶的演讲者，听众也很难听清他的话，因为他不用麦克风，口齿也不清楚，还花了一半的时间在黑板上乱写一气，背对着对他虽然钦佩但也气愤的听众。

　　理论上讲，这次大会有一个特定的焦点（尽管有些发言人选择向与会者发表话题完全无关的讲话）：我们如何理解物理学和生物学中的"因果关系"？量子力学带来了新的难题。例如，玻尔提出了互补性原则。以光为例：根据实验，光的表现要么呈波状，要么呈粒子状。要完全理解光，就必须接受光的这两个方面，但二者无法同时测得。海森堡已经发现，同时测量粒子的位置和速度也不可能。至少在量子水平上，世界表现得是不确定的——有些事情，人们无法知道或预测。那么，因果关系要如何融入这幅图景？物质是按因果律运行的，这一观念是牛顿运动定律和经典力学的基础，而新科学则将一定程度的主观性引入了科学——测量者与测量本身变得密不可分。波普尔也出席了大会，他是实在论者，认为存在独立于人类心灵的基本实在。会议期间，波普尔结交了玻尔。两人会站在楼梯上激烈地争论，玻尔一边吸着没点着的烟斗，一边向下看着波普尔。

　　要是获得了旅行许可，石里克本来要在大会上宣读一篇论文，题为《量子理论与自然的可知性》。这篇文章由菲利普·弗兰克代为宣读，也是他，向代表们告知了石里克遇害的消息。他们当时在观光，已经乘大巴来到了古色古香的城市赫尔辛格（Helsingør），那里是克伦堡宫（Kronborg Slot）的所在地，也是莎士比亚《哈姆雷特》的场景地。就在大家坐下来吃晚饭前，弗兰克收到了消息。似乎没有人提议中止会议程序，尽管弗兰克说了几句话，并组织了一份慰问电报发给石里克的妻子布兰奇。大会余下的时间自然是低落的——唯一的小波澜是波普尔常见的暴怒，这是在回应纽拉特对他的朋友塔斯基的批评。

＊　＊　＊

石里克的遇害尽管没有中止会议，但还是引起了众人的关注。生于奥地利的作家希尔德·施皮尔写道，她敬爱的老师的死，加剧了她的不安全感，加速了她出国的步伐。她并非孤例。对考夫曼来说，石里克的遇刺是他永远无法忘记的恐怖故事。[1]石里克一直是魏斯曼的重要支持者，而魏斯曼的处境已经到了绝望的地步。他本就失去了薪水微薄的工作；案发时他的妻子已身怀六甲，在 9 月生下儿子托马斯后，家里又多了一张嘴。他开设了一个关于《逻辑哲学论》的私人研讨班，借此筹到了一些钱，但并不够。现在，他开始考虑出国谋生的选项。

波普尔也想出国。卡尔·门格尔也是如此，他已经不再参加学圈的聚会。在正常时节，他是接替石里克的显见人选，但任命委员会决定，从今以后哲学研究的重点是哲学史。因此，这一曾因石里克和马赫而颇有荣耀的教席，也即将取消。门格尔也是家口渐多，需要养活。他在 1935 年与学生希尔达·阿克萨米特结婚，他们四个孩子中的第一个于 1936 年出生。1937 年，他成为印第安纳州圣母大学的客座教授。

这起谋杀案给哥德尔造成的影响还要严重，引发了他的疑似自杀企图，以及精神崩溃，让他在疗养院待了好一阵子。在布拉格，不是犹太人但属于左翼的卡尔纳普，对右派在欧洲的崛起越发感到紧张。在捷克斯洛伐克待了四年后，他移居美国，并在查尔斯·莫里斯的支持下于 1936 年在芝加哥大学拿到了一个职位。在石里克去世前 11 天，他曾写信给纽拉特说："这里的反犹主义也相当严重，尤其是大学里——比如我听说，一个非雅利安人要获得我拒绝的那个普林斯顿职位，连最微小的机会都没有。"[2]

维特根斯坦是在爱尔兰时听到石里克遇害的消息的。他写信给魏斯曼说："石里克的死真是一个巨大的不幸。因为他的去世，你我也失去了很多。我不知该如何表达我为他妻子和孩子——你知道——确确实实感到的悲伤。"[3] 他请魏斯曼帮他一个大忙，去看望一下石里克夫人或她的一个孩子，告诉他们"我热切地思念着他们，但不知该给他们写些什么"。[4]

魏斯曼去拜访维特根斯坦的大姐赫米内，看她能否帮助劝说她弟弟回维也纳——他似乎是想维特根斯坦能来接替石里克。赫米内把这个消息转告了路德维希，报告说她已经用"友好"的语言告诉了魏斯曼："[我们家的人]决不允许自己被这样利用。假如我们真这样做了，你（路德维希）会把我们打死；就算不把我们打死，你反正也决不会考虑这件事。"[5]

尽管如此，魏斯曼还是决心让学圈的讨论继续下去——于是他们又讨论了两年。聚会有时由魏斯曼召集，有时由约瑟夫·谢希特召集——他于1931年在石里克手下完成了博士论文，现在已经是一名训练有素的犹太拉比。埃德加·齐尔塞尔也试图保持学圈的精神，经常邀请一群人去他的公寓。

* * *

除了研讨会之外，维也纳学圈的其他计划也一蹶不振。哥本哈根会议后一年，即 1937 年，巴黎举办了第三届科学统一大会。在 1938 年 7 月举行的第四届大会，将英国剑桥选为了会址，这一决定巩固了维也纳和这座大学城的紧密联系。会议重点定为科学的语言，G. E. 摩尔做了发言，而维特根斯坦缺席。出乎意料的是，尽管维特根斯坦特别敌视学圈的宣言，而且正式的会议一般来说也会让他不舒服，但他起初还是考虑参加。在距离开幕只有几天的时候，他才改了主意。他写信给他的朋友拉什·里斯说，即使里斯会到场参加，也不能弥补不得不坐在"逻辑实证主义者中间"的"恶心"。[6] 在 G. E. 摩尔之外，纽拉特、弗兰克、魏斯曼和齐尔塞尔都做了发言。

《认识》期刊的出版坚持了一阵；"国际统一科学百科全书"丛书计划也坚持了下来，由芝加哥大学出版社出版，策划者就是纽拉特，1934 年以来他就一直在海牙。他的精力不减当年。他住的是奥布雷希特街的一套高端双层公寓，离市中心不远。一楼是一片学研区域和一间卧室，奥托和妻子奥尔加睡这间；而他在社会和经济博物馆的长期合作者玛丽·赖德迈斯特则用着顶楼的一间卧室。他们的首席图像设计师格尔德·阿恩茨也逃到了海牙，他们一起成立了"国际视觉教育基金会"。正是在海牙，玛丽·赖德迈斯特为他们的图示想到了一个名字："排版图形教育国际体系"（International system of typographic picture education），简称"同型图"（Isotype）。

纽拉特为"百科全书"丛书撰稿，同时还与卡尔纳普和查尔斯·莫里斯共同担任丛书编辑。他还加入了荷兰和平运动组织，该组织有自己的大楼，其中有一间图书馆，他在那里开办讲座。他也一如既往地充当了人才的磁石：一流的学者都来找他。他尤其和经济学家扬·丁伯根交好，后者将于1969年获得首届诺贝尔经济学奖。和纽拉特一样，丁伯根也相信技术官僚社会主义和计划的力量。

在一个陌生的地方重新开始注定艰难，严重的财务烦恼更让情况雪上加霜，主要原因是莫斯科没有履行他们的合同；苏维埃当局的一封信声称，合同有些地方违反了俄罗斯法律。纽拉特被拖欠了6000美元，但即使是他也承认，他不会斗得过苏维埃政府的。

不过，在适应了流亡生活后，纽拉特还是很快回归了他的通常心理状态——亢奋。在这里，在荷兰，"就像每天都在度假一样"，[7] 他在寄回维也纳的信中写道。他对他们的贫穷不屑一顾。"黄瓜太贵的时候我们就吃甜豌豆，原果酱太贵就吃苹果泥。"[8] 后来，他们开始接到一些委托。纽约的国家结核病协会希望他们制作关于感染的图表，并标识人群自我保护建议。他们组织了一个横跨全美的巡回展览，教育民众了解这种疾病。然后，他们又收到了在墨西哥讲学六周的邀请。他们也开始在荷兰本土获得工作，其中就有来自卫生部的委托。

* * *

　　讽刺的是，当维也纳学圈在奥地利逐渐停摆的时候，它在国外的声誉却不断提高。国际大会，还有学圈的一些著名外国访客，都帮助传播了相关信息。蒯因于 1934 年在哈佛大学开设了关于卡尔纳普的系列讲座，并为卡尔纳普奔走，争取荣誉学位，并且成功了：卡尔纳普于 1936 年获得了该学位。在授予典礼上，蒯因称，维也纳学圈所代表的哲学"必须被承认为现时代的决定性运动之一"。[9] 在英国，这场运动有几位支持者。其中至关重要的是一位谦抑的女性，她的作用往往未获承认：1930 年，伦敦的逻辑学家苏珊·斯特宾在牛津大学的一次会议上第一次见到石里克，被他关于哲学作用的谈话所打动。她赞同哲学在于逻辑澄清的观点。1933 年，她成为英国第一位女性哲学教授，并与人共同创办了期刊《分析》，该刊后来成为发表分析哲学的不二场所（至今仍在运营）。同年，她在不列颠学院做了可能是英国第一场专门关于逻辑实证主义的讲座。1934年秋，她邀请卡尔纳普到伦敦大学讲学。虽然她同情逻辑经验主义，但绝不是不加批判地同情。不过，她还是邀请了几位与学圈有关的人物到英国讲学，包括卡尔纳普和波普尔。在 1935年的巴黎大会上，她被邀请加入国际科学统一大会的组委会，她表示同意。她会说德语，这很有帮助。也是她，在 1938 年组织了在格顿学院举行的剑桥聚会，并致开幕词。

　　然而，被大众与学圈联系在一起的英国学者，并不是她。

　　A. J. 艾耶尔比斯特宾要自信得多。他在 1933 年回到牛津后,仍然满脑子都是维也纳,于是为期刊《心灵》写了一篇文章。
以赛亚·柏林建议他将文章拓展成书,并说服出版商维克多·戈
兰茨相信,这将是自《逻辑哲学论》以来最重要的哲学书。艾
耶尔给它起名叫《语言、真理与逻辑》,借鉴的是魏斯曼未出版
的《逻辑、语言、哲学》。这本书花了他 18 个月的时间才完成,
期间他给纽拉特写信说:"在我工作的牛津,形而上学仍然占据
着多数。我在这里感到非常孤立。"[10] 这本书自信的程度近乎傲
慢,许多学者因此对它敬而远之。当一些牛津学生建议某哲学
讨论小组来讨论这本书时,贝利奥尔学院院长 A. D. 林赛把它
从窗户扔了出去,另提了一个更合适的话题。[11] 艾耶尔轻视道
德陈述、将其当作伪概念,这为他树敌很多,反对者认为他不
仅错误,而且邪恶。然而,此书的清晰性、战斗性及其趾高气
扬的劲头,也是读者们觉得很有吸引力的品质,与传统牛津哲
学的古板大不相同,令人耳目一新。

* * *

　　周四晚上的定期聚会已经没有了,但学圈还是会在可行的
时候偶尔聚聚。1938 年初的一个星期六,哥德尔应邀向仍在维
也纳的成员发表讲话。聚会在埃德加·齐尔塞尔的公寓举行。
这是奥地利被吞并前的最后一次聚会。

17　出　逃

同一血脉，要归属于共同的帝国。

（Gleiches Blut gehört in ein gemeinsames Reich.）

——阿道夫·希特勒，《我的奋斗》

　　意大利曾向奥地利做了一些保证：奥地利也许能够保持独立。但随着盟友如今在政治上向德国靠拢，奥地利受到了两面夹击。1936 年 7 月，在石里克被杀一个月后，奥地利总理库尔特·舒施尼格与德国达成了一项协议，理论上保证了奥地利的独立。这是希特勒狡猾手腕的一个典型事例。事实上，在柏林的鼓动下，奥地利纳粹分子升级了他们的恐怖运动：街头暴力变得司空见惯，示威游行成了家常便饭。随着奥德关系的恶化，舒施尼格做出了一些让步，包括在 1938 年 2 月任命纳粹分子阿图尔·塞斯-因夸特为安全部长。但是，在当月晚些时候希特勒又发表了一次威胁性的讲话后，舒施尼格终于发难。他在 3 月 9 日宣布，将就奥地利独立问题举行全民公投。

　　希特勒闻讯，立刻暴跳如雷。他威胁要进行军事干预，要求取消全民公投，舒施尼格辞职，并任命塞斯-因夸特为其继任者。1938 年 3 月 11 日星期五的晚上，奥地利大部分地区都通过广播，收听了舒施尼格的讲话。舒施尼格说，为避免流血，他已让奥地利投降了希特勒的德国。在讲话的最后，他吁请神明的保护："天佑奥地利 (Gott schütze Österreich)！"

* * *

舒施尼格辞职后，事态发展迅速。奥地利人不需要等待德国坦克的到来，它们已经滚滚开往边境。在旁观者的嘲笑声中，犹太人的生意被洗劫一空，犹太会堂被捣毁，犹太人拥有的店铺上涂满了"犹太佬"（Jude[n]）字样。犹太人被从家中抓走，被踢，被打，被吐口水，被迫跪在地上擦洗路面。"犹太人终于做他们该做的工作啦！"暴徒们高喊。

3 月 12 日星期六，德国军队开进奥地利。13 日星期日，奥地利并入德国：每个非犹太奥地利人现在都是德国公民。希特勒于周一抵达，春日阳光灿烂，一如群众的心情。在希特勒乘车沿环城大街行驶的同时，欣喜若狂的人群挥舞着饰有纳粹标志的旗帜：人们争先恐后想看得更清楚一些，树权竟然都成了"特等座"，上面的人把枝条都压弯了。奥地利的钟声四处响起，这要承蒙红衣主教因尼策——纽拉特叫他"'嗨希特勒'的因尼策"[1]——的好意。一位英国记者写道："说环城大街上迎接希特勒的人群欣喜若狂，只能算轻描淡写。"[2]周二上午，希特勒在哈布斯堡皇宫的阳台上，向约莫 20 多万人形成的浩浩荡荡的人群发表了讲话。"此时此刻，我可以在历史面前报告，我一生中最伟大的目标已经达成：我的祖国并入了德意志帝国。"

针对犹太人的暴力持续了几个星期，其凶残程度甚至让德国人都感到惊讶。没有一个犹太人是安全的。资产阶级犹太人发现，金钱、地位和同化不过是虚幻的盾牌。对乌合之众而言，医生和小贩，律师和工匠，讲师和拉比，没有区别。弗洛伊德教授博士的门牌从他在伯格巷的公寓撤掉了——现在门上拦着一面纳粹旗。

如果有心理系的学生想了解人类能堕落到何种地步，那么，极限就在 1938 年的维也纳。一开始，国家机关任由人们发泄原始的仇恨和羞辱他人的渴望。残酷中存在着一种强烈的快感。犹太人被强迫踏正步，虔敬者的大胡子被剪掉，侮辱性的标语牌也挂上了脖子；教授们被推倒在地，被迫用经文匣的绑带打扫厕所 *；犹太儿童被迫虐待自己的父母。英国前外交官转为国会议员的哈罗德·尼可尔森在维也纳看到数名男子被剥光衣服，被迫"四肢着地在草地上爬行"。[3] 老妇人被勒令爬到树上，像鸟儿一样鸣叫。

反犹暴乱持续了几个星期，态势有增无减。三四月份，有

---

* "经文［护符］匣"（tefillin）又音译为"塔夫林"，是一组两个黑色小皮匣，大小近似戒指盒，内部装有写着摩西五经章节的羊皮纸卷，犹太教徒平日晨祷时穿戴，用绑带（straps）将其中一个绑于上臂，而另一个绑在前额。

160 名犹太人自杀。一些德国纳粹高层尽管起初没有干预，但对德奥合并释放出的虐待狂热持保留态度。他们更喜欢有组织的破坏而非混乱的破坏。他们更希望他们的掠夺看似合法，而非临时特设。后来，秩序恢复了，但与此同时，首批几千名非纳粹政治活动家、罪犯和犹太人被送往慕尼黑郊外的达豪，纳粹的第一个集中营。

纳粹安排在 4 月 10 日举行他们自己的公民投票。奥地利人要回答他们是否承认希特勒为他们的元首（Führer），以及是否支持德奥合并。犹太人没有资格参加。奥地利的主教们发表了一份声明，呼吁信徒们赞成合并。面对这些事件，一些奥地利人默默地惊骇着，而历史学家们争论，假使投票前有一个自由的新闻媒体，假使投票程序真正不受恐吓，结果会是怎样。然而，考虑到迎接德国人到来的那种欢欣，令人不安的事实是：即便如此，结果也几乎肯定会符合希特勒的心意——尽管数据不会是纳粹宣布的赞成票占 99.75%。

德奥刚一合并，维也纳大学就关闭了。4 月 25 日，它在新情势下重新开放。从这以后，犹太人在大学师生中最多只能占 2%，而犹太学生只有凭许可才能进入大学。医学院的大部分教师被辞退。

有人呈递了请愿，请求宽大处理杀害石里克的凶手约翰·内尔博克，理由是石里克本来就不是教育青年的合适人选。请愿被拒绝了，但在 7 月，约翰·绍特——就是在石里克被杀后用

假名发文中伤石里克的学者——又提交了一份上诉书，添加了
更多的诽谤之辞。上诉书说，石里克在哲学上一直是犹太主义
的阐释者；而他绍特认识内尔博克多年，他来自农村，出身低微，
"是一个具有强烈民族动机和明确反犹主义的人"，他的行动是
出于意识形态和政治上的必需。

　　10 月，内尔博克获得有条件释放。

　　与此同时，经过了 1938 年夏天，奥地利的法律制度被纳入
了德国制度之内。众多法规生效，使犹太人进一步非人化。犹
太人被禁止进入公园，禁止坐长椅，禁止去剧院。犹太专业人
员——律师、教师、管弦乐手等——都失去了工作。5 月，德
国在 1935 年颁布的纽伦堡法案扩展到了新并入大德意志的奥
地利省，该法案规定，只有具有德意志血统的人才能成为帝国
公民，犹太人和德意志人禁止通婚。8 月 17 日，一项德国法律
禁止犹太人取"雅利安名"，犹太男子必须采用"以色列"一名，
犹太妇女则必须以"莎拉"为名。从此，所有犹太人都必须携
带身份证。10 月初又有了一项新法令：所有犹太人的护照必须
盖上字母 J 的戳记。

　　同样，犹太人的财富也被系统性地掠夺。所有犹太人都必
须申报他们的物质资产。"资产转移办公室"（Vermögensver-
kehrsstelle）的工作，就是将犹太人的财产重新分配给非犹太人。
没有被没收的公寓，现在不得不一套里同时挤进几个犹太家庭。

＊　＊　＊

然后，1938 年 11 月 9 日，"水晶之夜"（Kristallnacht）发生了。那个星期，一名青年犹太人开枪打死了一名德国外交官，以抗议他的波兰犹太家庭被驱逐出德国。此举引发的反应是国家认可的反犹暴力浪潮；犹太墓园和会堂被亵渎和烧毁，犹太人拥有的商铺被砸烂，暴徒们踢开犹太人的家门，殴打住户，把他们从窗户或楼梯上扔下去。数千名犹太男子被送去集中营进行"保护性羁押"。这场暴行波及全国，但奥地利人在恶劣程度上又一次超过了他们的德国同胞。仅在维也纳，就有 95 座犹太会堂被纵火焚烧。

暴行带来的瓦砾尚未得到清理，新措施又来了：禁止犹太人进入音乐会和电影院。负责大部分经济事务的赫尔曼·戈林宣布，德国保险公司不需要赔偿犹太人在水晶之夜的财产损失；相反，他宣布，犹太人必须自己付钱。这还不算完，犹太人还要支付清理残局的费用。账单的 1/3 是向奥地利犹太人征收的。为进一步惩罚对德国外交官的谋杀，犹太人后来还被禁止驾驶汽车。

水晶之夜是犹太人在德意志帝国无法立足的最后证明。一些人已经离开，但逃离的热潮现在变成了惊慌逃窜。同时，一个犹太人移民办公室已经成立，它有权批准犹太人离开这个国家。它的管理者是阿道夫·艾希曼，他的高效和对犹太事务的了解，为自己赢得了加官晋爵的好评。这一时期，官方的政策还不是灭绝犹太人，而是将没收他们的财产、物品和金钱合法

化。犹太人只要交出他们拥有的近乎一切，就能获准离境。这
算是指了一条生路：对大多数犹太人来说，在德奥合并后的维
也纳，以几乎所有的积蓄为代价逃跑显然是唯一的选择。

但逃去哪里呢？1938 年 7 月，富兰克林·D. 罗斯福在法
国东部的埃维昂莱班（Évian-les-Bains）召开了一次国际会议，
讨论犹太难民危机。希特勒听说后，表示要提供帮助。"我只能
希望和期待，对这些罪犯抱有如此深切同情的另一个世界，至
少能慷慨地将这种同情转化为实际援助。而我方则愿意以任何
方式将这些罪犯全部交由这些国家处置，哪怕是乘坐豪华船只。"

事实上，这次有 30 多国代表参加的埃维昂会议，没有取得
任何进展，移民管制也无任何松动。政客们担心增加犹太移民
会极不受欢迎，4/5 的美国人反对允许大量难民入境。[4] 会议前
不久在美国进行的一项民意调查显示，大多数美国人认为，犹
太人要为他们遭受的迫害承担至少一部分责任。参加会议的澳
大利亚代表总结了他的政府的态度，这大概也是其他国家的态
度："毫无疑问，人们会明白，鉴于我们没有种族问题，我们并
不希望引入一个种族问题。"[5]

埃维昂会议失败的一个间接后果是，纳粹开始相信，如果
外国不接受他们的犹太人，他们就只得另寻办法解决犹太问题。
对留在奥地利和德国的犹太人来说，这是一个创痛深重的时代。
他们有权——近乎身无分文地——离开，但并非自动有权抵达。

* * *

美国有着严格的配额制度：获得签证的最低要求是证明有"足够的谋生手段"。那是富人、有关系的人和急需人才（in-demand）的特权。其余的人则是给远房亲戚写信，请求提供必要的经济担保。维也纳的美国大使馆前排起了长长的队伍。

英国大使馆也排起了长队，因为英国是另一个有吸引力的选择。排队的人经常遭到纳粹同情者的口头和身体骚扰。德奥合并之后，由于维也纳的英国大使馆降级为领事馆，情况更加恶化：从伦敦发出的外交邮包要隔两个星期才能到达维也纳。

由于担心难民大量涌入，英国最初收紧了规定。在整个30年代，英国一直有着顽固地居高不下的失业率，无心吸纳外来者。只有在能够证明外国人的到来不会伤害到英国工人的情况下，工作许可才会签发。但11月的暴乱后，舆论变得更有同情心。而英国，尽管对巴勒斯坦（由国联托管给英国）关着大门，还是放宽了在国内的程序。首相内维尔·张伯伦在一封私人信件中写道："毫无疑问，犹太人并不是一个可爱的民族，我自己并不关心他们；但这不足以为这场暴乱提供辩解。"[6] 到1939年9月，英国有多达7万名来自纳粹德国的难民，大多数人持临时过境签证。所有人都已然不得不证明他们不会成为英国的负担。

进入英国的途径多种多样。一种是申请从事家政服务工作，因为英国的中上层阶级很难找到合适的人手来管理他们的居家生活。在维也纳，犹太男子会试着去参加未来管家课程或调酒课程，以此来提高自身资历。犹太妇女，比如罗丝·兰德，参加了烹饪和清洁课程。实业家和教授会觉得这很没面子，同样，那些曾经养尊处优的女性也是更习惯于雇人来浆洗洒扫，而不是自己动手，更不用说为他人服务了。一些犹太人在与英国使馆官员见面之前，会先把自己的手弄粗糙，试图让后者相信，自己对体力劳动并不陌生。"家庭佣人"这一类人——其中大部分是妇女——最终将占到 30 年代所有赴英难民的 1/3。

1938 年 12 月，"难民儿童运送"（Kindertransport）运动开始了，英国先后接受了 1 万名无人陪伴的犹太儿童。从维也纳出发的地点是西站，第一列火车于 12 月 10 日周六晚 11 点 45 分发出。每个孩子都有一个行李箱，脖子上挂着号码。火车开动，忧心忡忡的父母挥舞着手帕告别——他们中的大多数人再也见不到他们的孩子了。

甚至在水晶之夜后的管制放松之前，英国就已经为杰出学者、艺术家和实业家破例了，但仍有无尽的官僚障碍需要克服。西格蒙德·弗洛伊德与故乡有着爱恨交加的关系，他一直不愿离开。现在他已经做出了决定。他被要求签署一份文件，声明他没有遭受不公待遇。弗洛伊德在文件上潦草地写了一句话："我可以由衷地向每一位推荐盖世太保。"[7] 他很幸运，这句话似乎被按照字面意思理解了——反话也成了纳粹统治的又一受害者。1938 年 6 月 2 日离开的那天，他把自己的一本书《一个幻觉的未来》献给了维特根斯坦的姐姐。用一个弗洛伊德式的措辞说，他似乎一直在"否认"（Verleugnung）。*"献给玛格蕾特·斯通伯勒夫人，在我暂别维也纳之际。"有一件物品未被纳粹侵占，就是那张世界上最著名的沙发：它也装船运去了伦敦。

* * *

　　贝拉·尤霍什和维克多·克拉夫特打算留在维也纳。尤霍什不是犹太人。克拉夫特的妻子约翰娜改宗了基督教，但她是犹太裔。克拉夫特失去了工作，成为内心的流亡者。究竟为什么约翰娜没有被纳粹抓走，是一个谜，但可能是因为克拉夫特的女儿伊娃嫁给了瓦尔特·弗洛德尔，而弗洛德尔在纳粹治下的博物馆和艺术界占有重要地位。

　　其他圈内成员也一个接一个地设法脱身。门格尔当时已经在美国休学术假。3月23日，他向教育部发了一封电报，宣布他要辞去维也纳大学的职务，留在美国。他的辞职记录是在3月24日，即电报到达之日。后来，某个所谓的"家谱学家"（Sippenforscher）调查了门格尔的家族背景。考夫曼逃去了纽约，途经巴黎，也在伦敦逗留了十天。在纽约，他成了社会研究新学院的助理教授。古斯塔夫·伯格曼先把妻子和女儿送去了英国，并在10月与她们会合。他已经在普林斯顿一位学界友人的帮助下，申请了赴美移民许可。1938年8月9日，以色列文

---

*　弗洛伊德刻画的一种心理防御机制（前文的"压抑"也是一种）。

化协会（Israelitische Kulturgemeinde）——长期以来是国家承认的维也纳犹太人官方代表，现在不得不听从纳粹的摆布——宣布他是一个纯种犹太人。和其他犹太人一样，他要想离开，就必须缴纳高昂的"税收"。伯格曼取道海牙，这样就能见到纽拉特。"别担心，"当伯格曼哀叹世界现状时，纽拉特安慰他说，"200 年后，希特勒不过是又一个生活在弗洛伊德时代的疯狂独裁者。"[8] 纽拉特自己几乎没有任何积蓄，但给伯格曼提供了足够的经济支持，以支付他们一家从英国到美国的旅费。不，他不要还账——至少不要钱。相反，他请伯格曼写下他对学圈的回忆。在前往纽约的航程中，伯格曼在船上做了这件事。

在纽约，伯格曼利用自己的数学技能，以记账为生，但在费格尔的帮助下，通过一个名为"援助外国流亡学者紧急委员会"的组织，他在爱荷华大学找到了一份工作，并一直留在了那里。这一组织是由洛克菲勒基金会成立的，该基金会还为任何接收难民的大学提供资助。

考夫曼夫妇的变化更明显。此前，费利克斯·考夫曼虽然在英伊石油公司（Anglo-Persian Oil Company）每天只工作不到四小时（其余时间用于学术），但已然成了一个富人。现在，虽然有来自纽约新学院的收入维持他们的生活，但家庭的财富已经荡然无存。考夫曼针对英语市场改写了他的社会科学方法论著作，并在吸烟中得到了慰藉：他那每出版一本书就增加一支烟的政策，已经让他能够每天吸八支了。

* * *

齐尔塞尔的一些逃亡细节并不清楚，包括他离开奥地利的日期。但他在 1939 年 1 月从伦敦写信给纽拉特时，已经在那里待了一段时间。他的儿子保罗开始在一所英国学校上学，并留在英国完成学业，而齐尔塞尔则于 3 月 26 日乘船前往美国。在纽约，他设法找到了一份工作：给他在旅途中遇到的一位流亡人士当私人教师。1939 年 6 月，他获得洛克菲勒学研基金，研究早期近代科学，于是至少一年内有了一定的保障。

德奥合并也同时迫使维特根斯坦家族面对起了一番令人不安的情况。他们对自己几乎没有犹太认同，生活与维也纳的犹太社群也几乎没有重叠。如果他们还算有宗教信仰，那也是基督教。但是，如果他们父母的父母中有三个在种族意义上是犹太人，他们自己也会被归类为犹太人。家人尽量彼此宽慰，说他们维特根斯坦一家是安全的。当然，他们太受尊重了，太有影响力了，所以不会成为目标？私下里，他们很紧张。

路德维希·维特根斯坦，现在住在剑桥，也提交了（成功的）申请以继承 G. E. 摩尔的哲学教席，并开始了获得英国公民身份的手续。在约翰·梅纳德·凯恩斯推荐的律师的帮助下，他于 1939 年 4 月 14 日成了"王室的臣民"。他的两个姐姐赫米内和海伦固执地决心留在维也纳。有了新护照的保障，路德维希亲自参与了与纳粹当局复杂而旷日持久的谈判，以便将他的一位（外）祖父母重新归类为非犹太人，从而为他的姐姐们赢得"混血"（Mischlinge）身份。这一策略在他们兄弟姐妹中造成了永久性的裂痕。保罗认为姐妹们应该离开，感觉要他一起留下是情感讹诈。谈判的成功，与其说取决于家谱证据，不如说取决于维特根斯坦家族有能力支付的价格。最终，相当于1.7 吨黄金的财产被转给了帝国银行。⁹ 如果说有什么道德属性模糊的交易，那就是这个。赫米内和海伦安然无恙地度过了战争岁月，而他们的钱足以为纳粹的战果做出实质性的贡献。

　　维特根斯坦家族习惯于照自己的规则办事。但对于与学圈有关的其他人物来说，交易是不可能的。幸运的是，我们将会看到，他们中的一些人可以向伦敦的一个特殊组织求助。

* * *

　　1938 年 9 月 30 日，英国首相内维尔·张伯伦在与希特勒谈判达成《慕尼黑协定》后返回伦敦。它使德国得以占领捷克斯洛伐克的西部，即苏台德地区，但也宣称今后将通过和平手段解决一切分歧。一登上英国本土，张伯伦就宣布他已经确保了"我们时代的和平"。1939 年 3 月，德军开进了捷克斯洛伐克的其余地区。

　　甚至在纳粹入侵之前，捷克斯洛伐克纳粹分子的影响力就已经越来越大了。在布拉格，菲利普·弗兰克就已经遭受到了这种压力：在任命员工、招收学生时要求适用纳粹的种族法。他抵制了这种压力。1938 年 10 月（德国占领苏台德地区时），弗兰克开始了在美国几十所大学的巡回讲座。1939 年秋，他得到哈佛大学物理学和哲学副研究员的职位，两年后转为兼职的物理学和数学讲师。这与他在布拉格的地位不能相提并论——哈佛大学正在吸收其他欧洲难民，并声称他们已然慷慨至极。二战期间的征兵减少了学生的入学率，给各大学都带来了额外的压力。不过，虽然弗兰克在经济上会有困难，但他安全了。

* * *

库尔特·哥德尔的情况总是有点不同。他不是犹太人，所以没有脱身的迫切性；他也没有积极参与左翼政治。事实上，他对将中欧撕扯得四分五裂的政治动荡有着近乎异常的漠不关心。古斯塔夫·伯格曼回忆说，1938 年 10 月，在抵达美国后不久，他与哥德尔共进午餐。"是什么风把您吹到美国来了，伯格曼先生？"哥德尔天真地问道！ [10]

哥德尔本来在普林斯顿高等研究院，1939 年春季学期后才回到奥地利。即使在当时，这在别人看来也是一个怪决定，事后看来更是奇怪。但哥德尔计划在秋季返回普林斯顿，没有预见到任何复杂的情况。然而在维也纳，他被要求去做一次体检，以确定他是否有足够的体格去服兵役。哥德尔确信，他将被宣布为不合格，用他的话说，"他将被军事当局永远送回"。[11] 两项事态发展让事情复杂了起来：第一个是体检被数次推迟，直至战争爆发后；第二，更令人瞠目的是，哥德尔通过了体检。

哥德尔传记作者约翰·道森的说法是："这是一个粗鲁的

惊吓。然而，德国当局在拒绝相信哥德尔的心脏因童年时患风湿热而受损之余，也忽略了他曾数次发作精神不稳定——这真是太幸运了。他们要是注意到了后者，可能真会把他'永远送回'——也许会送进关'精神缺陷者'的集中营。"[12]

不管怎么说，现在要获得去美国的许可就很棘手了。同时，他的高校授课资质（Lehrbefugniss，venia legendi）也已于 1938 年 4 月过期。他的处境虽无生命危险，却也显然令他深感不安。于是他去申请一个特殊职位——新制讲师（Dozent neuer Ordnung）——与"私人讲师"不同，这个职位是领薪水的。这需要纳粹当局进行调查。调查报告发给了大学，结论是：哥德尔在学科知识方面（scientifically）值得推荐，但指出是"犹太教授哈恩"指导了他的特许教学资格论文。报告指出，哥德尔"一直混迹于自由派犹太人的各种学圈"，但平心而论，这不能完全怪他，因为数学已经被强烈地"犹太化"了。[13] 由于没有证据表明哥德尔是反纳粹的，所以报告做了不置可否的裁决。它不能明确批准他的申请，也给不出拒绝申请的可靠理由。

哥德尔暂时就悬在了待定状态之中。而"大德意志"，正处于战争状态。

18 辛普森小姐的"孩子们"

希特勒是我最好的朋友。他摇苹果树，我收苹果。

——沃尔特·库克，纽约大学美术学院院长[1]

对陌生人来说，她叫辛普森小姐；对同事来说，她叫埃丝特·辛普森；而对于朋友，她是苔丝。史书对她的英勇努力，以及她效力的组织"学者援助委员会"（AAC），一直吝惜篇幅。她和该组织为许多难民学者提供了救命的机会，其中 16 人后来获得了诺贝尔奖。在苔丝·辛普森和 AAC 帮助过的人中，有几位就是学圈成员。

* * *

谁创建了 AAC，这是有争议的。部分功劳必须归于利奥·西拉德这位充满活力的匈牙利物理学家，在希特勒上台时，他已经从柏林大学离职。他的诸多成就包括提出链式核反应的设想，以及后来推动确立制造原子弹的"曼哈顿计划"。正是西拉德首先认识到，需要一个组织来帮助受到威胁的学者，他向英国人威廉·贝弗里奇提到了这个想法。但多年以后——毫无疑问仅仅是出于记忆错误——贝弗里奇给出了不同的说法，抹杀了西拉德的作用。他解释说，这个念头是他在1933年想到的，当时他坐在维也纳的咖啡馆里，同坐的是同为经济学家的路德维希·冯·米塞斯，理查德的哥哥。当时纳粹党在国界另一边掌权才几个星期。贝弗里奇写道，冯·米塞斯念出了登在晚报上的一批名字，是十几位在德国新政府下被解雇的犹太学者。[2]

　　后来，贝弗里奇在1942年借《贝弗里奇报告》中的建议改变了英国及其福利制度。他这个人有着直截了当和通常准确无误的道德雷达。他不是唯一一个能迅速识别纳粹主义罪恶的人。但非常难得的是，他能把强烈感受到的判断与动员和组织的才能结合起来。

　　一回到英国，贝弗里奇就开始了行动。他向伦敦政治经济学院的教员们发出呼吁，借此筹到了一些钱；许多教员都慷慨解囊。他还联系了其他大学的重要学者。1933年5月22日，大学界一些有头有脸的人物联署了一封信，刊发在建制派的报纸《泰晤士报》上。信中宣布要发起成立AAC，称其目标是"筹集一笔资金，主要（虽然并非全部）用于为流亡教师和研究人员提供生活费，并为他们在大学和科研机构找到工作"。[3]签名者中，有约翰·梅纳德·凯恩斯，他也是最早签支票支持的人之一；还有新西兰出生的物理学家、诺贝尔奖得主欧内斯特·卢瑟福——在贝弗里奇的一番哄劝下，卢瑟福出任了 AAC 的主席。犹太裔人士被刻意排除在了执行委员会之外，因为担心他们会让潜在支持者止步。10 月 3 日，阿尔伯特·爱因斯坦在水泄不通的阿尔伯特音乐厅以"科学与文明"为题发表演讲，力谏人们抵制威胁智识及个人自由的政权，从而帮助筹集了更多资金。

尽管贝弗里奇在全国各地发表众多讲话，宣扬 AAC 的使命，但他并不管理 AAC 的日常工作。相反，AAC 聘任了两名全职职员。一位是任秘书的沃尔特·亚当斯，他是一位历史学家，后成为伦敦政经学院院长（1967—1974）。第二位是助理秘书，虽然地位低微，但对 AAC 来说，这项任命真是如有神助，用贝弗里奇的话说，"具有持久和日益重要的意义"。[4]

欢迎加入，辛普森小姐。

苔丝·辛普森在英格兰北部的利兹长大，并获得奖学金在利兹大学学习现代语言，获得一等学位，然后前往欧洲练习语言。她在德国当了一段时间的家庭教师，为一个富裕但乏味的家庭工作，然后在巴黎待了一段时间，后又于 1928 年开始供职于维也纳的国际和解联谊会（IFOR），一个促进前交战国彼此和解的机构。她在奥地利首都一直待到 1933 年，用她自己的话说，她度过了"奇妙的几年"。[5] 她喜欢在林间散步，去剧院和博物馆（她最喜欢的是奥托·纽拉特的博物馆），但大部分时间她都沉迷于一生的热爱——音乐。她后来回忆说，在维也纳，演奏室内乐"就像刷牙一样"理所当然。[6] 她是一位天才

的小提琴家，经常参加室内乐合奏。她与卡尔·波普尔的一位
舅舅在同一个四重奏团演奏。波普尔的表妹汉娜·席夫为她画
了肖像。她在给纽拉特的信中写道："维也纳碰巧是我在世界上
最了解的城市。"[7]

在得到 AAC 助理秘书这一新职位时，辛普森刚搬到日内
瓦不久，并在世界基督教青年会联盟找了份工作。AAC 最初在
伦敦市中心皮卡迪利街一栋大房子的阁楼层的两个小房间里办
公。她在瑞士工作的时候，报酬就谈不上丰厚；而 AAC 的职位
每周只有 2 英镑 10 先令，这意味着她的工资还要锐减。但事
后证明，这是她一生的使命。

辛普森有一种罕见的才能：能够说服别人对她有求必应。
她还拥有最惊人的能量、韧性和耐心的储备。据一位同事说，
她工作得"出奇地勤奋"。[8] 在那些日子里，她一般都在晚上 10
点结束工作，这是通向街面的大门上锁的时间——否则她会待
得更晚。德奥合并之后，她一连 13 年没有休过假。她一面尽
力将那些被纳粹撕裂的生命重新缝缀起来，一面还必须与英国
的官僚打交道——这套系统大多时候是良善的，但行动迟缓得
令人沮丧，而且经常蠢得要命。

虽然 AAC 总是缺钱，但它还是能支付小笔的资助——每年
给单身学者提供 182 英镑的补助，已婚学者 250 英镑。但它更
重要的功能是充当流亡学者与大学界之间的渠道，了解哪些学
者失去了职位，他们有何专长，以及是否有大学有匹配的科系

和可能的空缺。AAC 的小笔资金就可以成为达成交易的杠杆和润滑剂——为难民学者提供支持，使他们能继续生活，直到获得糊口用的工资。

1936 年，该组织更名为"科学与学术保护协会"（SPSL）。越发明显的是，对于德国犹太学者来说，危机并不是暂时的。SPSL 的首要任务是拯救受到威胁的学者，复活他们的学术事业，而非丰富英国的智识生活（虽然这也是一个愉快的副作用）。为此，亚当斯和辛普森开始改善与美国大学的联系。有时，他们会提供一笔经费，资助学者在美国进行巡回讲座。对于美国一些不那么有威望的学术机构来说，这就是一个机会，可以逮住一个在正常情况下他们高攀不上的思想家。辛普森记得，这些学者在结束巡回讲座后，无一例外地会"揣回来一个职位"。[9]

卡尔·波普尔在组织还叫 AAC 的时候就认识了辛普森。他应苏珊·斯特宾之邀到英国讲学，并选择了塔斯基的"真"理论作为主题。他利用这些讲座来改善他那口音很重、仍有错误的英语。他在 1935 年底来到英国，中间回维也纳过了圣诞节，然后又回到伦敦度过了 1936 年的上半年。艾耶尔"像母鸡照顾小鸡一样"照顾着他。[10] 在伦敦政经学院，他认识了弗里德里希·冯·哈耶克，一个从 1931 年就在英国讲学的维也纳同胞。一个出身名流家庭，一个是自命不凡的小资产阶级，这样的两个维也纳人却建立了难得的融洽关系。

第一次赴英时，波普尔住在西伦敦，住所逼仄而简陋；在一封信中，他抱怨说，他连打开行李箱的空间都没有。他的经济状况岌岌可危。是哈耶克向波普尔介绍了 AAC，而它正是那种可能帮助这位年轻学者的机构。但存在两个难题。首先，波普尔还是一名中学教师，而慈善机构的规定是只能帮助被迫失业的学者；第二，波普尔还没有获得国际声誉——34 岁的他，毕竟还比较年轻。SPSL 必须审核他的资历。

波普尔的辞职解决了第一个问题。这个决定已经酝酿了一段时间。他已经换了几次学校，现在教授手工、唱歌等课程，这侵占了他想用于研究的时间。奥斯汀·邓肯-琼斯教授邀请波普尔在他的 1935—1936 年英国之行期间来伯明翰讲学，在给邓肯-琼斯教授的一封信中，波普尔解释了他的状况为何正在变得难以为继。同时他也很敏锐，没有把维也纳的有害氛围与德国那边更恶劣的环境等同起来："我觉得自己再也受不了日复一日地听着几乎所有的同事对我的犹太出身的影射和侮辱了，而在他们的影响下，甚至一些学生也有学有样。"[11]

放弃生计当然有风险。但波普尔得到了费利克斯·考夫曼的支持。考夫曼是学圈中较富有的一位成员。1936 年底，考夫曼在伦敦，并在那里代表波普尔进行谈判——他收到消息说，波普尔一旦失业，将大有希望获得 AAC/SPSL 的援助。作为一个犹太人，考夫曼也许本该将他的精力集中在确保自己的未来上。但他在学圈之内比较不同寻常：他选择在教学和研究领域之外兼任他职——在英伊石油公司任总经理，并赢得过一份向奥地利联邦铁路公司供油的丰厚合同。他的薪水和地位似乎使他陷入了一种掉以轻心，认为自己会安然无恙。考夫曼只比波普尔大 5 岁，但波普尔却给他写了一封热情洋溢的信，感谢他作为中间人的作用："您屡次帮助我，就连父亲对儿子都难得如此……我永远不会忘记您为我所做的一切，以及您帮助我的方式。"[12]（波普尔就是波普尔，他后来确实忘记了。）

　　而波普尔面对第二个问题的策略，是收集一系列闪闪发光的推荐信。事实上，他列出的名字是那么星光熠熠，AAC/SPSL 假如认为这是某种精心策划的骗局，也情有可原。波普尔的支持者包括爱因斯坦、伯特兰·罗素、G. E. 摩尔和尼尔斯·玻尔，他们写道，波普尔"对物理学的基本概念有透彻的了解，借此能够以非凡的力量解决一般性科学问题，这证明了我们可以对他未来在这一领域的科学和教学活动做出极大的期待"。[13]一封给 AAC 的信中说，如果波普尔离开奥地利后一贫如洗，有六七个人愿意捐献一个基金来帮助他。

　　有了这些支持者，就无怪乎 AAC 决定向他提供为期一年的资助了，尽管档案中透露出了一些保留意见。邓肯-琼斯在听取意见后就报告说，不是每个人都相信这个年轻人有非凡的天赋。无论如何，一旦资助金被摆上桌面，下一步就是确定一个合适的接收机构。当时的计划是让波普尔在剑桥讲学。经过多番周折，以及文件丢失的一些焦急时刻，剑桥大学的正式邀请函终于如期而至。波普尔计划从 1937 年开始，共举办八场讲座。

　　这个消息让他如释重负。波普尔锁定了一个逃出生天的机会，从繁重的高中教学工作中，更关键的是从日益高涨的右翼极端主义之下逃离。

　　然而，他最终选择了一条不同的路线。他还在新西兰基督城申请了一个职位。最终收到邀请时，他决定接受：一所非著名大学的长期职位，好过剑桥的临时工作。也许他还认为，新西兰大概比欧洲安全。他写信给 SPSL 说："它［新西兰］不像月球那么远，但在月球之外，地球上最远的也就是那儿了。"[14]

* * *

　　波普尔的奔月式迁居对仍在地球上、在维也纳的弗里德里希·魏斯曼产生了可喜的间接影响。现在，计划由波普尔接受的资助可以另行分配，本要由波普尔在剑桥举行的讲座也可以由别人来讲了。波普尔想到了失业的魏斯曼。费利克斯·考夫曼曾为波普尔卓有成效地游说，现在他继续为魏斯曼运动，写信给 SPSL。但是，正如苔丝·辛普森在 1937 年 2 月向考夫曼解释的那样，波普尔的资助远不能自动转给魏斯曼。魏斯曼比波普尔更难办，因为他"在这个国家不像波普尔博士那样有名，也没有在这里讲过课"。[15]

　　魏斯曼必须填写标准的 SPSL 表格，必须申报收入（1932/33 学年为 6720 先令，其中 6000 先令来自长短期的私人授课）。在说明准备去世界什么地方工作时，他没有表现出什么灵活性：

在"热带国家"旁边，他潦草地写了"不去……因为气候"。[16]
当然，他还必须提供准备为他出众的智识水平做担保的推荐人。

这些推荐人包括三位维也纳学圈的中流砥柱：卡尔纳普、
费格尔和门格尔。卡尔纳普称他是"我教过的最优秀、最有前
途的学生之一"。[17]卡尔纳普写道，他没有发表多少作品，部分
原因是他一直要为生计奔波。卡尔纳普还说，他不但是一流的
哲学家，也是一流的教师，但"很可惜，在石里克教授遇刺后，
维也纳大学的反犹主义使他无法在那里教学"。[18]苏珊·斯特宾
也向 SPSL 保证，魏斯曼是"一位富有才华的哲学家"。[19]文件
中没有维特根斯坦的推荐，这预示着他们的关系将起变化。

但还是有一些小磕绊。G. E.摩尔担心魏斯曼的英语水平
可能达不到要求，辛普森答应调查此事。后来她确认了魏斯曼
的英语足够好——他的信中没有任何英语错误，于是，一个条
件类似于波普尔的协议达成了。摩尔从剑桥发出了正式邀请，
SPSL 按每年 182 英镑的标准，批准了一学期的资助。

波普尔本能地就明白，奥地利的局势还会进一步恶化，但
不问政治的魏斯曼还在犹豫不决。他恳求把讲座推迟到 1937
年 10 月，让他有时间完成多年前与维特根斯坦一起开始的那本
书。他终于在 1937 年 10 月 21 日到达英国。像往常一样，苔丝·辛
普森高效地默默解决了一些平凡而又必不可少的细节问题：在
他转战剑桥前为他在伦敦订了房间，确定了人选帮他在他有自
己的银行账户之前兑现支票，等等。

1937 年 11 月，他的讲座开始了。一个月后，SPSL 通知他，他的资助会短暂地延长，但敦促他去找一个更稳定的学术职位。他在剑桥是一个阴郁的存在。哲学家摩尔和 C. D. 布罗德号称不希望他走，但剑桥本身没有长期职位的空缺。在认识他之后，他们很乐意提供熠熠生辉的证言。摩尔写道，魏斯曼极有资格获得哲学教席。布罗德补充道："出于自私的角度，我们都应该为失去魏斯曼博士而深感遗憾。但在剑桥，我们资源有限，选修这门课的学生人数也很少，不可能为他提供任何适当的长期任命。因此，如果他能被授予一个与他卓越的能力相称的长期职位，我们会很高兴。"[20]

魏斯曼是只身一人来到英国的，留下了妻子赫米内和襁褓中的儿子托马斯，有费利克斯·考夫曼在经济上支持他们。但在德奥合并之后，魏斯曼开始急切地想让他们离开。他多次拜访 SPSL，讨论妻儿的命运。剑桥大学的另一位教员理查德·布雷斯韦特（他对逻辑经验主义持同情态度）提供了援助。布雷斯韦特的妻子是玛格丽特·马斯特曼，一位聪明、古怪、气质出众的年轻女性，也是一位计算语言学专家。他们刚刚有了第一个孩子，是个男孩。布雷斯韦特夫妇为魏斯曼的妻子提供住处和少量薪水，让她照顾孩子并在家里帮忙，这是利用了当时在请外国人当家仆方面相对宽松的法规。

还有很多障碍要克服。魏斯曼夫人必须在英国驻维也纳领事馆为她的护照盖章。这说起来容易做起来难。她每天都去那里排几个小时的队，但一再被告知没有关于她的案件的信息。SPSL 提出支付发电报给领事的费用，政府接受了这一建议，尽管通信失败的责任就在政府官员身上。电报发出后，外国人管理局追讨账单（5 先令整），要求"为此金额开具一张划线支票或划线邮政汇票"！*,21 也许在国际局势高度动荡的时期，这种锱铢必较应该视为财务上的谨慎，但换个词就是冷漠无情。

与此同时，魏斯曼在 1938 年 5 月 23 日收到了剑桥大学哲学系发来的一份令人欣慰的通知，上面说，如果他未能在其他地方获得工作，他们可以在下一学年付给他一小笔钱，即 75 英镑。这是一笔重要的资金来源，但几乎不够维持生活。魏斯曼获得签证的一个条件是，除了剑桥大学的讲课任务，他不得从事其他任何有偿工作。但他曾向英国内政部提出，是否可以因额外的非正式教学而获得 25 英镑的小费，内政部没有提出异议。

最后，他的妻儿于 1938 年 6 月 9 日抵达多佛。魏斯曼在英国的居留许可先是延长到了 1939 年 6 月 30 日，后来又延到 1940 年 6 月 20 日。

* * *

尽管一家人平安无事，但对魏斯曼夫妇来说，这并不是一段快乐的时光。赫米内并不适合照顾孩子。至于她的丈夫，在

---

* "划线"（crossed）票据的票面上划有两条平行线，此种票据只能用于转账，不可提现，可防止冒领。

教学战线上，他对辛普森说，他觉得自己被维特根斯坦的光芒遮住了。维特根斯坦慷慨地提出要无薪讲课，好为魏斯曼腾出薪金。最后他们的钱都到位了。但在大多数情况下，维特根斯坦的出现对他的前弟子来说都是一场个人灾难。不管有什么智识分歧，二人都活动在大致相同的学术领域，而让两个人讲授类似的课题是多余的：为此，教员们反对给魏斯曼提供长期职位。雪上加霜的是，维特根斯坦还积极劝阻学生参加魏斯曼的研讨班和讲座课。魏斯曼抱怨说，维特根斯坦在街上对他不理不睬。两人可是一度考虑合写一本书的；对魏斯曼来说，遭到从前的哲学领路人和启迪者的冷遇，一定是非常痛苦的。

　　社交方面，魏斯曼也感到很难适应。辛普森力图动员她在剑桥圈子中认识的学者，让他们多给予魏斯曼夫妇受欢迎的感觉，但夫妇的房东布雷斯韦特对这对难民并无太多同情。他写道，这主要是魏斯曼自己的错："他认识很多人，但却不怎么主动安排与他们的见面。"²²

　　与此同时，吉尔伯特·赖尔和以赛亚·柏林在牛津推动了他的事业，于是，一俟莫德林学院出现了一个职缺，魏斯曼立即接受了它，尽管这意味着暂时离开家人。他没有得到全额的薪水，但他在莫德林学院的可怜收入很快就有了万灵学院津贴的补充。SPSL又借给了他一些钱，这样他就可以把家人和财产从剑桥转移过来了。

　　而彼时，战争已经爆发。

19　战　时

上周，我面临了一两个焦急时刻。谁家要是有六百个人，这人自然会有担心的事情。　　——苔丝·辛普森

我想看起来像个淑女，而不是工厂女工。

——罗丝·兰德

1937 年，海牙，奥托·纽拉特妻子奥尔加因肾脏手术并发症去世，奥托悲痛欲绝了好一阵。这是他的助手、也是情妇玛丽唯一一次看到他哭。同时，他回到维也纳的任何希望也都破灭了。德奥合并之后，他留在奥地利的儿子保罗遭到逮捕，并被送往达豪集中营，然后是布痕瓦尔德。1939 年获释后，保罗设法逃到了瑞典。他的父亲一生中有过两次死里逃生的幸运经历：1919 年从巴伐利亚监狱的牢房中获释，1934 年奥地利法西斯分子来追捕时他已然出国。假如被纳粹抓住，他不会幻想自己能第三次逃脱。

1939 年 9 月 1 日，德国人入侵波兰，两天后英法宣战。当时纽拉特正在哈佛参加第五届国际科学统一大会。在那里，他将与远房亲戚霍勒斯·卡伦争论统一科学计划是不是受了某种

法西斯冲动的驱使。纽拉特也没听劝告，决定返回海牙，他迅速收集了一批介绍信，以方便他通过英国的海上封锁回到欧洲。他在荷兰一直待到了第二年的 5 月。

1940 年 5 月 9 日晚，奥托和玛丽在海牙皇家图书馆阅读历史书籍，一直待到了晚 10 点闭馆。次日早上，德国空军（Luftwaffe）在没有警告或正式宣布敌对行动的情况下，对荷兰（及比利时和卢森堡）发动了攻击。5 月 14 日星期二，约在午餐时间，纳粹轰炸机夷平了距海牙仅 30 公里的美丽港口城市鹿特丹。当天傍晚，由于担心其他城市也遭受同样的命运，荷兰宣布投降。

这四天里，奥托和玛丽大部分时间都在室内，听收音机，下象棋。他们体验到了鹿特丹被地毯式轰炸时的地动山摇。他们收拾了一个小箱子，归拢了他们所有的钱。投降的消息一经宣告，奥托就穿上大衣说：“我们走。”他把“百科全书”书系的手稿留在了公寓——另一件牺牲品则是付印在即的哈佛会议论文集。

弹药库在爆炸，油料库在燃烧，奥托和玛丽穿过黑烟，来到了海牙的渔港和度假海滩斯海弗宁恩（Scheveningen）。步行了一个半小时。“如果我们找不到船，我就抱着木头去。”[1] 奥托说。海滩上挤满了绝望的人，多数是犹太人，他们愿意交出钱、金子、珠宝，交出任何需要的东西，以确保能逃出去。

奥托和玛丽发现了一艘名为“海员希望”（Zeemanshoop）

号的机动救生艇。船上已经满员，乘客中有一对他们在柏林认识的犹太夫妇。他们跳了上去。不算一个从海里拖上来的人的话，他俩就是最后上船的乘客了。

"海员希望"号是四个代尔夫特大学的学生征用的，他们用卡销拨开了挂锁。他们急于逃离荷兰，继续与纳粹作战。其中一个是海洋工程专业的学生哈里·哈克，他有相当丰富的航海经验，自信能把船开到英国。但他没有想到的是，此行竟有42名同乘旅客。他们没有手提箱或行李包，只有身上穿的衣服，不过有人买了几瓶朗姆酒，有几个人还准备了毒药，准备在被俘时服用。许多男性穿得很正式：戴着礼帽，穿着熨过的白衬衫，打着领带，外罩着雨衣，仿佛要去看晚间的歌剧演出。有一名妇女怀着身孕。多数女性坐在船舱的长椅上；男人们站着，扶着栏杆稳住身子。奥托和玛丽在后面。

黄昏时分，这艘严重超载的船摇摇晃晃地驶离了荷兰海岸。我们知道船上所有人员的名字，因为留下来一份在海上编制的名单，就潦草地写在荷兰海岸图的背面。纽拉特和赖德迈斯特的名字被小括号括了起来，表明二人虽非夫妇，但是伴侣。海上风平浪静，但发动机却很吃力，夜里，乘客们至少有两次就是否应该回头进行了激烈的讨论，有人认为继续航行下去风险太大。奥托也许不相信自己在船上的生存几率很高，但回荷兰意味着必死无疑。他们航行了一整夜。奥托问那几个学生票价是多少，被告知免费。他后来写信给卡尔纳普，表示他在船上时已经开始计划今后在英国的活动了。[2]

与此同时，从英国南部的多佛驶出的英国皇家海军驱逐舰"毒液"（Venomous）号，正在英国和荷兰海岸之间活动，为扫雷船护航。黎明时分，舰上的瞭望员看到了升着荷兰国旗的海员希望号，上面挤满了的乘客在疯狂地发送着求救信号。他们所有46人都被拖上了驱逐舰，得到了一杯茶和一块面包配黄油。当天晚上，这艘略显拥挤的毒液号停靠在多佛。

荷兰学生可以自由离开。

但如果大德意志国民——包括奥托和玛丽——还在期待着热烈欢迎，那么，迎接他们的是残酷的惊吓。在英国的土地上，他们立即落入了"敌国侨民"这个类别。

* * *

在二战爆发前的一段时间里，英国的犹太难民已经开始缓慢地重建生活。他们几乎失去了所有的财富、财产，也处在一个陌生的环境中，必须适应一种新语言。在许多情况下，他们的职业资格得不到承认。他们还时刻担心着仍未逃出的家人。最好别谈论欧洲大陆上的事件：大多数英国人真的无法设想；把这些事告诉他们，他们也不会相信。最好就是好好生活下去。

德国对波兰的占领当然带来了变化，但并不明显。当时英国几乎没有什么军事活动，而普遍的气氛是一种令人不安的平静。这个国家有大约7万名讲德语的流亡者，现在他们被宣布为敌国侨民，有义务向警察登记，并禁止在具有军事意义的地区生活。然而至少在最初，政府对这些外国人采取了相对宽松的态度。新设的法庭会将他们分为三类——根据他们可能构成的威胁程度：A 类，有足够的威胁性，需要关押；B 类，行动受一些限制；C 类，不受限制。不到 1% 的人被列入 A 类，而绝大多数——超过 64000 人——是 C 类。

所谓的"假战"（phony war）* 一直持续到 1940 年初夏。随着德国在 1940 年 5 月入侵并占领了低地国家，进而入侵了法国，公众的情绪立即变得丑恶了起来。媒体开始煽动对"内部敌人"的恐惧。"行动！行动！行动！"《每日邮报》如是敦促政府。该报的主要评论员之一，纳粹的同情者乔治·沃德·普莱斯，这样忠告犹太移民："他们应该小心，不要在这里也像在那么多其他国家那样，激起同样的怨恨。"[3] 一位英国外交官警告说："最微不足道的厨娘，不仅可以威胁到国家的安全，而且一般来说就是会这样。"[4] 数以千计的厨师和女仆遭到解雇。这一切都增加了难民的焦虑。听到德国部队正在猛攻巴黎的消息时，斯特凡·茨威格正住在英国西部的巴斯。毫无疑问，英国将是希特勒的下一个目标。"我已经准备好了某种小药瓶。"[5] 茨威格在日记中写道。

---

* 指 1939 年 9 月—1940 年 4 月这段战争期（德国民间称"静坐战"），此时，德国已入侵波兰，英法已对德宣战，但双方没有实质上的军事冲突，直至德军开始进攻挪威和丹麦。——译注

现在，当局重新审查了它的外国人名单，以确定其中哪些太过危险，不能逍遥法外。最后，约有 2.7 万人被捕，被送往不同的关押中心——多数人被送去了英国西海岸外的马恩岛（Isle of Man）。事实证明，找到他们并不难，毕竟他们的详细地址都已经和警方登记。但人们开玩笑说，搜捕难民的最有效手段是对伦敦西北部的公共图书馆进行扫荡。

* * *

奥托·纽拉特和玛丽·赖德迈斯特不是在那里被捕的。1940 年 5 月 15 日，海员希望号的乘客在黑暗中抵达多佛后就被分开了，这导致其中一些人变得歇斯底里。他们接受了医学检查，并吃了一顿不堪下咽的饭菜：煮土豆、盐腌牛肉蘸英国辣芥末——这就是他们的英国饮食"崩溃速成"班 *。奥托被送往彭顿维尔监狱，后来转去了肯普顿公园的一处赛马场，在那里，他睡的床垫就铺在石板地面上。玛丽被转去富勒姆研究所，她后来形容那里是狄更斯式的贫民窟。她直接睡地板。"有一个女人穿着高跟鞋走来走去，嗒嗒嗒，嗒嗒嗒。那一夜我都没睡。"[6]从那里她又被送去了霍洛威监狱。小的羞辱特别多：上厕所时必须开着门。

奥托和玛丽从各自在伦敦的牢房中被送去了马恩岛的不同

---

*　速成班，crash course；crash 亦有"撞毁"之义。

营地——纽拉特被送往首府道格拉斯附近，玛丽则被送往西南的一个营地。受关押者鱼龙混杂：并非所有敌侨都是犹太人或政治难民；少数人是战争爆发时因种种原因留在英国的德国公民，有些人还是希特勒的支持者。英国人并不区分犹太人和纳粹：所有敌侨都被关在同一个关押中心。这给犹太狱友带来了痛苦。如一位被关押者在 1941 年 10 月所写，这种不幸的环境"造成了持续的神经紧绷：听到法西斯歌曲，看到有人互致法西斯敬礼……收音机播报法国和其他国家在法西斯统治下的遭遇时，有人会面露微笑——你很容易设想我看到此情此景时的感受。"[7]一些犹太人曾在达豪待过，所以这不是他们第一次被关在铁丝网后。一些关押营里还形成了雅利安德国人团体。不少犹太人自杀了（包括一个和奥托一起乘海员希望号逃亡的人）。

不过与大多数被关押者赴英之前的经历相比，英国的关押带来的这许多创伤，仍算是相对温和的体验。奥托收到了书籍、新鞋和睡衣，偶尔还有蛋糕。玛丽后来说，在逃出盖世太保的魔掌后，"即使在监狱里我也感到安全"。[8]笔者的曾祖父在实习期间写了一本日记，记录了小官僚主义、匮乏、厕纸短缺、抑郁和自杀，但也记录了活泼气息、音乐会、讲座（有一次是关于无穷问题，主讲人是爱因斯坦的同事），以及"生意"——最好的擦鞋匠是维也纳人，他会用"好笑话"吸引客户。每天都有足球比赛（在一场德国对奥地利的比赛中，观众高喊"醒醒吧德国！"）；在一场奥地利囚犯之间的比赛中，一个带枪的英国哨兵两次把落在门柱后面的球踢了回去。这个小小的得体行为，给一个经历过维也纳式反犹的人，留下了深刻的印象。[9]

* * *

维特根斯坦在 1939 年 4 月获得了英国公民身份，因此可以不受新措施的影响。魏斯曼则不然。1940 年 7 月 3 日，SPSL收到了赫米内·魏斯曼的一封信。"我想告知你们，我丈夫 F. 魏斯曼，一周前已经作为敌侨被关了起来。"[10] 很难想象有谁比这位内向、不问政治、轻度抑郁的 44 岁犹太哲学家对英国国家的威胁更小了。7 月 22 日，SPSL 的秘书沃尔特·亚当斯在谈到魏斯曼案时发表评论说："这个国家对待外来难民的态度超乎想象地愚蠢，而 SPSL 最近不得不投入大量的精力，以试图纠正一些更严重的蠢行。"[11] 8 月，赫米内给苔丝·辛普森写信说，与丈夫分开让她"深感沮丧"。[12]

在马恩岛，狱友们各尽所能应对当前的困境。他们建立了一所非正式大学，开设了各科课程，从语言、数学、商业到细菌学甚至中国戏曲。当然也有哲学讲座，其中至少有一次是由纽拉特在 1941 年 1 月讲授的。我们从关押营的报纸上得知，有两百多人参加了这次讲座，不过内容仍然是个谜（德文标题大致翻译为"如何使网球场经久耐用"）。除了学人讲座，还有丰富的文化活动——音乐会、艺术展。各项生意——擦鞋、理发等——也蓬勃发展：有些人收钱，还有人收取刀片或香烟。

在 1940 年夏末的高峰期，马恩岛有 14000 人被关押，包括瓦尔特·霍利切尔，一位对弗洛伊德特别感兴趣的共产主义青年。一俟针对敌侨的歇斯底里平息下来，清醒的声音就显露了出来。奇切斯特（Chichester）的主教乔治·贝尔在上议院的一次发言中指出，花钱监禁那些急于支持反纳粹战果的人是荒谬的。他曾到访马恩岛，"对可用之才的数量和质量感到震惊——医生、教授、科学家、发明家、药剂师、实业家、制造商、人文学者——他们都想为英国，为自由和正义出力"。[13]

但真正扭转舆论的，是 1940 年 7 月，德国潜艇击沉"阿兰多拉之星"（Arandora Star）号的新闻。当局除了把人关在英国之外，还强行流放了数千人，他们要被运往加拿大和澳大利亚，旅途要穿过危险的交战海域。阿兰多拉星号开往加拿大，满载着意大利人。许多人是厨师和侍者，在英国从事餐饮多年，对政治几无甚至毫无兴趣。事件造成近 700 人死亡。现在，媒体调转了风向，几家主要报纸都针对难民待遇发表了尖锐的文章。

关押营中的规则有所放松。1940 年 7 月 26 日，夫妻被允许见面，讨论是否愿意一起自由活动，因此，玛丽和奥托虽然还没有正式结婚，但也从他们到达英国并分开后，第一次见了面。这样的会面变得愈加频繁：规则是一对情侣必须结婚或订婚。"然后，"正如玛丽所说，"大家都订婚了。"[14] 纽拉特在押期间写给玛丽的情书，都是用他那大象主题的各种变体签字的。

图像不计入对信件的严格字数限制。

＊　＊　＊

到英国后，玛丽和奥托获许打了一次电话，得以将自己的情况告知了苏珊·斯特宾。斯特宾是这个故事中的另一位几乎被遗忘、几乎未获承认的女英雄。她找了一位律师为他们代理。奥托的案子引起了 SPSL 的注意。

在 SPSL，苔丝·辛普森现在有了新的事业。在押人士中，有 560 人是学者，几乎所有人都是经她帮助落脚英国的。她打开他们每个人的档案，开始准备请求释放他们的请愿文件。转折点出现在政府宣布那些不构成危险且对国家有重要贡献的人可以自由离开，而同样重要的是，内政大臣做出让步，表示重要贡献也包括科学、学术方面的贡献。

这是一个漫长的过程。辛普森需要担保信为每位在押者作证。对于纽拉特，生物学家朱利安·赫胥黎[＊]感到义不容辞："他绝绝对对是反纳粹的。我相信，他可以被信息部或其他类似的宣传和信息工作机构雇用，并发挥极大的作用。"[15] 另一些人，如作家 H. G. 威尔斯，则不那么乐于助人。威尔斯认为："没有理由让纽拉特博士成为优惠待遇特别行动的受益者。"[16]

纽拉特的表现对他的案子毫无帮助。耐心从来都不是他的

＊　《天演论》作者托马斯·亨利·赫胥黎的孙子。

美德之一。辛普森还在艰难地走着缓慢的正式程序，他却径直向外侨部提出了申诉。他解释说，如果获释，他不会成为英国的负担，因为他和玛丽都可以从他的同型图研究所美国分部领取薪水。他的同型图工作可以解决诸如公共卫生等各种热点问题，"为这个国家提供一些有用的服务"。[17]

这些重叠的申诉让事情变得混乱。然而，1940 年 9 月 20 日，一封支持纽拉特的信从普林斯顿寄来，它来自一个连英国政府都无法忽视的人：爱因斯坦。他写道："通过纽拉特的科学工作和与认识他很久的共同朋友，我非常了解他。根据我的可靠信息，我很乐意为纽拉特教授的政治可靠性承担一切责任。我认为，解除扣押，将他释放，是完全正当的。"[18]纽拉特的案子拖得很久，但苔丝·辛普森却很乐观。"爱因斯坦教授的话会大有帮助；因为爱因斯坦教授的申诉只代表了极少数的在押者，所以应该有分量。"[19]牛津大学向纽拉特发出邀请，请他开设一门关于逻辑经验主义和社会科学的系列讲座课。

最后，1940 年 12 月 6 日，奥托和玛丽都分配到了一个 1 月的日期，届时，他们的案件会当庭复议。1941 年 2 月 7 日，奥托被告知他将获释。第二天一早，他收拾好自己的物品，领取了一张单程旅费凭证。大门在早上 7 点打开。他在港口登上了一艘前往利物浦或是弗利特伍德的船只，然后换乘开往牛津的火车。两周后，他和玛丽结了婚。

为了表达不同寻常的感激之情，他把自己的下一篇学术文

章《通用术语及术语体系》(Universal Jargon and Terminology)
寄给了苔丝·辛普森。也许不是每个人都会认为这是一份理想
的礼物，但不知何故，在不停奔走以求让其他人获释的百忙之
中，她还是找到时间读了这篇文章："我看到你在论文中提到了
卡尔·波普尔；在他去新西兰之前，我们就认识他了。"[20] 至于
这篇文章，她说："很高兴知道你在这个国家得到了应有的承认，
我希望它有助于弥补你与几乎所有难民共同经历的不快。"[21]

　　1941 年 11 月，他再次给辛普森写信。纽拉特已经压抑不
住对未来的乐观："我们对英国的气氛非常满意。我们真的没有
身处异国的感觉。"[22] 虽然他自己这辈子过的不是中庸生活，但
他已经目睹了足够多的极端主义，这使他欣赏英国井然有序的
文化和大体温和的政治。"在这里听到普通人说话，见识到他
们如何避免在日常事务中夸夸其谈、言过其实，真是令人印象
深刻。"[23] 他曾形容自己说的是"流利的蹩脚英语"，[24] 但现在
他开始积累英语表达。他特别赞同险情瞭望指挥员所讲的办法：
突发空袭时，人们应该保持冷静，依据"一般常识"来行动。"比
起大陆的'最高职责''国家共同体''自我牺牲''服从'等'永
恒的理想'，这类习惯做法让我喜欢得多。"[25]

　　他们有一个漂亮的家，有一个巨大的浴缸——这让奥托特
别高兴——也开始重建图书馆。在苏珊·斯特宾的帮助下（就
在斯特宾诊断出癌症前夕，她最终死于这种癌症），奥托和玛
丽在牛津成立了一个同型图研究所（1942 年），并很快得到了

工作委托。杰出的纪录片制作人保罗·罗萨成了他们的重要客户。在罗塔的影片中，有一部是关于输血的，片中需要解释血型。此外还有他为信息部制作的影片《每天几盎司》（*A Few Ounces a Day*），鼓励英国公民回收物品——罐头皮、灯泡、盒子、包装纸、报纸等——这些东西可以另用作修缮舰船的原材料。影片使用了一连串不间断的同型图像：在每家每户的节约下收集而来的几盎司物品变身为一艘新船，取代被鱼雷击沉的船只。

纽拉特与学圈故人一直保持通信。他与卡尔纳普发生了可怕的争执。纽拉特反对卡尔纳普 1942 年出版的《语义学入门》一书，这还是卡尔纳普送给他的礼物。他不领情地挑剔道，里边尽是些形而上学。后来在 1943 年，卡尔纳普这位"百科全书"书系的联合主编（与查尔斯·莫里斯），坚持要在纽拉特为"社会科学基础"书系所写的书中插入一个免责声明，说他卡尔纳普没有时间参与编辑。实情也确实如此。为了安抚出版方，这本书加快了出版进程。最终读到这本书时，卡尔纳普认为它实在草率。事实上，他告诉纽拉特，书中有些地方很不清楚，"我都不知道我究竟是否同意你的观点"。[26] 不难想见，纽拉特觉得受到了羞辱。两人互相指责，写了很多枝蔓横生的长信。卡尔纳普使用了"火山人纽拉特"这个称呼[27]——两人的友谊从未完全恢复。这更加坚定了纽拉特的怀疑，即他的学圈同仁对他的组织能力的评价高于对他的哲学。

纽拉特将不断推进的"百科全书"书系视为一种"战果"（我

们还会看到，这个措辞也将被波普尔使用）。出版方只收到了承诺的 20 卷中的 9 卷，而且，随着印刷成本的上升，出版方威胁要中断这套丛书。纽拉特很不高兴："战事十分顺利，胜利指日可待，要是现在中止什么的话，那就是失败主义。"[28] 他说，除非对方让步，否则他将另寻出版方。对方自然是让步了。

* * *

只有一位学圈成员直到开战之后才开始逃亡——甚至在德奥合并之后，哥德尔还天真地从普林斯顿回了维也纳。现在，他找美国领事馆申请签证。此时，这个也不好办了。最容易获得的签证类型是为在美国高校任教的学者颁发的签证。严格说，哥德尔并不"任教"，所以高等研究院的负责人弗兰克·艾德洛特写了一封玩弄事实的支持信："这里的教学处于非常高级的水平，因此跟普通大学或研究生院相比不那么正式。"[29]

签证过程旷日持久，哥德尔也接受了自己恐怕必须留在奥地利的可能性。然后，他突然变得迫切地想离开。他的传记作者道森把这一切追溯到了一段插曲，其中也有哥德尔的妻子。有一天，在与阿黛尔一起在大学附近散步时，哥德尔遭到了一伙年轻纳粹暴徒的袭击。"不知是出于什么原因——不管是被误认为犹太人，还是被认为与犹太同事交好，或者仅仅是作为知识分子而被针对——这些年轻人抓住了他，打了他，还打掉了他的眼镜，然后阿黛尔努力用雨伞轰走了他们。"[30]

艾德洛特给德国驻华盛顿大使馆写信。他指出哥德尔是雅利安人，也异常有才华，所以他的情况可以作为特例对待。他恳求说，德国当然会承认，最重要的是允许哥德尔继续他的研究，而不是去当兵之类的。

签证于 1940 年 1 月到达。战争现在已经进行了四个月。出路是取道立陶宛、拉脱维亚、俄罗斯，然后利用西伯利亚铁路到中国东北，再去日本，从日本坐船到旧金山，然后坐长途火车到纽约，最后再坐短途火车到新泽西州的普林斯顿。这段艰辛的旅程总共大约花了两个月的时间。

哥德尔是在 1938 年与阿黛尔·宁伯斯基结婚的，尽管家人强烈反对这桩婚事：她比库尔特大，离过婚，来自较低的社会阶层。在去美国的船上，哥德尔和阿黛尔——以及所有其他乘客——被要求在登上美国领土前对一系列问题作答。其中一个问题是，乘客是否曾为精神病院的病人。哥德尔夫妇都回答说没有。这不是完全坦诚的时候。

3 月，他们到了普林斯顿。在普林斯顿，哥德尔很快就和一个人结下了坚实的友谊：阿尔伯特·爱因斯坦。两人发展出了一套惯例。每天早上，哥德尔会到爱因斯坦那儿，时间在 10—11 点之间；每天下午，他们一起走回家。爱因斯坦开玩笑说："我去办公室，只是为了享受能够与库尔特·哥德尔一起走回家的特权。"[31] 1943 年，伯特兰·罗素访问普林斯顿。罗素、爱因斯坦、哥德尔和物理学家沃尔夫冈·泡利（生于维也纳，恩斯特·马赫的教子，1945 年因对量子力学的贡献获诺贝尔奖）每周都要见面。尽管这是一个"超人"（Übermenschen）讨论小组，但还是让罗素感到不满。"虽然他们三个都是犹太人和流亡者，而且有着世界公民的天性，但我发现他们对形而上学都有着德式偏好。"哥德尔当然不是犹太人，但他是奥地利移民学者——从统计上说，认为他是犹太人是合理的。

* * *

卡尔纳普在战争期间也与罗素有过讨论。1939 年，在芝加哥待了三年后，卡尔纳普搬去哈佛大学待了两年。1940 年，罗素应邀到哈佛大学做威廉·詹姆斯讲座。此事发生在纽约最高法院可耻裁决的几个月后——当时罗素被宣判为不适合教学。他本来已经被纽约高等教育委员会委任了一个哲学教席，结果这一任命引发了以纽约圣公会主教为首的公众声讨。法官约翰·E.麦基汉在读了罗素的几本书，包括《我的信念》和《婚姻与道德》后作结道：这些书有着宣扬色情、无神论等许多缺陷。罗素的哈佛讲座后来结集出版为《意义与真理的探究》，这让罗素在他那厚厚的履历中又添了一条："被司法部门宣布为不配在纽约城市大学担任哲学教授。"领教过纽约马戏团似的法律后，马萨诸塞州剑桥市那高雅的宜人氛围，与之形成了鲜明对比。除了罗素和卡尔纳普，蒯因和冯·米塞斯、塔斯基和费格尔也在那里。费格尔正领着洛克菲勒基金会的资助，后面他会于 1940 年当年在明尼苏达大学接任教席。卡尔纳普建议他们定期聚会——他们确实这样做了，通常在周四下午 6 点半。这是维也纳旧岁月的回响。

* * *

有一位学圈成员没能活到战争结束——埃德加·齐尔塞尔。1939 年到美国后，他在异地重建的法兰克福学派的帮助下找到了工作和资金。一项洛克菲勒学研基金——研究现代科学的起源——资助了他两年。1941 年资助停止后，他接受了女校纽约城大亨特学院的兼职教学岗位，1943 年又接受了另一所女校的工作，这次是在位于奥克兰的加州大学伯克利分校米尔斯学院。他精神不稳定的妻子曾几次崩溃，不想和他一起搬去加州，他儿子这时已经去威斯康辛州学习了。其他学者晚上回家的时候，他就住在校园里，和年轻的女学生在大厅里吃饭。他觉得自己很没面子，很孤独。

对他来说，最好的日子是"科学史晚餐俱乐部"定期举行的学者聚会。这是他所习惯的那种论坛，能让他想起维也纳的时光，一群志同道合的思想家聚在一起寻求智识激荡。俱乐部重视他对辩论的贡献。不过，这些聚会只有每月一次，提供的社会支持不足。1944 年 3 月 11 日，库尔特·冯·舒施尼格总理宣布奥地利结束主权国家地位的六周年，当晚，齐尔塞尔坐在办公室写了三张字条；一张给米尔斯学院院长，一张给儿子，第三张他留在了桌上：

请别慌张！

只告诉弗兰奇博士，不要告诉别人。请保持沉默！

自杀的事不能让任何人知道，一定要告诉所有人我是死于交通事故。

千万不能让学生看到我的尸体。

求求，求求你们，别努力弄醒我。

很抱歉给你们带来不便。

谢谢。

他在字条上留下了一些钱，继续写道："如果楼管看到我的尸体，他可以保留这张 10 元美钞，作为这次惊吓的补偿。"[32]

《奥克兰论坛报》没有理会他希望自杀事件保密的请求。次日，该报的周日版刊登了他的死讯。上面写着，在写下字条后，齐尔塞尔"用细刨花和他的外套做了一个枕头，服下毒药，然后躺到地上等死"。[33] 他是被教务长弗兰奇博士发现的。

* * *

学圈成员及相关人士都没有参加二战。大多数人都太老了。但他们还是试图尽自己的一份力量。维特根斯坦志愿在伦敦盖伊医院当一名医务兵，将药品从药房送至病房。然后，他在泰恩河畔纽卡斯尔的皇家维多利亚医院担任实验室助理。

罗丝·兰德也在工作，但不太情愿。她从奥地利出逃时，都差点来不及了，而她成功逃亡的具体细节也很模糊——但几乎可以肯定是，伦敦的苏珊·斯特宾帮助了她。她于 1939 年 6 月 11 日抵达英国。人们可能以为逃离奥地利后，她的主导情绪会是一种解脱。但在同一周寄出自斯特宾地址的一封信中，她讲述了自己的痛苦，说自己完全不快乐。

她总是倾向于透过烟灰色的眼镜看世界，尽管她的环境的确很难让她有快乐的性情。她在维也纳时就很穷，到了伦敦就更穷了，不得不努力谋生。她找到的第一份工作是在一所儿童之家，那里收容着数百名智力残障儿童。她只坚持了三个月；她觉得很累，而且对她的保育同事，那些"头脑简单的农妇"很是不屑。[34]

她尝试了几份别的工作，也全都很不喜欢，并且抱怨没有哪份工作的报酬能满足她的用度。她并不羞于请求帮助，但接触过她的善意机构——SPSL 和英国大学妇女联合会 (BFUW)——发现她令人恼火：不成熟、贪得无厌、不可靠、傲慢，而且穷追不舍——因为最后一个特点，现在档案馆里关于她的档案有厚厚一摞。

兰德的核心问题是，虽然她只关心一件事——从事她的逻辑学研究——但她搞不到大学的职位。她申请了 SPSL 的资助，填写了常规表格，也表现出了比魏斯曼更多的灵活性。她准备去哪里工作？"哪里都行。"[35] 她所掌握的谋生手段预计还能维持多久？"没有谋生手段。"[36] 她有学圈同仁卡尔纳普、齐尔塞尔、考夫曼和克拉夫特的推荐信，他们说她是"石里克教授最优秀的学生之一"。[37] 波佐诊所的负责人，波佐教授本人，评价她"在心理学问题上异常专业，训练有素"。[38]

尽管如此，SPSL 还是认定她不是一个足够值得资助的对象。在接下来的几年里，兰德多次提出要求，迫使他们复核她的情况，而他们多次都做出了同样的裁决。BFUW 认为她是"一个非常困难，甚至无望的案子"。[39] 她"肯定需要心理治疗，对自己的问题没有洞察力，极难对付"。[40] 1940 年 2 月，兰德写信给 SPSL，要后者帮她寻找学术工作，辛普森的回信异常强硬："无论如何都没有机会获得学术职位……恐怕我只能建议你去劳务交易所登记。"[41]

尽管她这么招人烦，救济组织还是为她做了力所能及的事，给她寄去了小额资助和贷款，也没指望她会还钱。兰德不知道，这些钱有着意想不到的来源。1941—1943 年间，兰德在剑桥，"杰出外国人"的身份使她可以参加各种课程和讲座，其中就有维特根斯坦去伦敦之前开的课。为了维持生计，兰德在一家车床厂做了一份检验员的工作，测量小型机械零件。维特根斯坦建议她不要放弃这份工作，尽管她很讨厌它：薪水不高，烟雾熏得她难受，工时很长，还要轮夜班。在一份辛普森认为与维特根斯坦有关的评论中，兰德抱怨说："我想看起来像个淑女，而不是工厂女工。"⁴² 在这里，她和维特根斯坦的观点根本不同。他力劝她发挥自己的劳动技能，不要认为用双手劳动可耻。

其实，SPSL 寄给兰德的钱，就来自维特根斯坦。维特根斯坦与兰德的关系体现了他性格中富有同情心的一面，这与他只顾自己、严厉苛刻的形象十分不同。SPSL 档案中保存着他的通信文件，从 1942 年开始，横跨 5 年时间。虽然他也不相信兰德的智识品质——他对辛普森说"作为哲学家而言，她并不出色"⁴³——但他对她的安康表现出了长期的关注。

他的经济援助始于 1941 年夏天。由于辛普森和兰德都已从伦敦搬到剑桥，兰德能够偶尔去一去 SPSL 的办公室。她的来访并不总是事前通知，有时会遭到反感，但这些到访让辛普森能把兰德的生活和心境及时告知维特根斯坦。辛普森在 1942 年 6 月细说了情况：兰德很沮丧；维特根斯坦早些时候就提出了利用 SPSL 为兰德输送资金的想法，现在他开始提供小额捐款，这种做法持续了好几年。但是，他强调，他的名字必须保密。对于他的参与，"非常重要的是，她不应该知道"。⁴⁴

辛普森的正常容忍度被兰德考验到了极限，她几乎没有鼓励维特根斯坦多捐一些钱。事实上，她觉得兰德求讨不断的做法很是烦人，而鉴于她不稳定的经济状况和不断的抱怨，她的一些消费决定是不可原谅的。尤其是当兰德用 3 英镑买了件量身定做的大衣时，辛普森感到厌恶已极。1943 年 1 月 18 日，她向维特根斯坦愤愤不平地抱怨道："目前这种情形下，我自己都不会去想用 3 英镑来做一件大衣。"[45] 而此时，兰德还在要求更多的钱。"当然，我必须把兰德小姐的要求告诉你，但说实话，我不支持这么做。"[46] 2 月 9 日，维特根斯坦从盖伊医院回信表示赞同："由我来支付兰德小姐的裁缝账单是相当错误的。但另一方面，我希望你能从我这里拿一些钱以备他用。所以，一有机会，我就会寄去 5 英镑。"[47]

辛普森和维特根斯坦建立了一种难以置信的友谊。他们一起讨论古典音乐，特别是勃拉姆斯；维特根斯坦曾经在剑桥排了一个小时的队给她买小餐包。1943 年 10 月，辛普森给正在纽卡斯尔的维特根斯坦寄了一封长信，告知他兰德最近因威胁要自杀而被送进了精神病院。为了她能获释出院，辛普森进行了谈判。正如她对维特根斯坦所说："兰德小姐诚然怪异，但怪异和发疯还是有不小的区别，我觉得她肯定没有发疯。"[48] 两年后，维特根斯坦勉强同意为她申请的一份工作做推荐人。对于她的请求，他回应得很有意思，尤其是因为它表明这位说真话过于直接的人有时也愿意隐瞒真相。"你有没有可能当好实验室助理，我不知道。事实上，我对此很是怀疑，尽管我不会告诉他们。"[49] 兰德给他寄了书和巧克力这样的礼物，此举惹恼了他，他警告她不要再这样做："我会把任何礼物都寄回去，不管这对我有多麻烦；所以，拜托，别给我寄东西了。"[50]

* * *

当科学统一大会在哈佛召开时，卡尔·波普尔已经在新西兰安顿了下来。在波普尔的档案中，有一封来自亨普尔的妻子伊娃的信，信的内容真情流露。伊娃向他讲述了1939年9月哈佛科学统一大会的情况，它是如何地成功，每个人都在那里，费格尔、齐尔塞尔、卡尔纳普，等等。她还补充说："事实上，维也纳学圈的几乎所有在世成员都在，除了魏斯曼和你（冒昧把你列入了这个称谓之下）。"

波普尔可能自视为一个独立于学圈的思想家，可是学圈视他为一员。此时，他正在努力工作。他在战争年代写就的最重要作品是《开放社会及其敌人》（简称《开放社会》）。这本书是一部丰碑式的作品，它历经多稿，打字工作由他忠诚而长期受累的妻子亨妮辛勤完成。波普尔一生都在超常努力地工作。他很少休息，周末和节假日都在工作。他为自己设定的饮食作息制度经常使他生病，让身体和精神都处于崩溃的边缘。但他没有任何一个时期比在新西兰时更卖力。《开放社会》几乎要了他的命，所以人们不应该嘲笑他将其描述为他的"战果"。他的环境由于他地处偏远而变得更加艰难。他自感已然与论辩隔绝；大学图书馆里的书比他父亲的藏书还少。

虽然这本书写作于二战战况最激烈的时期，当时数百万人正遭屠杀；但后来此书却被视为冷战文本，特别针对苏联影响力范围内的政府。波普尔把矛头指向了柏拉图、黑格尔和卡尔·马克思等哲学巨头。他抨击了马克思所宣称的历史进程有其必然性，即历史自有其方向的看法。他认为，相信人类社会受不可抗拒的规律支配，这是有害的，它鼓励不宽容，鼓励把大规模的破坏性"解决方案"强加给社会。

他根据自己在科学哲学方面的工作，宣扬开放社会的好处。社会进步的真正途径是试错和零碎的社会工程。并非每项政策都能奏效。正如科学理论可以被证伪，国家政策在失败时也应该被揭露。一个开放的社会是社会和经济进步的先决条件。不成功的政府也需要有一个合法、和平的手段来摆脱。谁来执政的问题，重要性不及怎样能把政府赶走。

以罕见的激情和清晰性写就的《开放社会》，如今已被视为政治理论的经典之作，但当时是经过天大的努力才找到了出版方的——战时的纸张成本也给出版带来了困难，《开放社会》毕竟篇幅不短。尽管波普尔吹嘘自己独立于并且击败了维也纳学圈，但值得一提的是，在给出版方的简介中，他称自己曾是维也纳学圈的成员，大概是认为这样做可以提升自己的资历。在朋友们的协助下，波普尔的书最终找到昂温（Unwin）公司作为出版方，并于 1945 年面世。1946 年 1 月 6 日，波普尔才拿到一册样书，此时他刚走下从自新西兰发出的船：他到英国来履职了——这个职位魏斯曼也曾争取，就是伦敦政治经济学院的逻辑和科学方法准教授（reader）。

20 流亡后的岁月

请务必再吃一块蛋糕，以纪念我们穿越新旧世界的旅程。

——乔治·克莱尔[1]

几乎所有在二战爆发之时仍留在奥地利的犹太人，无论男女老幼，都在大屠杀中丧生。共有65500人遇害，这是战前奥地利犹太人口的1/3。有些人被转移到纳粹占领的苏联城市——如里加和维尔纽斯——的犹太隔离区，而后被枪杀。其他人则死在后来恶名昭著的集中营：奥斯维辛、布痕瓦尔德、达豪、毛特豪森、索比堡、泰雷津。

少数奥地利犹太人从集中营中幸存了下来，返回故土，但只得到了冷冰冰的"迎接"。"没有好话；[只有]常见的那些说辞……'你们犹太人总是会回来。'"[2]与德国不同，奥地利选择不对其过去进行广泛和诚实的清算。相反，那些喜迎德奥合并的人，选择了一个足以自慰的叙事——这本来是获胜同盟国的说法——奥地利是纳粹的第一个受害者。

　　值得注意的是，维也纳学圈的成员没有一人是种族灭绝的直接受害者。三位非犹太哲学家，维克多·克拉夫特、贝拉·尤霍什和海因里希·奈德，留在奥地利并活到了战争结束。至二战爆发之时，除了哥德尔是在1940年初离开的，其他人都走了。

　　不论是何种魔法配方把20世纪上半叶的维也纳变成了一个智识和创造性活动的枢纽，如今它都已经荡然无存。战后的维也纳更像外省——饱受摧残的欧陆之上，一个小国的中等规模首都。维也纳的财富最终会恢复，但它的能量再也不会。

　　战后试图重振学圈的努力失败了，反实证主义的情绪却依然存在。克拉夫特在1950年才成为正教授，两年后就退休了。他建立了克拉夫特学圈，在他退休前的几年里，该学圈一直聚会。它几乎没有产生什么影响，尽管参加者中有一个出色的学生，就是生于维也纳的保罗·费耶阿本德，他后来成了一位颇有影响的科学哲学家。克拉夫特写了一本关于维也纳学圈的书，在书中，他将杀害石里克的凶手，偏执型精神病人约翰·内尔博克，愚蠢地称为"偏执型精神病人"。内尔博克起诉了他，而克拉夫特非常清楚内尔博克干得出什么，于是选择了庭外和解。1954年2月3日，内尔博克在维也纳安然去世。

* * *

　　人在流亡中，往往都做着回家的梦。但如果离别非常痛苦、屈辱，使还乡几乎不堪想象，情况就不一样了。瓦尔特·霍利切尔是唯一一个回去的人。其他几个人，比如门格尔，确实考虑过在维也纳开启战后的职业生涯。但对大多数人来说，奥地利联系着他们急于忘记的那批回忆。他们被剥夺了国籍和生计，他们的朋友和家人都死了。在维也纳生活必然意味着要与那些同情纳粹的邻居和同事共处。

"你会不会考虑回维也纳？"二战结束后不久，卡尔纳普问波普尔。他得到了一个坚决的回答。"不，决不会！"[3]波普尔在大屠杀中失去了 16 位亲人。比如他一位也叫亨妮的姑姑，就在 1943 年 5 月 25 日从养老院被遣送去了泰雷津。就连比别人怨气都更少的哥德尔，也在战争刚刚结束后写的一封信中说："我在这个国家（美国）感觉很好，如果有人给我一个职位，我也不会回维也纳。抛开一切个人关系来讲，我觉得这个国家和这里的人比我们自己的国家要亲切十倍。"[4]

他们面临的真正问题，不是是否该永久回去，而是是否应该回去哪怕一趟。门格尔写道，直到 20 世纪 60 年代初，他才克服了对拜访奥地利的厌恶。伯格曼的一位学生回忆起伯格曼在爱荷华大学时和一位同事的对话，这位同事偶然提到他要飞往维也纳，"古斯塔夫说，'你到了那里，下了飞机，替我亲吻一下地面，然后在上面吐口水'"。[5]

不可避免的是，这种决不原谅的态度令许多接受国的公民大惑不解。部分原因是缺乏想象力。即使在德国战机的靶子英国，即便有成千上万的建筑物坍成废墟，广大民众也无法或不想了解难民经历的性质。小说家乔治·克莱尔曾在维也纳见证了德奥合并，后来又目睹了水晶之夜，他在《维也纳最后的华尔兹》一书中回忆了他向善良的英国朋友描述事件经过时的情形："他们说：'对你来说，这一定非常、非常可怕吧。请务必再吃一块蛋糕，乔治。'"[6]

无论如何，新的篇章已经开始，这些移民热切地想要定居下来。如今，我们习惯于认为第一代移民会保留母语。事实上，一对刚到得克萨斯州的墨西哥夫妇，或一个刚到东伦敦的孟加拉家庭，在家中私下里用英语交流，应该说是很奇怪。但在离开奥地利后，学圈成员生活的一大惊人之处就是他们适应英语的速度——这也反映了纳粹时代难民中的一个普遍规律。他们很快就在自己家里以及彼此之间说起了英语。早在1942年，波普尔和卡尔纳普就用英语通信。他们保留着浓重的口音，说清楚多种英语发音也有困难。但除了少数例外（罗丝·兰德是一例），他们很快就掌握了语法，而且他们中的大多数人都形成了优雅、地道的写作风格。有些人甚至带着"皈依者狂热"渐渐喜欢上了英语。"德语读者不会介意多音节，"波普尔写道，"但在英语中，我们必须学会对此反感。"[7]伯格曼甚至说都不说德语。亨普尔告诉女儿，他做梦都是用英语做的。

对英语的欣然接纳，部分是由他们的处境决定的。他们搬进了使用英语的学术环境，不学英语行不通。但还有更深层的原因：他们感受到了相当大的要他们融入的社会压力，这是时代的精神（战争期间，在公共场合讲德语会招致白眼）。他们还对为他们提供庇护的国家怀有极大的感激，而采用这种语言则有力地表明了他们对新家的认同感。也许最重要的是，用英语交流代表着与过去的心理决裂，标志着一个崭新的开始。

因此，同化就是规范，旨在尽可能迅速和全心全意地融入。旧的身份被抛诸身后。卡尔·亨普尔在德国度过了塑造他人格的几十年，但他的女儿说："我父亲并不觉得自己是德国人。他认为自己是一个不折不扣的美国人。"[8] 当然，他们是一种特殊类型的美国人，是那种把强烈的爱国主义意识与国际视野、世界主义情怀相结合的美国人。

扎根下来也有很平凡的理由。战后，美国已成为民主世界无可比拟的领导者，而随着大学界的扩张，富裕的美国急于抢夺学术人才。当时许多学圈成员和相关人士都在开创辉煌的事业。只要符合条件，他们就会在新的国家——无论美国还是英国——获得公民身份。波普尔在 1946 年就任伦敦政经学院院长时就入了英国籍。最超现实的情节与库尔特·哥德尔有关，这桩荒唐事真是值得写成剧本。为参加美国公民资格考试，哥德尔学习了一番。哥德尔就是哥德尔，他对宪法内部不一致的问题非常敏感。尤其对其中一个推定问题深感不安，称这个问题为独裁留下了后门。他最亲密的朋友，奥斯卡·摩根施特恩和爱因斯坦，担心哥德尔会说出他的担忧，把事情搞复杂，于是认为陪他一起去是明智之举。爱因斯坦经历过同样的流程，主审法官也是同一人。在接下来的汽车旅途中，物理学家和数学家试图劝说逻辑学家不要提及这个缺陷，然后用故事分散他的注意力。这个计划失败了。当关于宪法的问题开始时，哥德尔无法克制自己。可能是爱因斯坦的在场，促使法官打断了他。"你不用细究这个。"[9]哥德尔成了一个没有"不完全"*的美国人。

* * *

移民自然也会有怀念故国的一些方面，比如甜点：萨赫蛋糕、皇帝松饼和维也纳苹果卷。他们怀念咖啡馆的活力和亲昵之感。尝试重新营造维也纳咖啡馆氛围的，不止菲利普·弗兰克一人。他经常一瘸一拐地走到哈佛广场，去海斯-比克福德咖啡馆（Hayes-Bickford）的一个特定角落（有人称之为"弗兰克角"）看报，并欢迎所有愿意来找他的同事或学生。几位学圈人物发起了学圈式的讨论小组。门格尔成立了一个数学讨论会。卡尔纳普与查尔斯·莫里斯一起办了芝加哥学圈，星期六聚会。

新文化中也有一些异国特征让卡尔纳普和其他一些人感到永远无法适应。当初在维也纳，教授是被奉若神明的。而美国文化的非正式性，尤其让他们不舒服甚至反感。德语中的"你"（du）"您"（Sie）之别，只是划出亲密朋友，同时让一般熟人和陌生人保持适当距离的办法之一。伯格曼讨厌那些他认为并

---

* 戏仿哥德尔的"不完全性定理"。——译注

不亲密的人经常用名字来称呼他。他也没有完全做到从中欧式克制到美国式夸张的转变。伯格曼的最高赞誉是宣布某人"并不完全愚蠢"。[10] 伊娜·卡尔纳普抱怨说，她的丈夫没有得到足够的尊重，一些"系里……相当年轻的男孩……认为自己有点太平等了，不合我的口味"。[11]

在一些更严肃的方面，美国这个自由人的国度也谈不上乌托邦。奥尔加·陶斯基在二战之后从英国移居美国，最后在加州理工学院任教，但那里的人对女性的态度并不比奥地利进步，这阻碍了她的事业发展。此外，美国和英国也不是反犹主义的门外汉。在费格尔应聘爱荷华大学时，有人提出了他是不是犹太人的问题。许多精英院校实行配额制来控制对犹太学生的录取："人数太多"是不可取的。同样，英国的民调显示，反犹主义存在于整个阶级体系之中；俱乐部和社团具有排犹政策是很常见的。在大学餐堂的"高桌"*旁，你无须刻意去听，就能听到种族主义内容的窃窃私语。然而总的来说，反犹主义的程度并没有引起难民们的抱怨，甚至可以说，他们庆幸这里的反犹是如此克制。正如一位出生在英国的犹太历史学家所说："当然，他们见识过'真格的'，知道那与高尔夫球俱乐部的势利有何区别。"[12] 在美国，难民遭遇的轻微陋狭偏见也与奥地利的"全盛"版本不可同日而语。面对费格尔是不是犹太人这个问题时，一

---

* 一些英式大学餐堂中设在主位台上的餐桌，供校长、学者等尊贵人士就坐。

位他的未来同事回答说：“我确定我不知道，但如果他是，也没什么妨碍。”[13] 有足够多的雇主采取同样的立场。尽管如此，应该预见到，犹太人会保留一定程度的戒心，有时甚至近乎偏执妄想。“我没有犹太归属感（konfessionslos），”伯格曼说，“但他们来围捕犹太人的时候，我就是犹太人。”[14]

不管是不是犹太人，他们都是外国人。在美国，随着冷战的爆发，反共成了比反犹更强大的力量（虽然反犹是反共的要素之一）。在战后的美国，一口外国口音加上隐隐约约的左倾政治态度，就足以引起联邦调查局（FBI）的兴趣。受怀疑的左派人士就有菲利普·弗兰克。反正就是，这个打击犯罪的组织听信了一些捕风捉影的话，说他来美国是为了组织“共产党高层活动”。[15] 这话在 1952 年 8 月传到了 FBI 局长 J. 埃德加·胡佛的耳朵里。进一步调查显示，弗兰克为他的朋友爱因斯坦写的小传——他在美国写传记是为了补充工资的不足——在共产主义报纸《每日工人报》上得到了光辉的评价，而且他还认识一两个共产主义的同情者；证据就是这些玩意儿。一位线人告诉 FBI，弗兰克这个“糊里糊涂”的知识分子可能是共产主义者，因为“他是犹太人，而犹太人对共产主义情有独钟”。[16] 在某个阶段，两个 FBI 的人到访了他家。为了表明他不是苏联间谍，弗兰克走到书架前，拿出一本列宁的《唯物主义和经验批判主义》，给他们看了里面抨击他个人的那段话——“两个 FBI 的人几乎向他敬礼，然后迅速而满意地离开了”。[17]

在学圈人物中，弗兰克不是唯一一个引起 FBI 注意的人。FBI 的记录中提到的其他人还有卡尔纳普和塔斯基。早在 1935年，卡尔纳普准备去美国做巡回讲座时，欧内斯特·内格尔就曾转达哲学家西德尼·胡克的警告："告诉卡尔纳普，全美国的大学都在变得一天比一天反动，让他从课程表里去掉任何可能被某些保守派蠢货看成文化布尔什维克主义的东西吧——他们自认为'感觉得到'这些东西。"[18] 卡尔纳普从不试图掩饰自己的左派倾向。20 世纪 50 年代，他拒绝了加州的客座教授职位和几次讲学邀请，以抗议该州要求学者签署"忠诚誓言"。他支持民权运动，并公开呼吁对朱利叶斯和艾瑟尔·罗森堡夫妇宽大处理——1953 年，夫妇二人在被判定为苏联间谍后遭到处决。他还大力宣扬各种国际事业。FBI 背着他找了他的朋友和同事。他们没有发现任何足以证明他有罪的东西来做进一步调查——主要是因为本来就没有什么可发现的。

在这种狂热的气氛中，科学以及科学化的实证主义哲学是否与政治有所联系的问题，必然会被重新审视。也许是出于自我保护，一些人强调要将二者判然分开。费格尔写道，科学"就其本质而言，不能为我们的基本义务或最高人生目标提供理由"。[19] "科学真理在伦理上是中立的"，[20] 因为这些局限来批评哲学中真正科学的观点，"就像责备织布机奏不出音乐"。[21]

* * *

　　把他们的经历捆绑在一起的一般性主题，就说这么多了。
他们各自的故事又怎样呢？

　　欧洲胜利日是 1945 年 5 月 8 日。半年后，纽拉特就死了，
虽然在这段短短的时间里，他一直像斯达汉诺夫 * 一般地刻苦工
作。一个诱人的工作机会已经出现在了一个意想不到的地方：
位于斯塔福郡的小镇比尔斯顿（人口 3.1 万）打算拆除其贫民
窟的数千间房舍，代之以现代住宅。纽拉特受邀来助力打造这
个项目，就什么对大众有效果提供建议，并用他著名的同型图
教育居民，让他们能在新住所里过上健康的生活。镇议会官员
有很多担心，其中之一就是怕没有用过室内浴室的人可能在里
面储煤。来自维也纳的纽拉特对这些居高临下的官僚焦虑非常
熟悉。他向当地官员保证，人们如果在浴室里放煤，只可能是
出于合理的原因，也许是没有别的地方储存燃料了。消除这个
原因后，绝大多数人会讲究卫生，尊重社会规范。

　　在英国国内，此类任命还是第一次。纽拉特被当地媒体誉
为"幸福社会学家"。各种想法已然在他心头翻腾。他希望建设
混居住房：他认为，一家人和单身人士，富人和穷人，都能住
在同一地区，这一点至关重要。他还想确保老年人不会离群索
居在市镇一隅，而能与其他所有人住在一起——尽管要住公寓

---

* 　采煤工阿列克塞·斯达汉诺夫在 20 世纪 30 年代的苏联被树立为劳动模范榜样，
　据称他一日采煤量超过定额 13 倍。

的一楼。这将使他们保持活力，与家人和社群保持联系：这将防止他们感到抑郁和孤独。

在纽拉特的各种创造性提议中，一些现在看来已然平淡无奇，但另一些则从未落伍。纽拉特希望在公交车站和购物场所附近建立"静室"，让想要静一静的人可以坐下来休息。他建议建立"房间图书馆"，在每条街道上都有一个房间来存放书籍，由志愿者来运营，所以运营成本会很低。他认为偷书的情况不会多，即使有几本被偷，补充书籍的费用也只是领薪助理薪酬的零头。另一项提议需要一些前期开支，但他认为长期来看这很划算：给每户家庭免费配发一台吸尘器。

纽拉特曾多次造访比尔斯顿。当时有一篇报刊文章介绍了他的工作，文章解释说，纽拉特的计划是出于这样的信念："假以机会，群众会表现出普通人的优点而非缺点，或者像这位乐呵呵的维也纳博士所说的：'你不能组织善意，但可以组织善意得以出现的条件。'"[22] 在奥地利首都学到的经验教训，现在正应用到斯塔福郡的一个小镇上。纽拉特还在英国广播公司海外频道（今 BBC 国际频道）发表了讲话，题为"维也纳来到比尔斯顿"（Vienna Comes to Bilston）。

1945 年 12 月 13 日，纽拉特庆祝了自己的 63 岁生日。* 只不过一周后，12 月 22 日，他和玛丽在牛津度过了一个愉快的

---

* 德语区人士可能在生日后的几天（特别是当周的周末）庆祝生日。

上午，在该市的标杆性书店布莱克威尔书店逛了一圈；下午，他们见了在 20 世纪 30 年代参加过几年学圈聚会的中国哲学家洪谦：他们讨论要合著一本关于莫里茨·石里克的书。然后，和朋友们共进晚餐，再沿着陡坡一路向上走回家。过了一段时间，纽拉特退回办公室，读一读歌德，写些相关东西。他给妻子看他写的一些信，信中幽默地模仿了歌德。等她再抬起头时，纽拉特的头已经倒在了桌子上。一本歌德的书放在他旁边。

在所有经历过 20 世纪上半叶动荡的人中，纽拉特本来是最不可能在家中安然死去的人。这至少算得上某种成就。

＊ ＊ ＊

一般来说，那些在维也纳生存艰辛的学圈人物，也很难适应流亡生活。避难于英国的魏斯曼和兰德就是这样的例子。

魏斯曼在牛津大学任职，教数学哲学和科学哲学。他的讲座吸引不到众多听众，连中等规模的听众都没有。见过他讲课的人中有安东尼·肯尼，肯尼本人也将成为一位杰出的哲学家。"他是个相当可怜的人物：来上课的只有我们少数几个人，我想说也就四五个，随着学期的进展，我们一直上他的课，这不是因为我们觉得他的课有趣或有用，而是因为我们觉得如果我们都离开了，他就没了听众，那对他来说太可怕了。"[23]他并不给人容易亲近的印象。他穿着马甲，留着髭须，很像一位英国老绅士，不过，尽管他说英语说得很得体，但还是有浓重的口音

（对此他十分在意），听起来就是"最地道不过的奥地利人"。[24]
英语习语让他摸不着头脑，他总是随身带一个笔记本，把遇到
的新例子记下来。学生们有时会在他的课后去酒吧散心，但魏
斯曼从不加入他们——这不是维也纳大学的方式，当然也不是
魏斯曼的方式。

在城里，魏斯曼的身影茕茕孑立。他至少有收入和地位，
先是隶属于牛津新学院，然后是瓦德汉学院。尽管如此，他还
是觉得自己不被重视，认为自己的薪水比英国出生的同事低，
他认为这些同事不足以和维也纳的前同事相比。牛津大学也未
能幸免于战后几年影响全国的紧缩状况。魏斯曼感到这座城市
阴冷滞重，他也无法驾驭高桌的那些讲究。他几乎没交到什么
朋友。有一年1月，他写信给波普尔，说自己一直饱受圣诞抑
郁症的折磨。"只希望我已经死了。"[25]

他的个人生活也充满了悲剧。1943年，他的妻子吸煤气自
杀。1956年，儿子托马斯以同样的方式自杀，当时他还只是个
16岁的学生——父子的关系一直充满矛盾。

自始至终，魏斯曼一直在为他数年前在维也纳即已开始的
工作而努力。在讲座中，他几乎不提维特根斯坦的名字。魏斯
曼开始认为，维特根斯坦是"他一生中最大的失望"。[26] 一位哲
学家指出，当维特根斯坦于1951年去世时，魏斯曼仿佛从一
个暴君那里得到了释放。他开始寻找自己独特的哲学声音。他
那精彩明快的《语言学哲学的原理》在他身后才得以面世（附

石里克最初的导言，强调此书受惠于维特根斯坦）。这本书完成了近乎不可能的事情：以一种易于理解的方式，阐明了受维特根斯坦启发的诸多思想。

魏斯曼本人于 1959 年去世。吉尔伯特·赖尔在墓地致辞，赞扬了魏斯曼的严肃态度："他把自己从舒适的半真半假中挣脱了出来——我们的思想是喜欢休憩于其中的。"[27]

* * *

罗丝·兰德的故事同样悲惨。战争结束时，她还在英国，仍旧吃了上顿没下顿，经常性的缺钱是她生活中最累人的主旋律。她借助维也纳旧时同仁的人际网络寻求支持。他们在不同程度上同情她，并试图帮助她，尽管他们对她的性格和天赋都有保留。新成立的联合国的一个分支机构——教科文组织（UNESCO）——正在寻找翻译，兰德决定申请。波普尔很乐意提供推荐信，1947 年 3 月 1 日，他也写信给卡尔纳普，请他背书。两个月后，这位善意的、通常很有责任感的德国人给出了极为不利的答复，这反映了许多人对兰德的保留态度。

> 兰德小姐的情况确实是个难题。多年来，我一直试图帮助她，并就她的情况给各个组织和个人写信。但在目前的情况下，我认为我不能问心无愧地推荐她……我认为，UNESCO 需要的是有行政、组织能力或擅长各种

语言翻译的人，至少是熟练的打字员。显然，这些要求兰德小姐都不符合。虽然她懂几种语言，但在英国生活多年的她，至今还不能用正确的英语写出一封简单的信。如你所知，她真正的能力是在哲学领域；但即使在这方面，我估计她的能力也没有她自己认为的那么高。[28]

这次工作申请没有成功。但在 1947 年 9 月，兰德申请到了另一份工作，在伦敦以北的卢顿技术学院讲授心理学和德语的夜校课程。波普尔继续为她着想，帮她争取到了一小笔资助，并在 1950 年为她拿到了牛津大学的"认可学生"（Recognised Student）*身份和听课的权利。他恳请她过尽可能节俭的生活。

令他们非常恼火的是，兰德依然在向缺钱的难民组织申请资助。1949 年 3 月 8 日有一封关于她的信，收于英国大学妇女联合会档案馆，概括了他们的态度，信中对兰德的描述是："我们中的一匹害群之马，完全不能让自己去适应任何事情和任何人，满脑子都是她非常专门的科目——某种数学哲学。此外，她的个性令人反感。我们之所以帮她，是因为觉得她可怜，但最后还是放弃了，因为她会永远依靠我们。"[29]

多年来，兰德一直在打算移居美国，因为大部分学圈成员都在美国定居，她认为那里可能有更多的学术机会。1948 年，

---

* 牛津大学会向已有本科学位的非本校学生提供 1—3 学期的学生待遇便利。

正在爱荷华的古斯塔夫·伯格曼答应可以为她提供美国移民局要求的担保书，不过最后这一切都落空了，因为伯格曼发现兰德以为他还会收留她暂住。不过最后，她还是获得了签证，并于 1954 年横渡大西洋。她靠教小学数学和逻辑为生，也在芝加哥大学和圣母大学等多所大学担任副研究员。她最终会安顿在普林斯顿，靠因翻译波兰逻辑学家的作品而获得的小笔资助勉强度日。她曾考虑写一本关于学圈的书，但一直没有实现。多年来，她的维也纳旧时同仁卡尔纳普、费格尔、弗兰克、亨普尔等人，虽然通常会找借口不接待她，但还是在经济上不断地支持了她。1960 年 5 月 13 日，卡尔纳普写道："由于我的病还在继续，你的来访会很不方便。"[30] 兰德于 1980 年 7 月 28 日去世——一如既往地落魄、失意。

* * *

卡尔纳普对收留他的美国感情复杂。他带着明星般的名声来到美国——逻辑经验主义最著名的推动者。他很高兴看到，在这里，现代逻辑学被视为值得从哲学上加以推动和检视的学科——不像在德国。但是，他从未感到完全的自在。在他的职业生涯中，他从德国移居维也纳，再到布拉格，再到芝加哥，每一步都使他离生长于斯的文化更远。更重要的是，芝加哥大学有几个形而上学家，比如莫蒂默·阿德勒，他们对逻辑经验主义嗤之以鼻，他不得不与他们论战（卡尔纳普对阿德勒的一次讲座态度特别激烈，在这次讲座中，阿德勒声称他可以无视任何科学证据，纯粹通过形而上学的原则，证明人不是比人低等的动物的后裔）。还有健康问题。他遭受着可怕的背痛，还发作了几次抑郁，他的妻子伊娜也是如此——她于 1964 年自杀。

十年前，即 1954 年，卡尔纳普离开芝加哥大学，加入加州大学洛杉矶分校哲学系，接任汉斯·赖欣巴哈的职位。63 岁的他，如今已是哲学界的泰斗。在美国，他把大部分的智识精力投到了围绕概率、确证和所谓的"归纳逻辑"的问题上。他的抱负是创造一种逻辑，映射出陈述和证据之间的关系。其深层目标是为科学理论的可靠性提供一个数学描述——这样，"水在 100 摄氏度沸腾"的这个有确凿证据支持的断言，就可以使用数学 / 逻辑语言，与"水在 90 度下沸腾"的断言进行比较和表达。如卡尔纳普所说，这些陈述不是"科学内部"的陈述，而是"关于科学"的陈述。[31] 就是说，它们是关于科学的逻辑和方法论的分析性陈述。

还有第二项重大计划。在卡尔纳普搬去西海岸之前，P. A. 席尔普曾找过他。席尔普编辑了一套名为"在世哲学家文库"的丛书，介绍世界上最重要的一些哲学家。席尔普问他是否愿意被收入这套丛书，卡尔纳普同意了。这样，卡尔纳普就要写一份思想传记（丛书中的每一本都有这样一个组成部分），并对当时的哲学家就他的作品所写的各种批评文章做出回应。

事实证明，撰写自传和回应批评文章的过程旷日持久。卡尔纳普讨厌从事这方面的工作，因为它分散了他对归纳的思考。
"看在老天的分上，"他在给亨普尔和费格尔的信中写道，"他
们不该请一个逻辑学家写历史或自传，除非他是罗素那样的天
才。"[32] 数年后，手稿终于完成，而此时席尔普告知卡尔纳普，
出版会再推迟，因为这份手稿要排队，他们首先要出版该书系
的另一卷（关于剑桥哲学家 C. D. 布罗德）。卡尔纳普已经把他
的这一卷看作他一生中最后的重大努力，于是陷入了一场对他
来说少见且激烈的争吵中。1959 年 2 月 27 日，他打了一封愤
怒的信寄给席尔普："如果这还是'在世哲学家文库'，那就趁
我还活着的时候出版这本书吧。"[33] 一周后，席尔普用受伤的语
气回复了他："我必须承认——在我耐心等了你四五年的时间
后（！）——你的最后一封信在伤害到我之余，更加令我震惊。"[34]

* * *

哥德尔在 1931 年经历了第一次重性精神崩溃，并且在奥
地利期间就开始表现出偏执妄想，认为别人要毒害他。在美国，
这些症状表现得更充分了：有好几段时间，他完全不吃东西。
1946 年，他出现了慢性消化系统问题；1951 年，他因溃疡住院；
1954 年和 1974 年，他两度病重。1951 年，时任高等研究院院
长的罗伯特·奥本海默给哥德尔的医生打电话，告诉医生他收
治的病人是"亚里士多德时代以来最伟大的逻辑学家"！[35]
哥德尔不是自己主动找的医生：他认为医生也是来害他的

（他每天自己给自己量好几次体温）。理论物理学家弗里曼·戴森记得有一次不得不为他打开一件礼物的盒子，因为"他害怕里面有毒气"。[36] 在生命的最后一刻，他拒绝让护士进入他家。他很少运动，这对他的健康没有好处。随着病情的恶化，他减少了旅行：1964 年，他拒绝了波普尔请他参加英国科学哲学大会的建议，因为这样的旅行太令人生畏了。

同时，他工作辛勤努力，发表了一些文章。然而，他最具原创性的日子已经留在了维也纳。彼时彼地，他还只是一个默默无闻的年轻数学家。名声和地位，与成就相配的过程往往都是缓慢的——但在美国，他得到了应有的认可。1953 年，他在被授予新近捐赠成立的爱因斯坦奖（1951），并获得耶鲁和哈佛的荣誉博士学位之后，晋升为教授。

1955 年爱因斯坦的去世对哥德尔来说是一个沉重的打击，高等研究院的另一位巨擘约翰·冯·诺依曼也在一年后去世。哥德尔变得越发深居简出，万一要与人交流，他更喜欢通过电话。他做可怕的噩梦，梦到被困在维也纳。他仍然有阿黛尔的照顾，但也像波普尔的妻子亨妮，她从来没有适应自己的流亡。她受教育不多，在普林斯顿感到格格不入，是"中欧"学者同侪们势利鄙视的对象，他们认为她粗俗，嘲笑她对家具的品位。她一定觉得自己就像爱因斯坦的妻子，后者对菲利普·弗兰克说："当他（爱因斯坦）有失礼之处时，人们会说那是因为他是天才；而如果是我这样，人们会说那是因为我缺乏教养。"[37]

1977 年年末，阿黛尔在自己做完手术并住院了一阵后，坐着救护车回到家中，发现丈夫几乎虚脱了，妄想的程度更可怕。他被送往医院，但没能救过来。1 月 14 日，他去世了，死亡证明上的死因是"由人格障碍引起的营养不良和过度消瘦"。[38]

* * *

哥德尔、兰德和魏斯曼的故事虽然不幸，但并不具有代表性。总的来说，学圈人物享的福多于受的苦。他们在哲学界素有大胆狂放、热情传道、大力自我怀疑的名声，他们是带着这份名声来的流亡国。但意外之喜是，他们大多数情况下表现得善良且乐于助人。费格尔尤其受欢迎。"我多多少少预想赫伯特会是一个嘴里喷火的无神论反叛者。"[39]他的一位年轻同事写道，并承认最初对他颇有敬畏。但事实表明，费格尔非常平易近人，每个人都叫他"赫伯特"。在他职业生涯的末期，每天都能看到他从哲学系走到对面的教师俱乐部，在那里午睡一小会儿。

门格尔是另一位受人爱戴的人物。在为本书收集资料的过程中，我发出呼吁，希望学圈人物以前的学生能回忆他们。门格尔在伊利诺伊理工学院的学生们纷纷响应。他显然大受尊敬和爱戴："伟大的老师""启迪心灵""真正的绅士""无疑是我会铭记终生的教授"。[40]他的魅力在于他有能力揭开复杂数学公式的神秘面纱，让它们变得容易理解。在曲线理论或微积分课程中，他会在多块滑动黑板上演算，狂热地用粉笔把黑板一块

卡尔（K）·门格尔

块地盖满，一边用他浓重的口音热情地大声讲解。门格尔身材略为矮胖，一丛狂乱的白发，穿着深色的双排扣西装，但仍然显得不修边幅，有时不经意间会忘记拉上裤链。他在维也纳的日子里，没人提过门格尔丢三落四，但许多美国学生都深情地回忆他的心不在焉：有一次他的外套从椅背上滑落，他就不停地在外套上来回走动；有一次他打开办公桌，发现了一件久已丢失的雨衣；他的办公室乱糟糟的，堆满了信件和期刊，尽管门格尔自己总能画出一张带坐标的图，找到一篇急需的文章。

* * *

　　卡尔·亨普尔从芝加哥大学到纽约，到耶鲁，到普林斯顿，到匹兹堡，再回到普林斯顿。1944 年，他的妻子伊娃产后不久去世，留给了他一个襁褓中的儿子。后来他娶了黛安·珀洛。亨普尔会向学生们反复传达这样一条信息——面对所遇到的陈述，他们应该提出两个关键问题：第一，你是什么意思；第二，你是怎么知道的。虽然亨普尔善良温和，有热爱真理之名，也完全乐意改变看法，但他还是震惊了作家兼哲学家丽贝卡·戈尔茨坦，"因为'他出于简化的目的，说了一些严格来说不正确的东西，而我确凿地知道他不相信这些'。顺便说一下，这就是我的体会，必须强调的体会"。[41] 当她就此质问他时，他解释说，当学生第一次接触困难的思想时，最好不要用微妙的细节让他们感到困惑。在亨普尔诞辰一百周年之际，他出生的城市奥拉宁堡 * 为纪念他，将一条街道命名为卡尔·古斯塔夫·亨普尔街。他的儿子是很偶然才知道这件事的。"我希望父亲会为此高兴，但很难说一定如此。"[42]

* * *

---

　*　位于柏林以北，也曾设有纳粹集中营。

古斯塔夫·伯格曼也很成功,尽管人们对他看法不一。粗鲁、傲慢、没有安全感又爱争论的伯格曼,对地位非常敏感,认为自己的才华没有得到足够的认可。他的不安全感曾使他拒绝了爱因斯坦本人赠予的签名照,他后来很后悔这个决定(不过,他自豪于自己拥有一份哥德尔不完全性定理论文的签名原件)。他是一位令人难忘的教授,也是一个古怪的戏精。据说在研讨班上,他会叼着雪茄,躺在中央的桌子上转动起来,对着轮到发言的人吐烟,以此迫使学生们参与讨论——因为他太有威慑力了,不是特别受他喜爱的人都不愿意主动提问。但他是个敬业的老师;也许对一些人来说有点儿太敬业了:他在深夜突然冒出一个想法的时候,会打电话把这些学生叫起来,对此他们都习以为常了。

* * *

卡尔·波普尔继续以惊人的努力工作着。他选择在远离伦敦、让游客望而生畏的一些地方居住,用一位传记作者的话说,在"传说般的隐居"[43]中活动。在与学圈有关的人物中,在声誉方面没有人比波普尔上升得更高、更快。在奥地利,他一直以来不过处于学术生活的边缘地带;而今,他成了名人。这并没有使得和他打交道变得更容易。赫伯特·费格尔是专程到伦敦以西30英里的这个白金汉郡小村子拜访他的人之一。费格尔向卡尔纳普、弗兰克、亨普尔等人回报说,波普尔"空前自闭""狂妄自大"。⁴⁴卡尔·亨普尔在伦敦和波普尔见了面，但宁愿自己读他的作品，也不愿与他讨论。"总的来说，我有一种感觉，就是和他讨论很难。他太容易受伤了。如果有人采取批判的观点，他会觉得这在某种程度上是一种人身攻击。"⁴⁵

亨妮想念维也纳，并患上了抑郁症。但波普尔终于有了安全感和地位。1949年，他被任命为伦敦政治经济学院的正教授，在那里直到退休。在伦敦政经学院，波普尔开了一个研讨班，他认为这是一个开放的辩论论坛，但一位美国评论家把它比作"反共猎巫"高峰期的"众议院非美活动调查委员会"。他贬低学生，也贬低同事，要求那些胆敢与他争论的人认错、认输。他一生都"出奇地好辩"。⁴⁶

早期的一次负面著名事件发生在1946年10月。当时，波普尔才到英国，但《开放社会》已经获得了重磅声誉。他应邀在当时由他的死对头维特根斯坦主导的剑桥大学哲学社团"道德科学俱乐部"发言。尽管他们有着共同的维也纳背景，他还从未见过维特根斯坦，但他对维特根斯坦怀有深深的敌意。维特根斯坦的最新思想还没有付梓成书（它们将在他身后出版），但它们已经借他的学生弟子所做的笔记流传开来。语言对哲学的核心性，以及哲学困惑能够借更细致地注意日常语言使用而消解——对这类哲学药方，波普尔最不耐烦。俱乐部秘书请波普尔提出一个"哲学谜题"，这个措辞显然就隐含着维特根斯坦的方法。波普尔认为哲学问题是存在的，而不是像维氏所认为的那样，只存在着琐碎的语言争吵。

伯特兰·罗素的出席也让情况变得复杂起来，因为波普尔尊敬他，希望给他留下深刻印象。波普尔开始了他的发言，题目是"哲学问题存在吗"。接下来发生了什么尚有争议，也是一本"旷世杰作"的主题。[47]波普尔提出了各种哲学问题的例子，维特根斯坦一直反对。在某个时刻，维特根斯坦极度激动，拿起炉边的拨火棍，要求举一个道德规则的例子。波普尔答道："比如不能用拨火棍威胁来访的演讲人。"于是维特根斯坦扔下拨火棍，冲出了房间，留在战场的波普尔获胜。至少波普尔是这样描述这段情节的，尽管有一位证人指责他撒谎，而且很可能的是，为了显示自己是如何战胜对手的，他记错了事件的顺序。

波普尔的好斗还有许多例证。他不断狙击卡尔纳普的归纳逻辑计划。卡尔纳普在 1959 年写信给波普尔，不太隐晦地呼吁在文明的条件下进行辩论："我现在年事已高，我认为从现在起最好……尽可能避免与对手进行任何论战。"[48]这没有起什么作用。波普尔在 1965 年的伦敦逻辑学研讨会上向卡尔纳普发起了进攻。蒯因也在场，他目睹了波普尔的两个主要弟子在前几场会议上如何削弱对手。"我感觉到，他对手下亲信伊姆雷·拉卡托斯和约翰·沃特金斯的部署，有着军事级的精确性，仿佛他们三个是在进行前哨战袭扰。"[49]面对波普尔的凶猛，卡尔纳普保持了冷静。

对话始于维也纳，但未在那里了结。哪些问题可以算作经验研究的对象？这一基本话题依然是波普尔和旧时学圈成员的焦点。标准一直受到争论，也一直在完善。同时，波普尔也在收获着各种学术桂冠。1949/50学年，他在哈佛大学主讲了著名的威廉·詹姆斯讲座，然后又在普林斯顿做了一次讲座。玻尔和爱因斯坦参加了讲座，事后他们还留下来就讲座内容讨论了几个小时。费格尔安排波普尔在他位于明尼苏达的中心待了一阵，尽管波普尔在报酬和条件上不断讨价还价，可能让气急败坏的费格尔后悔于当初的邀请。

波普尔的荣誉包括许多荣誉博士学位。从德国总理赫尔穆特·施密特、赫尔穆特·科尔，到日本天皇乃至佛教领袖，世界上的各种领导者都很欣赏他。在苏联和东欧，他对开放社会的推崇使他成了某种偶像型知识分子：他尤其受"异见者"瓦茨拉夫·哈维尔，即后来的捷克斯洛伐克联邦共和国总统的崇敬。据说他也是玛格丽特·撒切尔最喜欢的哲学家之一——另一位她最喜欢的哲学家是波普尔的维也纳友人，弗里德里希·冯·哈耶克。1965年，卡尔·波普尔受封成为卡尔爵士。和卡尔纳普（以及后来的艾耶尔）一样，波普尔也给"在世哲学家文库"写了自己的一卷。

* * *

波普尔、卡尔纳普、费格尔、哥德尔和门格尔都将获得荣誉学位。路德维希·维特根斯坦则不会获得荣誉博士学位：穿上礼袍到处炫耀，他想想都觉得讨厌。他一直在剑桥任教到1947 年，他的思想和观点也有如泉涌。学生们会参加他那激烈、严苛的研讨班，看这位教授费力思索，这完美地体现了天才的痛苦。许多学生成了他的弟子——他们也和维也纳时期的魏斯曼一样，下意识地模仿他的举止。

由于两个姐姐还生活在维也纳，维特根斯坦确实回访过。从 1949 年 12 月到 1950 年 3 月，他在那里待了四个月，但已然因胰腺癌病入膏肓。1951 年，在他 62 岁生日的几天后，他就因此去世了。"告诉他们，我度过了极为美好的一生。"[50]这就是他最后的话。他的弟子们已经把他的一些思想散播到了更广泛的哲学环境中。但直到他死后，维特根斯坦研究"行业"才真正开始蓬勃发展——所有他署名的哲学书籍，除《逻辑哲学论》以外，都是在他身后出版的。堪称 20 世纪最伟大哲学著作的《哲学研究》，出版于 1953 年。它与许多其他著作，如《片语集》《数学基础研究》《论确定性》等，一起催生了大量的二手文献。维特根斯坦在身后取得了其他任何一位学圈人物都未达到的成就：他获得了远远超出学院哲学范围的偶像地位，成了小说、诗歌、戏剧、绘画、音乐、雕塑和电影的主题。

* * *

波普尔在维特根斯坦去世后还要再活 40 多年。魏斯曼于1959 年逝世，弗兰克于 1966 年逝世，卡尔纳普于 1970 年，

贝拉·尤霍什于 1971 年，克拉夫特 1975 年，哥德尔 1978 年，
兰德 1980 年，塔斯基 1983 年，门格尔 1985 年，伯格曼 1987
年，费格尔 1988 年，艾耶尔 1989 年，陶斯基 1995 年，亨普
尔 1997 年。

许多学圈成员直到最后还保持着联系——虽然他们因为分
散在美国和英国各地，不可能重现出使维也纳的辩论成功丰硕
的亲密条件了。但他们的网络仍然有用。他们可以在事业上互
相帮助，在资助申请上互相支持。他们会在会议上重逢，其中
一些时候他们还保留着积怨，延续着敌对。卡尔纳普仍然拒绝
在晚上谈论哲学：对他来说，哲学就像一顿夯实的饭菜，吃得
太晚会影响睡眠。

学圈人物之间的通信中有一个显著的特点：没有怀旧。信
中很少有那些在谈及维也纳旧日美好岁月时会反复出现的轶
事。尽管如此，他们之间的过从还是有一些动人之处：长年相
伴的同志一起老去。从中我们了解到了他们的离婚和子女，他
们的假期和研讨会，他们的文章和书籍。时光流逝，难免就会
有身体衰退的消息。除了卡尔纳普的背痛之外，费格尔也出现
了痛苦的肌肉问题，并抱怨他那像瑞士干酪一般千疮百孔的记
忆力。波普尔的毛病特别多，他还能正常工作简直是个奇迹。

随着时间的推移，他们对维也纳的态度也开始柔和起来。
奥地利开始重新标榜它在知识及文化方面的上流（haut monde）
遗风。波普尔就是一例。维也纳市在 1965 年授予了波普尔一

个奖项，1982 年有纪念他 80 岁诞辰的各种活动，1986 年他获得奥地利国家"金质大荣誉勋章"＊。波普尔在 1969 年从伦敦政经学院退休时，曾考虑回奥地利居住，但他告诉哈耶克，他和亨妮因为反犹主义而决定不回奥地利。他去世之后，遵照他的指示，他的骨灰盒埋放进了位于维也纳的亨妮之墓。

　　这座学圈成员逃离的城市，已经在不断重新宣扬学圈。这里有一个库尔特·哥德尔研究中心。最重要的是，1991 年，这里成立了维也纳学圈研究所，记录并发展学圈的研究。波普尔的胸像现在就在维也纳大学的庭院里。这里还有一条卡尔·波普尔街和一条奥托·纽拉特博士巷。

　　石里克上下班乘坐的 D 路电车仍在沿原路线运行。在他1936 年 6 月 22 日旅程的起讫点，都设有牌匾：一块在欧根亲王街 68 号门外，另一块在他被枪杀的地方。

＊　全称为"奥地利共和国功勋金质大荣誉勋章"（großes goldenes Ehrenzeichen für Verdienste um die Republik Österreich），是这一系列勋章的第六等（共 15 等）——该系列奖章凭金星、绶带、带星、大、荣誉、金银（铜）质、勋章或奖章等一系列元素的组合区分等第，第一等为"荣誉勋章大金星"，第二／三等为"绶带金／银质大荣誉勋章"，四／五等"带星金／银质大荣誉勋章"，六／七等为"金／银质大荣誉勋章"，八等"大荣誉勋章"，九／十等"金／银质荣誉勋章"，十一／十二等"金／银质勋章"，十三／十四／十五等"金／银／铜质奖章"。

21 遗产

> 我认为 [逻辑实证主义] 最大的缺陷在于，它的几乎
> 所有内容都是错的。
> ——A. J. 艾耶尔

学圈的机构分支在国外没有蓬勃发展。1940 年纳粹入侵低地国家后，《认识》就停刊了（尽管它在 70 年代中期复刊并延续至今）。"百科全书"项目停滞不前。芝加哥大学出版社曾得到承诺，会收到 20 本书稿——最后一本在 1970 年才送达他们手中。纽拉特最初的野心是再出 100 卷，但从未实现。

在 1939 年哈佛国际科学统一大会举行两年之后，另一次集会，即第六届大会，在芝加哥大学（卡尔纳普和莫里斯的所属机构）举行。这将是最后一届：战时有其他的优先事项，而在纽拉特不在的情况下，没有人有精力来维持这项事业的运转。在洛克菲勒基金会的短期资助下，科学统一研究所在波士顿复建，菲利普·弗兰克任所长；但该机构从未生根，资助后来也告枯竭。事实上，由于学圈成员现在分散在美国各地，于是美

国出现了好几处科学哲学的枢纽。在哈佛／波士顿之外，还有匹兹堡大学，以及纽约和芝加哥的专家群。也许学圈最重要的继承者是费格尔创立的明尼苏达科学哲学中心。卡尔纳普、亨普尔及其他重要科学哲学家每年会在那里聚两三次，开展讨论。

维也纳学圈在维也纳已不复存在，然而讽刺的是，在一段时期内，它在英语世界的声望却持续上升，尽管一些最著名的维也纳文本仍然没有英文版。卡尔纳普的《世界的逻辑构造》直到 1967 年才翻译成英文，而波普尔的《科学发现的逻辑》直到 1959 年才出版英文版。这批新来者中一些人的热情，以及他们对学圈的方法掌握着哲学要诀的坚信，一定很有说服力。费格尔写道："我们这圈人中，有几个是抱着'征服'的精神来到美国的。"[1]生于欧洲的逻辑经验主义融入了英美哲学。

最能使学圈——使其思想的粗略综合——流行起来的文本，无疑是 A. J. 艾耶尔的《语言、真理与逻辑》。该书初版于 1936 年，但直到 1946 年再版后，它才出人意料地成为畅销书。原因不难理解。它大胆、狂放而又明晰，为棘手的哲学问题提供了一个逃生舱口。"哲学家们的传统争论，"此书开篇就说，"大多数情况下，既没有根据，也没有结果。"[2]但它吓坏了一些古板的守旧派，于是艾耶尔没有得到令人垂涎的牛津大学职位，只得常驻伦敦大学学院。在其他地方，学圈的弟子们在一些意想不到的遥远所在推进实证主义议程，如芬兰和阿根廷，在中国则有洪谦博士（尽管他在一段时期内也不得不低下了经验主义的头颅）。

* * *

　　然而，逻辑经验主义很快就失宠了。一位在50年代后期离开哲学去服兵役，直到1960年才重返哲学的学生，描述了他对知识氛围变化的震惊："除了本科生之外，没有人还在捍卫意义的证实理论了。这就好像一个天主教徒去做了一次长时间的游历，回来后发现教皇和教廷都不再相信《尼西亚信经》。"[3]

　　一个问题是，流亡的学圈人士不再保留哪怕表面上的团结。尽管学圈内部一直存在着分裂和激烈的分歧，但在外界看来，它曾是一个对待各种哲学问题有着或多或少一致方法的运动。现在，外表的裂痕也已经有目共睹。在学圈的形体分离的同时，学圈各成员也在哲学上渐行渐远。

　　哥德尔就是一个例子。他一度沉默地列席学圈的聚会，但特别不同意说数学和逻辑命题应该理解为重言式的主张。现在，他变得更愿意让人们知道他的反对意见。他把自己对逻辑学基础的兴趣归功于学圈，但在1946年的一封信中，他评论了一篇关于石里克的文章，但文中没有他的名字。"你不必奇怪我没有被考虑在内。我的确不是石里克学圈里特别活跃的成员，在许多方面甚至与其主要观点直接对立。"[4]事实上，学圈的"纯洁派信徒"已然所剩无几。伯格曼成了一个"叛教者"，甚至将一些批判性论文结集成了《逻辑实证主义的形而上学》，该书让学圈计划的忠实支持者、平时心平气和的卡尔纳普大发雷霆。

* * *

　　路德维希·维特根斯坦曾给了学圈很多启迪，这位哲人的思想流动直到他病倒前一刻都没有松懈。他会草草记下自己的思想，然后按某种顺序重新排列，尽管不是以任何传统的方式。他阐明问题的方式是从多个角度接近问题：从谜题的上方、侧边发起冲锋，审视了一个方面后再审视另一个。如前所述，维特根斯坦的许多早期立场已被翻转，包括语言和思想反映世界的观念。现在的重点，也不落在语言分析之上了。自然语言的运作秩序是合宜的，我们应该坚守表面，而不是试图寻找隐藏的深度。我们应该回想，自己是如何使用词语的。我们犯错误，是因为我们以不熟悉的方式使用了语言；语言引诱我们，特别是当它"度假"时，就像我们把它带到了它不属于的地方。"哲学是针对蛊惑的斗争——蛊惑的对象是我们的智性，手段就是我们的语言。"[5]

　　承认语言实际用法的多样性，使维特根斯坦放弃了这样的观点：词语在应用时只有附带了充分且必要条件，它们才有意义。以"游戏"概念为例。我们很想认为，所有的游戏一定有一些共同之处，正是这个共同因素使我们能够自己应用"游戏"一词，并且在别人使用这个词时理解它。但是经过反思，我们会发现，并不是每一种游戏都具有同一个特征。毕竟，有些游戏使用球拍、球棒，但并非全部，有些游戏不需要任何种类的球；有些游戏需要团队参与，另一些游戏则是个人之间的比赛，还有一些是单人游戏，或者也可以一个人玩；有些游戏在户外进行，另一些则在室内进行；有些游戏主要测试身体，另一些则测试精神的机敏；等等。[6]

当然，游戏之间有重叠的相似之处，但没有充要条件。我们只需注意"游戏"一词在日常语言中是如何使用的。各种游戏，就是维特根斯坦所说的"家族相似"概念。它们就像家人一样，家族中的一些成员有翘鼻尖，另一些有隆起的额头，还有一些有一头金色卷发；家族中的所有成员都不具备单一的特征。

对日常语言的关注——关注其所有的特异性和不一致——激发了一个全新的哲学流派，尽管是在牛津而非剑桥。在牛津，曾被维特根斯坦极度苛待的魏斯曼传播了一种混合福音：将传统的维也纳逻辑经验主义元素与日常语言哲学结合起来。他在1947年的一次讲座，题为"实证主义的局限"。一位之前的学生还记得他上的魏斯曼的第一堂课，当时这位老师拿出一个小小的红色笔记本，宣布："这本书里有50个哲学问题，可以在两个小时内解决。"[7] 它们看似重大的哲学难题，但实际上只是语言上的混淆。现在，他对逻辑化的形式语言可以阐明哲学的说法嗤之以鼻。艾耶尔在谈到魏斯曼时说："他对语言学哲学（linguistic philosophy）这个分支产生了一种嗜好，其中包括对日常英语用法的研究，他自己在英语上的困难没有使他知难而

退。"[8] 1945 年发表的一篇重要期刊文章《可证实性》指出了将
定义永久地固定下来的困难。[9] 由于我们无法预见日常表达在
未来的每一种用法，因此定义必然要变化。在攻击分析性观念
方面，这一思想可以与维特根斯坦的家族相似概念媲美。

　　W. V. O. 蒯因后来尝试从另一个方向破坏"分析与综合之
别"。在他访问学圈近 20 年后，蒯因发表了一篇影响巨大的文章：
《经验主义的两个教条》(1951)。它挑战了逻辑经验主义的两
个基本前提。其一是，有意义的陈述是通过某种对直接经验的
逻辑转换而获得意义的——这其实是要攻击石里克（但不是纽
拉特）的记录语句概念。其二是打击另一个对逻辑经验主义而
言同样基础的公理：分析与综合有着清晰明确的分界线。英国
哲学家蒂姆·克兰用一个问题（和答案）说明蒯因的反对意见：
"你知道什么是 Umiak 吗？不知道？它是一种平底的因纽特小
舟。那么，我是告诉了你一些关于这个词的东西，还是告诉了
你一些关于世界的东西？我认为，你同时学到了关于两个方面
的东西。"[10]

　　再举个例子。有些争议——有时是出于税收原因——是关
于某个产品属于哪一类。关于雅法橙饼（一种由香橙冻和巧克
力帽覆盖的海绵结构）*是蛋糕还是饼干，英国曾有过一场著名
法律纠纷。雅法饼有"蛋糕性"，也有"饼干性"。裁定它是蛋

---

* 　英国流行的甜食，类似于加强版"好丽友派"。

糕，并不是仅仅基于对产品结构和成分的调查，也不是仅仅基于对"蛋糕"和"饼干"的概念分析：它需要经验调查和概念探究相结合。

如果分析与综合之间没有鲜明的分别，那么蒯因立场的逻辑就是：原则上，每一个陈述都可以被否认。有些陈述显然比别的陈述更脆弱，但没有什么陈述是绝对安全的，没有哪一条陈述有着坚如磐石的确定性——这与"纽拉特之船"遥相呼应。

多年来，蒯因对"分析与综合之别"的抨击被认为是终决性的。但最近，有些人试图恢复这对区别，并认为卡尔纳普被误解了。有人说，卡尔纳普从来没想过要宣称，分析与综合之别可以干净利索地适用于像英语这样的自然语言；相反，这种区别可以运用于人工形式语言之中，而在那里，它对于澄清对有争议概念的争议是有用的。

* * *

至 20 世纪 60 年代，逻辑经验主义已经开始受到全方位的攻击，特别有一些还来自学圈成员和相关人士，以至于它的许多核心信条似乎不再是可辩护的。然而还有证实原则，学圈一直在努力使之能变得无懈可击。该原则不包括伦理学、美学和形而上学的论断，但包括关于不可观察实体的科学理论，一个对它令人满意的解释仍然难以实现。所有收紧该原则的尝试，都让它囊括的东西要么太少，要么太多。该原则也在自乱阵脚，因为它本身似乎既没有分析上的真实性，也没有可证实性。

在对证实（verification）原则的争论之外，还有对于确证（confirmation）的争论。我们如果接受逻辑经验主义的主张，即一个陈述要有认知意义，就必须是可证实或可检验的，那么就会引发进一步的争论，即我们能否有意义地谈论一个陈述被证实或确证的程度。能否有定量措施来确定一个科学主张的确定程度？检验科学理论要凭借实验，证明它能产生预测中的结果。直觉上看，一个经过千百次检验的理论，应该一定要被认为比一个只经过一次检验的理论更稳健。但卡尔·亨普尔发现了一个困惑。以假说"所有渡鸦都是黑色的"为例。如果你在窗外看到一只黑色的渡鸦，那么把这一观察算作是在支持该理论，是很合理的，这就是一点确证证据。但是从逻辑上讲，"所有渡鸦都是黑色的"等价于"所有非黑色的东西都不是渡鸦"，那么，这是否意味着，当你在窗外看到一枚红色的苹果，或一片绿色的草地，你就为"所有渡鸦都是黑色的"这个假设提供了确证？这似乎不对劲。所有试图为证实和确证提供不可动摇的定义的努力，似乎都不可避免地抛出了障碍和悖论。

＊　＊　＊

在 20 世纪 30 年代，学圈成员们绝猜不到，在他们这个地区的哲学家中，后来在哲学圈外最著名的会是卡尔·波普尔。这一定程度上是因为波普尔比他们几乎所有人都活得更久，这是使他得以反复申说"他击败了学圈"这一不实之词,终至无人挑战。但即便是波普尔,他的名声也是时好时坏。他的科学哲学思想在科学家中得到的支持比在哲学家中更多。据一位著名科学哲学家的说法,他在哲学圈的地位已降至"谷底"。[11] 他彻底的怀疑论——他声称我们没有理由相信一个实验在重复第1000次时会产生与前999次相同的结果——被认为要么毫无新意,要么荒唐可笑。如果归纳法帮助了我们建造(不倒塌的)桥梁、治愈疾病、载人登月,那又何必为它担心呢。认为使用归纳法"从不"合理的想法,就可说是疯狂了。哲学家大卫·帕皮诺写道:"充分熟悉证据后,没有人会怀疑香烟能导致肺癌,或者物质是由原子组成的。"[12] 他说,吸烟导致癌症肯定是一个事实,而不仅仅是一个临时假说,等待着可能的证伪。

一如证实原则被证明很难立住,旨在区分科学与非科学的可证伪性标准也不像它乍看起来那么简单直接。它本身并没有告诉我们如何在尚未被证伪的矛盾理论之间进行选择——这个问题已经引起了热烈的辩论。或者拿马戏团的老太太举例:她从水晶球中窥见你会有四个孩子,还会在异国有一份冒险的事业。她也是在做可证实的预测。但你和她都不会真的认为她的行当与科学有什么关系。而如果"所有天鹅都是白色的"这一断言是可证伪的(通过发现一只黑天鹅),那么"有些天鹅是黑色的"这个命题呢?无论看到多少只白天鹅,都无法证伪这个命题。和他的一些弟子一样,波普尔也试图解决对可证伪性标准的一些批评，但他也遇到了推进证实原则的人所熟悉的两难：要么必须拒绝简单而优雅的可证伪性标准，要么必须修改它从而也损害它的简单与优雅。

　　记得纽拉特早在 20 世纪 30 年代就曾指出，在实践中，科学理论不会仅仅经过一次"证伪"就被抛弃。类似的思想被科学哲学新星托马斯·库恩所采纳。库恩有时被描述为在科学哲学领域进行了一次急弯漂移，因此值得注意的是，第一，纽拉特已经预先提出过他的一些思想动向；第二，库恩的名著《科学革命的结构》（1962）收录于"国际统一科学百科全书"丛书，这套由卡尔纳普和莫里斯主编的丛书之中。《科学革命的结构》采用了社会学路径来研究科学的演变。库恩认为，逻辑经验主义者描绘的科学实践及进步图景，与现实毫无关系。科学知识不是线性地、渐进地发展的。科学家们也没有在他们的理论表现得与实验结果不一致时就抛弃它们。从历史上看，突破不是这样发生的。

　　那么科学是如何运作的呢？库恩认为，在常规时节，如果一个实验不能满足理论，科学家通常会尽力解决这个问题，解释并消除这个明显的异常。例如，有时质疑可能不针对实验结果，而是针对相关科学家的能力或进行实验的条件。这时，理论本身并不被视为已被证伪。只有当问题堆积如山，异常接踵而至时，压力才会越来越大，最终产生剧烈的"智识痉挛"，产生一种革命性的变化，在这种变化中，原有的科学框架被推翻，代之以一个似乎可以解决当下紧张的新框架。库恩将这样的时期称为"范式转换"。然后，周期又重新开始。曾经看似革命性的东西，现在变成了有目共睹的正统。

随着范式转换，我们的假设、技术、问题，甚至是基本概念的意义都会受到修正。像"质量"（mass）这样的词，在牛顿范式中有一种理解，而现在却有着另一种理解。更重要的是，鉴于这些范式是在不同的基础上以不同的概念运作的，将一种范式与另一种范式进行比较就毫无意义——不能用同样的标准在不同的范式间做出裁决。

《科学革命的结构》销售了 100 万册，"范式转换"一词也进入了一般用语，成了管理顾问、广告主管、公务员以及其他政策和战略提出者熟悉的行话。库恩取代波普尔，成了时兴的哲学家，无论是不是专家，都最常引用他的著作。时至今日，这本书依然保持着影响力，尽管也受到严厉的批评。范式概念是模糊的，库恩的研究被指责为后现代主义，脱离了不可改变的客观真理的概念——他声称一些范式是不可通约的（即没有一套共同的标准可以用来判断它们）就是证明。不可通约性的论断让波普尔大怒。他厉声说道，如果某种新观点不能说成是一种改进，那么我们就是陷入了相对主义的深渊。

但是，尽管波普尔的科学哲学备受抨击，《开放社会》一书的地位却更加持久。但在柏林墙倒塌，政治评论家们宣告历史终结后的一段时间里，他对开放社会的倡导似乎成了一种无关紧要的多余东西。在笔者之前（与人合著）的一本书《维特根斯坦的拨火棍》中，唯一让我感到遗憾的一句话是在最后一章中，波普尔关于开放的思想被描述为"公认的智慧"。[13] 这一点现在看来很幼稚。不宽容的势力再次出现，尤其是以尖厉的民族主义和原教旨主义宗教的形式出现。

* * *

面对内部的分裂和外部的攻击，逻辑经验主义遭遇了声誉危机。到 1963 年，一位英国哲学家认为有充分理由这样写："已经没有逻辑实证主义者了。"在《哲学百科全书》（1967）中，另一位哲学家宣布逻辑实证主义"已经死了，或者说作为一场哲学运动也已经不出意外地死了"。[14] A. J. 艾耶尔在一次电视采访中（1978）被问到，他认为逻辑实证主义的主要不足是什么。他答道："我认为最大的缺陷在于，它的几乎所有内容都是错的。"[15] 许多哲学家批评逻辑实证主义是贫乏的。他们认为，说逻辑和科学能把握住可以有用地或有意义地阐述的所有东西，这一观点是粗陋的。把维也纳学圈看成一条长长的哲学死胡同，已经成了标准观点。或者，换个比喻，看成一座精美的沙堡，一时令人震撼，但被冲走之后则毫无痕迹。

但这种标准图景并不公正。

首先，个别成员和相关人士的一些工作产生了重要的间接影响。哥德尔从未参与设计计算机，但他在符号逻辑方面的工作在计算机的研发中起了作用。纽拉特的同型图的影响有争议，但我们如今认为理所当然的日常图标，恐怕要归功于他，比如厕所门上的男女符号、国际范围的路标标准化等。门格尔对伦理学的数学处理是一颗种子，他的数学讨论会的前成员奥斯卡·摩根施特恩从中发展出了博弈论，它如今在一众学科，尤其是经济学中十分关键。[16]

前述的"标准图景"也误解了这场运动，这场运动在流亡后的分歧往往被夸大。各人之间的哲学关联减弱了，但并没有完全断开。虽然他们的观点或已分道扬镳，但他们中的大多数人仍在致力于同样的主题：哲学的本质和作用，科学的性质和基础。弗兰克用了一个令人尴尬的比喻告诉他的学生，新的科学理论取代旧理论，就像女人换衣服一样——总希望新的那个更合适，并且"在某些方面特别出色"。[17]即使是成了学圈重要批评者的蒯因，也保留了他的经验主义本能和对传统形而上学的敌意。

总的来说，他们向学生传达的信息仍然是稳定的：科学是好的，形而上学是坏的。正如纽拉特在1938年对费格尔所说的："我们的共同点将保留下来；我们的差异是时代的产物，它们会逐渐消失。"[18]没有什么比提海德格尔的名字更能强化旧日的纽带了。波普尔说，"只要读过海德格尔的原著，就会明白他是一个怎样的骗子"，他的哲学是"用绝对空洞的陈述，拼凑出空洞的连篇废话"。[19]在这一点上，就连不是波普尔大粉丝的卡尔纳普，也表示同意。

卡尔纳普同意参加席尔普的丛书，条件就是其中不收录专门介绍海德格尔的卷册。波普尔则说："我呼吁各国的哲学家团结起来，决不再提海德格尔，也决不再和其他为海德格尔辩护的哲学家交谈。这人是魔鬼。我的意思是，他对他可敬的老师表现得像个魔鬼，对德国也有着魔鬼般的影响。"[20] 伯格曼的学生学会了提也不提海德格尔，因为他的名字会让他勃然大怒。门格尔会装出一副盛气凌人的口气来引用海德格尔的话，以示蔑视——"很明显，他把这种话看作自命不凡的胡说八道"。[21]

因此，学圈及其后人在哲学的目的方面保持了宽泛的统一，对自己的目标也有明确的认识。逻辑经验主义者虽然一度被赶出奥地利，但后来又被迎回了家。1991年，"维也纳学圈研究所"这一团体成立，2011年被维也纳大学吸收。它旨在记录学圈的工作，并通过书籍、会议、展览和研讨班，促进逻辑经验主义计划的延续。

尽管这一计划遇到了智识上的大小路障，但如果对它进行更同情的、也是我认为更准确的解释，就会认为它的前景是正确的，即便在细节上不正确。值得注意的是，艾耶尔脱口而出的那句著名评论，即逻辑实证主义的几乎所有内容都是错的，也被怀疑主要是为了喜剧效果而说的，之后，他立即用"在精神上是正确的"限定了这个说法。

这种精神的大部分都活了下来。直到今天，逻辑学仍然是哲学家工具箱中的一个重要工具。事实上，今日的形式哲学家对卡尔纳普重新产生了兴趣，视其为"英雄一般的人物"[22]——虽然杰出的哲学家大卫·查尔默斯说他的一般性方法比各种细节更有影响力。那种雄心依旧存在，也许用更谦虚的方式表达是：把哲学放在与科学类似的地位上，承认哲学与科学既不相同，又有关系。行进的方向依然如故。

虽然"物理主义"一直没有确切、固定的含义，但物理主义或说唯物主义的某种变体是当今哲学的主流。也就是说，大多数哲学家秉持着，一切事实最终都必须以物理事实为基础。这个意义上，颜色和意识虽然乍看起来不是物理的，但还是可以用物理主义的措辞来解释。脑状态和心灵状态之间没有区别。信念、欲望、情绪等都可以用某种办法还原为脑状态。费格尔到美国后，对形成关于心灵的这种物理主义立场起了重要作用。科学哲学本身已被确立为一门哲学分支，而它是由学圈塑造出来的。新的论争也已经出现，比如关注什么才算得上科学性的解释（特别受了亨普尔工作的启发）。比如，什么才算得上对"为什么有些男人会秃顶"这个问题的解释，或者说，解释与描述有何不同？科学性的解释与别种形式的解释有什么区别？解释和预测之间有什么联系？我们能否为"科学性解释"提供逻辑上的充要条件，而不至于误入形而上学的歧途？

除此之外，学圈还塑造了哲学的实践方式，尤其在英美哲学之中。人们很容易夸大分析哲学与欧陆哲学间的差距，但从对分析哲学的任何合理理解来看，学圈都是其 DNA 的一部分。分析哲学已经朝学圈不会认可的各种方向发展了。但分析哲学自认为的优点，是一丝不苟地关注逻辑和语言、追求清晰性、蔑视浮夸、道破胡言。学圈对依靠"感觉"或"直观"而非实质的争论抱有怀疑。在促进这些智识美德方面，学圈并非独一无二，但他们帮助营造了一种气候，在其中，这些美德现在被视为理所当然，以至于习而不察。

这个意义上，维也纳学圈的思想取得的成功，恰恰表现在它们表面上的缺席。

出场人物表

艾耶尔，阿尔弗雷德（A. J.）（1910 年 10 月 29 日—1989 年 6 月 27 日）：英国哲学家，去过维也纳，其论战性的畅销书《语言、真理与逻辑》在英国普及了学圈的思想。他曾保护模特儿娜奥米·坎贝尔免受世界重量级拳击冠军迈克·泰森的"有害关照"。

爱因斯坦，阿尔伯特（1879 年 3 月 14 日—1955 年 4 月 18 日）：逻辑经验主义者的英雄，与数位学圈成员相识，他本人对哲学亦很有兴趣。

伯格曼，古斯塔夫（1906 年 5 月 4 日—1987 年 4 月 21 日）：维也纳学圈成员，二战后在爱荷华大学度过职业生涯，在那里他与逻辑经验主义保持距离。他天生易与别人意见不合。

费格尔，赫尔伯特（1902 年 12 月 14 日—1988 年 6 月 1 日）：犹太血统；认识到这对自己事业前景的影响，他成了学圈的第一个移民成员。(他的一篇 1931 年论文的合作者阿尔伯特·布伦伯格，被认为是第一个使用"逻辑实证主义"这一提法之人。)

弗兰克，菲利普(1884 年 3 月 20 日—1966 年 7 月 21 日)：物理学家，爱因斯坦的朋友和传记作者。二十几岁时从维也纳移居布拉格，后又移民美国。

哥德尔，库尔特 (1906 年 4 月 28 日—1978 年 1 月 14 日)：被公认为 20 世纪最重要的逻辑学家，最著名的是他的两个不完全性定理。从维也纳来到普林斯顿后，他每天都会陪朋友爱因斯坦散步。他心理脆弱，性情偏执妄想，坚信自己的食物被下毒，最终死于饥饿。

哈恩，汉斯 (1879 年 9 月 27 日—1934 年 7 月 24 日)：数学家；对于学圈的形成中，以及把石里克带到维也纳，都起了重要作用，还是数位学圈成员的导师。他的朋友们叫他"小汉"(Hänchen，"小公鸡")。

哈恩－纽拉特，奥尔加 (1882 年 7 月 20 日—1937 年 7 月 20 日)：数学家，布尔代数专家，22 岁起失明。抽雪茄。汉斯·哈恩的妹妹，奥托·纽拉特的第二任妻子。

海德格尔，马丁 (1889 年 9 月 26 日—1976 年 5 月 26 日)：德国哲学家。反犹主义者。他是天才还是骗子，取决于你的视角（对学圈来说，他是后者）。

亨普尔，卡尔（彼得）(1905 年 1 月 8 日—1997 年 11 月 9 日)：主要在柏林活动，但在奥地利首都待过一段时间。以涉及黑色渡鸦的逻辑难题等著称。

霍利切尔，瓦尔特（1911 年 5 月 16 日—1986 年 7 月 6 日）：生于维也纳，在维也纳大学学习哲学、生物学和医学（博士生导师是石里克）。他是一名共产主义者／马克思主义者。战后，他回到维也纳（唯一一个回维也纳的学圈成员）。他对弗洛伊德特别感兴趣。

尤霍什，贝拉（1901 年 11 月 22 日—1971 年 5 月 27 日）：出身于匈牙利贵族家庭，师从石里克。二战期间与维克多·克拉夫特一起留在维也纳。

卡尔纳普，鲁道夫（1891 年 5 月 18 日—1970 年 9 月 14 日）：生于德国，学圈的重要成员，也许是其中最有技术天赋之人。他从维也纳到布拉格再到芝加哥，最后落脚美国加州。

考夫曼，费利克斯（1895 年 7 月 4 日—1949 年 12 月 23 日）：在维也纳大学学习哲学和法学，1922 年成为私人讲师。随后转入商业领域。他帮助数位学圈成员离开维也纳，然后自己逃到美国，在纽约的新学院任教。

克拉夫特，维克多（1880 年 7 月 4 日—1975 年 1 月 3 日）：战争期间生活在奥地利，尽管有一个犹太妻子。战后他在维也纳重开了一个学圈——克拉夫特学圈。

马赫，恩斯特（1838 年 2 月 18 日—1916 年 2 月 19 日）：物理学家兼哲学家。其思想深刻地影响了维也纳学圈。作为学圈公众形象的社团，即以马赫的名字命名。

门格尔，卡尔（Karl）（1902 年 1 月 13 日—1985 年 10 月 5 日）：
经济学家卡尔（Carl）·门格尔之子。小卡尔是一位数学家，他
参加维也纳学圈，但也有自己的数学学圈。离开奥地利后，他
去了圣母大学，但他在奥地利之后的大部分职业生涯都在伊利
诺伊理工学院度过，他在那里深受爱戴。

莫里斯，查尔斯（1901 年 5 月 23 日—1979 年 1 月 15 日）：美国
哲学家，自 1931 年起在芝加哥大学任教 27 年。1934 年，他在
休学术假期间结识了维也纳学圈，随后在哈佛帮助组织了科学
统一大会。他鼓励了几位学圈成员移民美国。与纽拉特和卡尔
纳普一起担任"统一科学百科全书"的编辑。

纽拉特，奥托（1882 年 12 月 10 日—1945 年 12 月 22 日）：多面
手，尤擅经济学和社会学。是学圈组织活动的推手。身形和性
格都很突出，信末签名是大象的图画。

波普尔，卡尔（1902 年 7 月 28 日—1994 年 9 月 17 日）：被描述为
学圈的"正式反对派"，他很自豪地接受了这个标签。他在新西
兰度过了二战，战后在伦敦政治经济学院工作。因倡导开放社
会，一度被称为玛格丽特·撒切尔最喜欢的哲学家。他更喜欢
有弟子而不是做弟子，虽然他崇敬伯特兰·罗素。

蒯因，维拉德·范奥曼（1908 年 6 月 25 日—2000 年 12 月 25 日）：
美国逻辑学家、哲学家，曾与学圈相处数月。后成为学圈一些
核心思想的主要批评者。他和卡尔纳普是亲密的朋友，交换了
数百封信件。

拉姆齐，弗兰克（1903 年 2 月 22 日—1930 年 1 月 19 日）：英国天才哲学家，26 岁去世。翻译了维特根斯坦的《逻辑哲学论》。20 世纪 20 年代，他因情事受挫，遭受精神痛苦，于是前往维也纳接受精神分析。今天认为他在许多领域，如数学、逻辑学、经济学、概率等，做出了开创性的贡献。

赖欣巴哈，汉斯（1891 年 9 月 26 日—1953 年 4 月 9 日）：在柏林创立了经验哲学学会——维也纳学圈的姊妹组织。后与卡尔纳普共同担任《认识》的编辑。在概率论方面做出了重要贡献。希特勒上台后，他接受了伊斯坦布尔的教职，后于 1938 年移民美国，在加州大学洛杉矶分校任教。

赖德迈斯特，库尔特（1893 年 10 月 13 日—1971 年 7 月 8 日）：德国出生的数学家；虽然在维也纳只待了三年，但在说服学圈关注《逻辑哲学论》方面发挥了重要作用。玛丽的哥哥。

赖德迈斯特，玛丽（1898 年 5 月 27 日—1986 年 10 月 10 日）：参与奥托·纽拉特的同型图计划。库尔特的妹妹。在成为奥托·纽拉特的第三任妻子之前，是他的情妇。

兰德，罗丝（1903 年 6 月 14 日—1980 年 7 月 28 日）：数学家兼逻辑学家，生于多事之秋的波兰。在 20 世纪 30 年代的一段时间里，她在学圈聚会上做会议记录。她的生活充满了艰辛。被许多试图帮助她的人视为"无药可救的例子"。

齐尔塞尔，埃德加（1891 年 8 月 11 日—1944 年 3 月 11 日）：学圈最左翼成员之一，倡导并支持成人教育。1944 年在美国自杀。

斯特宾，苏珊（1885 年 12 月 2 日—1943 年 9 月 11 日）：在将维也纳学圈的思想输入英国的过程中，发挥了重大的作用，尽管在很大程度上仍未获承认。颇具声望的哲学期刊《分析》的共同创始人之一。

石里克，莫里茨（1882 年 4 月 14 日—1936 年 6 月 22 日）：维也纳学圈的谦和领袖，德国富裕门第出生的物理学家。在维也纳大学被一名前学生谋杀。

塔斯基，阿尔弗雷德（1901 年 1 月 14 日—1983 年 10 月 26 日）：生于波兰的逻辑学家、数学家、花花公子。

魏斯曼，弗里德里希（1896 年 3 月 21 日—1959 年 11 月 4 日）：奥地利哲学家（父亲是俄罗斯人，母亲是德意志人），维特根斯坦的门徒，也是维特根斯坦作品的杰出阐释者。从未完全发挥他的潜力，部分原因是他缺乏自信。他的妻子和儿子都自杀了。他在英国牛津去世。

维特根斯坦，路德维希（1889 年 4 月 26 日—1951 年 4 月 29 日）：建筑师、工程师、园丁、医院搬运工、教师，还是许多哲学家眼中 20 世纪最伟大的哲学家。他的著作《逻辑哲学论》启迪了维也纳学圈。但 1953 年在他身后出版的《哲学研究》，提出了对他早期许多思想的否定。

辛普森，埃丝特（1903 年 7 月 31 日—1996 年 11 月 19 日）。最初是学者援助委员会的助理秘书，帮助了约 1500 名被纳粹解雇的学者逃离祖国——其中 16 人后来获得了诺贝尔奖。在他们被英国当局作为"敌侨"关押后，她还争取到了其中 500 多人获释。是天才的语言学家和小提琴家。维特根斯坦给她买过小餐包。

年　表

1895　恩斯特·马赫成为维也纳大学第一个归纳科学的哲学教授。

1901　伯特兰·罗素发现后世所谓的"罗素悖论"。

1903　伯特兰·罗素的《数学的原理》出版。

　　　伯特兰·罗素在《心灵》期刊上发表文章《论指称》。

1907—10　维也纳学圈的原型：弗兰克、哈恩、纽拉特，根据一些 [有争议的] 报道还有冯·米塞斯，几人定期聚会。

1908　建筑师阿道夫·卢斯出版现代主义著作《装饰与犯罪》。

1911　哈恩接受切尔诺维茨大学的工作。

1914—18　第一次世界大战。几个未来的学圈成员参加了战争：维特根斯坦在东线作战，卡尔纳普在西线作战，哈恩在意大利前线中弹受伤。

1916　11 月 21 日：弗朗茨·约瑟夫一世皇帝去世。

1917　石里克的《当代物理学中的空间与时间》出版。哈恩在波恩任职。

1918　维特根斯坦的《逻辑哲学论》完成。

　　　石里克的《普通认识论》出版。

　　　11 月 3 日：维特根斯坦被俘。

11 月 11 日：六个世纪的哈布斯堡统治结束了。

1919　纽拉特在短暂的巴伐利亚社会主义政府中任部长，后短暂入狱，继而返回维也纳。

社会主义者在选举中获胜，控制了维也纳市政府。

1921　数学家汉斯·哈恩成为维也纳大学的教授。

1 月：爱因斯坦在维也纳发表了一场公开演讲，听众爆满。

1922　石里克赴维也纳接任曾由马赫执掌的教席。

胡果·贝陶尔《没有犹太人的城市》一书出版。

《逻辑哲学论》英文版出版。

6 月：已经贬值的克朗，从 5.2 万克朗兑 1 英镑崩盘至 12.5 万兑 1 英镑。

1923　维也纳圈成立。创始成员是弗兰克、哈恩、石里克。

9 月：拉姆齐在普赫贝格拜访维特根斯坦，途经维也纳。

1924　拉姆齐在维也纳度过 6 个月。

哥德尔被维也纳大学录取。

1925—27　维也纳学圈逐句讨论、朗读《逻辑哲学论》。

1925　1 月 1 日：纽拉特在维也纳的社会和经济博物馆开馆。

3 月 10 日：胡果·贝陶尔（《没有犹太人的城市》的作者）遭遇枪击，两周后伤重去世。

秋：约翰·内尔博克选了莫里茨·石里克的课程。

1926　5 月 3 日：卡尔纳普以私人讲师的身份抵达维也纳，并加入维也纳学圈。

哥德尔加入维也纳学圈。

1927　维特根斯坦会见石里克，并开启了与魏斯曼的谈话。

2 月 27 日：柏林经验哲学学会成立。

海德格尔发表其重要著作《存在与时间》。

6 月 17 日：卡尔纳普在石里克家中初次与维特根斯坦见面。

7 月 15 日：警察向维也纳的示威者开枪，造成 80 多人死亡。

秋：门格尔到达维也纳并加入学圈。

1928   卡尔纳普出版《世界的逻辑构造》。

3月10日：维特根斯坦参加了荷兰数学家 L. E. J. 布劳威尔的讲座。

门格尔成为数学编外教授，并成立他的数学讨论会。

11月：恩斯特·马赫协会公开成立。纽拉特、卡尔纳普、哈恩和石里克都在其中任职。

1929   维特根斯坦回到剑桥。

波恩大学给了石里克一个职位，但他拒绝了。他在斯坦福短暂逗留了一阵。回维也纳后，他收到了献给他的学圈宣言：《科学的世界构想：维也纳学圈》。

费格尔出版了他的第一本书《物理学中的理论与经验》。

7月3—10日：费格尔在包豪斯举行讲座。

7月24日：海德格尔作为弗莱堡大学的哲学教授，发表了题为"什么是形而上学"的就职演讲。

亨普尔到达维也纳（1930年离开）。

9月13—15日：布拉格精确科学认识论会议召开。宣言公开宣读。

10月：华尔街崩盘。

1930   1月2日：维特根斯坦在与石里克和魏斯曼的谈话中提到了"证实"。

1月20日：拉姆齐死于肝炎。

2月：塔斯基在维也纳举行讲座，并成为常客。

石里克的《伦理学问题》出版。

费格尔得到资助在哈佛大学访学，遇到蒯因。

8月26日：哥德尔在帝国议会咖啡馆的讨论中向卡尔纳普讲述了他的不完全性定理。

9月：哥尼斯堡举行大型会议。哥德尔在会议上表示，他证明了算术的一个不完全性定理（逻辑史上最重要时刻之一），但大体未获重视。

维也纳圈接管了一份刊物，将其更名为《认识》，用于发表其思想。

魏斯曼提出可证实性标准。

12月9日：维特根斯坦会见了魏斯曼，并否定了他最初的写书计划。

1931　1月31日：卡尔纳普发烧。他在夜里看到了一个幻象，这构成了《语言的逻辑句法》的基础。

卡尔纳普迁居布拉格。

费格尔和布伦伯格的一篇文章使用了"逻辑实证主义"一词，该文发表在美国的《哲学期刊》上。

纽拉特出版《经验社会学》。

1932　5月6日：维特根斯坦写信给石里克，抱怨卡尔纳普剽窃了他的作品。

W. V. O. 蒯因到达维也纳。

5月20日：陶尔斐斯宣誓就任奥地利总理。

11月：罗丝·兰德开始编制一种彩色表格，分类记录一些学圈成员的哲学观点。

1933　1月30日：希特勒成为德国总理。

2月：蒯因动身前往布拉格。

3月7日：陶尔斐斯宣布他将在没有议会的情况下统治奥地利。

A. J. 艾耶尔出席学圈聚会。

3月22日：苏珊·斯特宾在不列颠学院主讲关于逻辑实证主义的讲座。同年，她被任命为教授，是英国第一位女性哲学教授。

4月11日：纳粹关闭了包豪斯学校。

5月：汉斯·赖欣巴哈辞去了他在柏林的教授职务。

9月：哥德尔来至普林斯顿已近一年。

《分析》期刊第一期在英国出版。

1934　2月12日：奥地利爆发内战。

2月23日：恩斯特·马赫协会解散。

2月24日：维也纳警察署长就恩斯特·马赫协会的问题传唤石里克。

2月：警方突击搜查纽拉特的办公室。纽拉特正在莫斯科，决定不回奥地利，而是前往海牙。

3月6日：恩斯特·马赫协会在一次警方行动中被政府取缔，罪名是它一直在政治上站在社会民主党一边。

7 月 24 日：汉斯·哈恩去世。

7 月 25 日：陶尔斐斯被纳粹分子暗杀。继任总理是库尔特·舒施尼格。

波普尔的《科学发现的逻辑》出版。

卡尔纳普的《语言的逻辑句法》出版。

10 月：卡尔纳普应苏珊·斯特宾之邀，到伦敦大学讲学。

"科学统一运动"发起。维也纳学圈与民族主义者在布拉格的国际哲学大会上摊牌。

亨普尔离开德国，前往布鲁塞尔。

1935   塔斯基再次访问维也纳。

首届科学统一大会在巴黎索邦大学召开。

10 月 3 日：意大利入侵阿比西尼亚。

12 月：《霍尔—赖伐尔协定》曝光。

1936   1 月：艾耶尔出版《语言、真理与逻辑》。

2 月 10 日：魏斯曼被告知他将失去图书馆员的工作。

3 月 7 日：德军进驻莱茵兰。

6 月 12 日：卡尔·克劳斯去世。

6 月 21—26 日：科学统一大会在哥本哈根尼尔斯·玻尔的家中开启。

6 月 22 日：莫里茨·石里克被汉斯·内尔博克谋杀。维也纳学圈的聚会中止。

7 月 11 日：舒施尼格与希特勒达成协议，承认奥地利联邦的完全主权。

卡尔纳普移居芝加哥，10 月开始任教。

7 月 18 日：西班牙内战爆发。

哥德尔为精神问题所困，在疗养院度过了几个月的时间。

纽拉特访问纽约，传播科学世界构想。

11 月 1 日：德国和意大利宣布签署了罗马—柏林轴心协定。

波普尔辞去教师工作。

1937   1 月：维特根斯坦在英国向不同的朋友宣读忏悔书。

5 月 24—26 日：汉斯·内尔博克受审。

7 月 19—31 日：大会在巴黎召开。

7 月 20 日：奥尔加·哈恩–纽拉特去世。

门格尔移居美国（圣母大学）。

魏斯曼前往英国。

弗兰克去了哈佛大学。

波普尔在新西兰坎特伯雷大学授课。

上半年受审的内尔博克，被判处十年徒刑。

1938　3 月 11 日：舒施尼格在广播中宣布辞职。他说："天佑奥地利。"

3 月 14 日：希特勒抵达维也纳，德奥合并。

3 月 23 日：门格尔辞去了他的大学职位。

4 月 10 日：99.7% 的奥地利人投票支持德奥合并。

4 月 23 日：哥德尔的高校授课资质正式失效。

内尔博克十年刑期只服刑两年就被释放。

5 月：纽伦堡种族法案在奥地利生效。

7 月 14—19 日：第四届国际科学统一大会在剑桥举行。

"国际统一科学百科全书"出版。

9 月：1 万名犹太人离开维也纳。

10 月：弗兰克到达美国。

11 月 9 日："水晶之夜"。

1939　4 月 14 日：维特根斯坦成为英国公民。

9 月 3 日：第二次世界大战爆发。

齐尔塞尔于八九月之际到达美国。塔斯基赴美参加在哈佛大学举办的科学统一大会，这救了他的命。

卡尔纳普到哈佛任客座教授。罗素、卡尔纳普和塔斯基都在那里。

奥托·纽拉特出版了他的经典同型图著作《制造中的现代人》（*Modern Man in the Making*）。

1940   1 月：哥德尔乘坐"西伯利亚特快"火车经俄罗斯前往美国。

《认识》停刊。

7 月 2 日："阿兰多拉之星"号在爱尔兰海岸被鱼雷击中，数百名在押者丧生。

费格尔接受了明尼苏达大学的一个职位，并将在那里度过余生。

1941   2 月 8 日：纽拉特从马恩岛获释。

2 月 26 日：纽拉特与玛丽·赖德迈斯特结婚，这是纽拉特的第三次婚姻。

9 月 2—6 日：第六届也是最后一届大会在芝加哥召开。

1943   9 月 11 日：苏珊·斯特宾去世。

9 月：罗丝·兰德精神崩溃。

纽拉特出版《社会科学基础》。

1938 年被纳粹政府有条件释放的内尔博克，于 1943 年获减刑。

1944   3 月 11 日：齐尔塞尔自杀。"如果楼管看到我的尸体，他可以保留这张 10 元美钞，作为这次惊吓的补偿。"

1945   5 月 8 日：欧战胜利日。

8 月 14 日：日本投降，第二次世界大战结束。

波普尔的《开放社会及其敌人》出版。

亨普尔的《确证逻辑研究》出版。

12 月 22 日：纽拉特去世。

1946   1 月：波普尔抵达英国，开始在伦敦政经学院工作。

10 月 25 日：维特根斯坦在剑桥的道德科学俱乐部向波普尔挥舞拨火棍（也很可能没有）。

1947   菲利普·弗兰克的爱因斯坦传记出版。

1949   12 月 23 日：费利克斯·考夫曼在纽约去世。

1951   3 月 4 日：哥德尔（与人共同）获得爱因斯坦奖。

4 月 29 日：维特根斯坦去世。

蒯因发表论文《经验主义的两个教条》。

1952　8 月 13 日：就弗兰克是间谍的谣言，胡佛致信五角大楼。

1953　《哲学研究》在维特根斯坦身后出版。

　　　费格尔创办明尼苏达科学哲学中心。

　　　4 月 9 日：赖欣巴哈去世。

1954　2 月 4 日：杀害石里克的凶手内尔博克死于维也纳。

　　　兰德移居美国。卡尔纳普从芝加哥迁至加州大学洛杉矶分校。

1955　古德曼的《事实、虚构和预测》出版。

1959　11 月 4 日：魏斯曼去世。

1960　蒯因的《语词和对象》（*Words and Objects*）出版。

1962　库恩的《科学革命的结构》出版。

1965　"波普尔讨论会"在伦敦举行。波普尔、卡尔纳普、蒯因、塔斯基出席。

　　　维也纳市授予波普尔人文学科（Geistewissenschaften）奖。

　　　魏斯曼的《语言学哲学的原理》在其身后出版。

1966　7 月 21 日：弗兰克去世。

1967　伯格曼出版《逻辑实证主义的形而上学》。

1970　9 月 14 日：卡尔纳普去世。

1971　5 月 27 日：尤霍什去世。

1978　1 月 14 日：哥德尔去世。

1980　7 月 28 日：兰德去世。

1983　10 月 26 日：塔斯基去世。

1985　10 月 5 日：门格尔去世。

1987　4 月 21 日：伯格曼去世。

1988　6 月 1 日：费格尔去世。

1989　6 月 27 日：艾耶尔去世。

1994　9 月 17 日：波普尔去世。

注 释

前 言

1. 就我所知，与维也纳学圈成员瓦尔特·霍利切尔没有亲缘关系。

1. 序 章

1. Quoted in Reisch, p. 72; originally from Time, 18 September, 1939, 72–73.
2. Quine, p. 140.
3. Gilbert, p. 4.
4. Quoted in Stadler (2001), p. 198.

2. 小公鸡和大象

1. Frank (1950), p. 1.
2. Neurath (1983), p. 230.
3. Popper (1976), p. 151.
4. Quoted in Allen, p. 249.
5. Nietzsche, pp. 181–82.
6. Einstein, p. 19.

7. Quoted in Gordin, p. 118.

8. Marx, Engels, and Lenin, p. 433.

9. Service, p. 193.

10. Carnap to Neurath, 23 August 1945, quoted in Uebel (1991), p. 5; and see Cat and Tuboly, p. 648.

11. Neurath (1973), p. 52.

12. Cat and Tuboly, p. 650.

13. Neurath (1973), p. 80, note 2.

14. Bergmann, p. 4.

15. Neurath to Josef Frank, 9 September 1945, quoted in Stadler (2001), p. 505.

16. Musil, p. 236.

3. 扩大的学圈

1. Spiel (2007), p. 51.

2. Popper (1976), p. 40.

3. Schilpp, p. 9.

4. Ibid.

5. Putnam (1988), p. xi.

6. 学圈在布拉格讨论了这一话题。我感谢 Ádám Tuboly 向我指出了这一点。

7. Hume, p. 120.

8. Einstein to Schlick, 14 December 1915.

9. Ibid.

10. Einstein to Born, 1969, quoted in Stadler (2001), p. 173.

11. Frank (1948), p. 100

12. Ibid., p. 209.

13. Ibid., p. 210.

14. Feigl (1981), p. 2.

15. Ibid.

16. Popper (1976), p. 37.

17. Ibid.

18. Einstein to the French Philosophical Society, 6 April 1922, quoted in Gimbel, p. 1.

4. 秃头法国国王

1. Quoted in Monk (1996), p. 142.
2. Ibid., p. 153.
3. Quoted in Sigmund, p. 17.
4. Ibid.
5. In Creath (1990), pp. 247–248.
6. Russell (2009), p. 242.
7. Russell (1940), p. 6.

5. 维特根斯坦施魔法啦

1. Russell to Ottoline Morrell, 2 November 1911.
2. Russell (2009), p. 313.
3. Ibid.
4. Russell to Ottoline Morrell, 22 March 1912. 他还会再活 60 年。
5. Russell (1978), p. 329.
6. Hermine Wittgenstein, quoted in Rhees (1984), p. 2.
7. Russell to Ottoline Morrell, 27 May 1913.
8. Russell to Ottoline Morrell, 5 March 1912.
9. Hermine to Ludwig, 10 June 1917, quoted in McGuinness (2019), p. 31.
10. McGuinness (2012), p. 89.
11. Wittgenstein to Russell, 6 May 1920: quoted in Moorehead, p. 309.
12. Engelmann, 24 April 1920, p. 31.
13. Russell (1988), p. 35.
14. Letter from Russell to Ottoline Morrell, 27 May 1912, quoted in Monk, p. 54.
15. Wittgenstein (1922), 6.41.
16. Ibid., 6.54.
17. Hermine to Ludwig, 23 November 1920, in McGuinness (2019), p. 85.
18. Ibid.
19. Letter of 17 November 1920, in McGuinness (2019), p. 79.
20. Paul, p. 109.
21. See Misak, pp. 423–25.
22. Ramsey to his mother, 20 September 1923.

23. Ibid.

24. Pittsburgh, Archives of Scientific Philosophy, Hans Reichenbach Collection, asp/HR-016-42-16.

25. Albers and Anderson, p. 319.

26. 向我指出拉姆齐的重要作用的，是 Cheryl Misak。Misak (2019).

27. Frege, p. vii.

28. Hahn 1929/1988, pp. 55–56.

29. 拉姆齐也 makes the same move from logic to math. Misak 认为，他对于维也纳学圈接受 their position 颇有作用，见 Misak, pp. 189–91。

30. Schlick to Wittgenstein, 25 December 1924.

31. Quoted in Monk, p. 242.

32. In Waismann (1979), p. 14.

33. Quoted in Monk, p. 242.

34. Engelmann, p. 118.

35. Feigl (1981), p. 8.

36. Schilpp, p. 25.

37. Feigl (1981), p. 8.

38. Schilpp, p. 26.

39. Feigl (1981), p. 64.

40. Schilpp, p. 25.

41. Ibid., pp. 25–26.

42. Wittgenstein to Russell, 29 October 1913.

43. 这是在拉姆齐和维特根斯坦的一次争吵之后，我们很快就会看到。

44. 尽管门格尔写道，是他让费格尔向维特根斯坦介绍这场讲座的。Menger (1994), p. 130.

45. Ibid., p. 131.

46. Feigl (1981), p. 64.

47. Letter of 14 July 1929, quoted in Monk, p. 270.

48. The account of this viva is from Wood, p. 156.

49. Cambridge University Library/BOGS 2 1920–37/1925. 感谢 C. Misak 寄给了我这段正确的引语。通行的不准确引语是："我个人认为维特根斯坦先生的论文是天才之作；但无论如何，它无疑足够达到剑桥哲学博士学位的标准。"

50. Letter to Schlick, 18 February 1929, quoted in Waismann (1979), p. 17.

6. 红色维也纳的纽拉特

1. Quoted in Lansdale, p. 11, from an unsigned article in Harper's 3 (1898).

2. H. Andics, *Der Staat, den keiner wollte* (Herder, 1962).

3. Hobsbawm, p. 9.

4. Correspondence with A. Hahn.

5. See Bottomore and Goode, p. 3.

6. "香格里拉"（乐土），是想象中的天堂，出自 *Lost Horizon*, a 1933 novel by James Hilton。

7. Quoted in Gay (1988), p. 9.

8. Popper (1976), p. 32.

9. Ibid., p. 104.

10. Quoted in Neurath (1973), p. 76.

11. See Bright, p. 13.

12. Quoted in Burke, p. 258, and cited by Neurath in *Die pädagogische Weltbedeutung der Bildstatistik nach Wiener Methode* (1933), p. 241.

7. 咖啡与学圈

1. Beller, p. 11.

2. 为解释这一现象，已有多种尝试，例如可见 Schorske。

3. See, for example, Pentland.

4. 28 October 1935. Pittsburgh, Archives of Scientific Philosophy, Rose Rand Papers, US-PPiU-asp199001.

5. Popper (1976), p. 40.

6. A line, as we shall see, that also went through Karl Popper.

7. See Scheall and Schumacher, pp. 651–52.

8. Menger (1979), p. 237.

9. Ibid., p. 241.

10. Vogel, p. 174.

11. Crankshaw, p. 35. Crankshaw 后来成了记者和苏联问题专家。

12. Zweig, p. 41.

13. Quoted in Ashby, Gronberg, and Shaw-Miller, p. 19.

14. Neurath to Kaempffert, 10 November 1944. Quoted in Eve, p. xvi.

15. In Stadler (1993), p. 16.

16. Beller, quoted in Ashby, Gronberg, and Shaw-Miller, p. 54.

17. Pinsker, p. 104.

18. From a speech delivered by Zionist Max Nordau at Second Zionist Congress in 1898. In Ashby, Gronberg, and Shaw-Miller, p. 80.

8. 建筑与沙发

1. Letter reproduced in Jones, p. 474.

2. Letter of 11 July 1936, in McGuinness (2019), p. 208.

3. 4 June 1921, in McGuinness (2019), p. 105.

4. Quoted by Galison, in Sarkar, p. 78.

5. Quoted in Masheck, p. 205.

6. 感谢 Ed Harcourt 对本节的评论。

7. Quoted in Stadler (2015), p. 227.

8. Bergmann, p. v.

9. Alan Hausman 与笔者的通信。

10. Quoted by Stadler, in Manninen and Stadler, p. 28.

11. 关于拉姆齐和精神分析的情况，更多内容可见 Misak, chapter 7。

12. Letter to mother, probably 23 March 1924, Ramsey Papers. Quoted in Forrester, p. 14.

13. Misak, p. 163.

14. Ibid., p. 168.

15. Quoted in Paul, p. 168.

16. Quoted in Forrester, p. 15; from *Bloomsbury/Freud: The Letters of James Strachey and Alix Strachey*, ed. P. Meisel and W. Kendrick (Basic Books, 1986) p. 157.

17. Quoted in Galavotti, p. 3, in chapter by G. Taylor.

18. Misak, p. 166.

19. Ibid, p. 5.

20. In Ramsey, pp. 321–22.

21. 关于拉姆齐和维特根斯坦的争论，更多内容可见 Misak 关于拉姆齐的精彩著作。

22. Wittgenstein (1969), #255.

23. Wittgenstein (1966), pp. 22–23.

24. Ibid., p. 44.

9. 石里克不喜欢的礼物

1. Quoted in Stadler (2001), p. 334.
2. Frank (1950), p. 38.
3. Ibid.
4. Ibid., p. 34.
5. 关于拉达科维奇我们所知甚少。他是一位数学家，在维也纳的时间不长。
6. In Waismann (1979), p. 18.
7. Wittgenstein (1967), #455.
8. Schlick, "Die Wende der Philosophie," *Erkenntnis* 1 (1930).
9. Ibid.
10. "Überwindung der Metaphysik durch logische Analyse der Sprache", *Erkenntnis* 2 (1931).
11. Frank (1941), p. 11.
12. The diary is available digitally at http://digital.library.pitt.edu/islandora/object/pitt%3A31735062213917/.
13. Quoted in McGuinness (1988), pp. 57–58.
14. Quoted in Feferman, p. 96.
15. In Ayer (1977), p. 156.
16. Lamont, p. 12.

10. 外国的陌生人

1. Waismann (1979), p. 38.
2. Anthony Quinton in McGuinness (1985), p. 389.
3. In Waismann (1979), p. 24.
4. 维特根斯坦的晚期哲学有多少预示在了《逻辑哲学论》中，关于这一段，维特根斯坦研究者之间有不同意见。Ishiguro, in Winch (pp. 20–21) 就是相关评论之一，该文主张维特根斯坦对"用法"的关注从一开始就存在，只是程度不那么深。
5. 感谢 Josh Eisenthal 向我如此描述了维特根斯坦的哲学转变。
6. In McGuinness (2008), p. 199.
7. In McGuinness (2012), p. 213.
8. Wittgenstein to Schlick, 6 May 1932.
9. Wittgenstein (1922).

10. Quoted in Stadler (1993), p. 33.

11. In Waismann (1979), p. 26.

12. Quoted by Arne Naess in Stadler (1993), p. 12.

13. Menger (1979), p. 14.

14. Ayer (1977), p. 128.

15. Ibid., p. 131.

16. Ibid., p. 133.

17. Letter to Berlin, 11 January 1933, quoted in Rogers, p. 85.

18. Ayer (1977), p. 135.

19. Creath (1990), p. 465.

20. Ayer to Isaiah Berlin, 26 February 1933, quoted in Rogers, p. 94.

21. Ibid.

22. Quine (1985), p. 88.

23. Quoted in Stadler (1993), p. 14.

24. Ibid.

25. Janik and Veigl, p. 63.

26. 两种措辞他都使用，但倾向于用"经验上有意义的"。

27. Carnap (1996), p. 16.

11. 漫长的仇恨

1. In Fraenkel, p. 429.

2. In Hamann, p. 228, from O. Weininger, Geschlecht und Charakter (3rd ed., Vienna, 1905).

3. Roth, p. 122.

4. In Hamann, p. 286.

5. A. Hitler, "Monologue," 17 December 1941, p. 153; quoted in Hamann, p. 276.

6. Pulzer, in Fraenkel, p. 429.

7. Quoted in Timms, p. 28.

8. Quoted in Holmes, chapter 2, by John Warren, p. 37.

9. Freud to "Sehr geehrter Herr," 27 January 1925. Quoted in Gay (1987), p. 122.

10. Schnitzler, p. 13.

11. Mahler, p. 44.

12. Beller, p. 94.

13. In Gombrich, p. 11.

14. Bettauer, p. 77.

15. Hobsbawm, p. 21.

16. 关于隐含的偏见，更多内容可收听 BBC 的分析节目，网址：www.bbc.co.uk/programmes/bO8slvk8。

17. Mos, pp. 55–56.

18. In Hamann, p. 228, from O. Weininger, *Geschlecht und Charakter*, p. 418.

19. Quoted in Silverman, p. 3.

20. Wittgenstein (1980), p. 16.

21. LSE, Popper Archive, 313–10.

22. Popper (1976), p. 105.

23. Letter to his mother, probably 23 March 1924, Ramsey Papers. Quoted in Forrester, p. 14.

24. Quine, p. 32.

12. 红色维也纳的黑暗岁月

1. Quoted in Wasserman, p. 38.

2. Menger (1994), p. 194.

3. Ibid., p. 196.

4. Spiel (2007), p. 81.

5. 信件开始写作于 1934 年 2 月 10 日，但这句话写于 1934 年 2 月 13 日。In McGuinness (2019), p. 192.

6. 三封信是 Schlick to Hofrat Ganz, 2 March 1934, Schlick to the Bundes-PolizeiDirektion, 3 March 1934, Schlick to the Sicherheitskommissär des Bundes für Wien, 23 March 1934。In *Moritz Schlick Nachlass*, Vienna Circle Foundation (Amsterdam).

7. Menger (1994), p. 60.

8. 宣言的英文翻译可见 www.manchesterism.com/the-scientific-conception-of-the-world-the-vienna-circle。

9. Carnap to Russell, 29 July 1922, quoted in Reisch, p. 50.

10. 演讲者为 L. G. Tirala。Quoted by D. Hoffmann, in Richardson, p. 57.

11. 也叫"多余的实体"或"奥卡姆剃刀"。

12. In McGuinness (1988), p. 112. 感谢我的一位（匿名）读者，提醒了我有这封信。

13. 这一概括基于一份翻译，by Christoph Limbeck-Lilienau, from a

transcription by Brigitte Parakenings in shorthand。

14. In Menger, Karl, 1918–1919 Tagebuch No. 1 (12/15/1918–12/31/1919). Durham, North Carolina, Duke University, David M. Rubenstein Rare Book & Manuscript Library, Karl Menger Papers, Box 33: Other Notebooks. Quoted in Scheall and Schumacher, p. 660.

15. R. Jeffrey in Buck, p. xxii. 需要指出，卡尔纳普不怎么反对将宗教用作如何生活的实践或道德指引；宗教只是不堪作为对世界的科学化描述。

13. 哲学论争

1. Bergmann, in Stadler (1993), p. 203.
2. Quoted in Critchley, p. 100.
3. See Yue-Ching Ho, pp. 1–5.
4. Naess, quoted in Critchley, p. 102.
5. *Erkenntnis* 2 (1932).
6. Ibid.
7. Scheffler, p. 66.
8. Carnap (1937), p. 52.
9. Frank (1941), p. 5.
10. Russell (2009), p. 444.
11. Neurath (1983), pp. 82–83; see also Cat and Tuboly, p. 640.
12. Ibid., p. 662.
13. Putnam (1988), p. xii.
14. Neurath (1983), p. 92.
15. Ibid., pp. 100–114.
16. Ibid., p. 114.
17. Schilpp, p. 70.
18. See Monk, p. 277, quoting from "Lecture on Ethics," Philosophical Review, Jan. 1965, pp. 3–26.
19. Janik and Toulmin, p. 193.
20. Ayer (1958), p. 107.
21. See A. Tuboly, "Vacuum of Values and Different Philosophies: Ayer, Joad and the Charge(s) of Fascism," in Tuboly, ed., The Historical and Philosophical Significance of Ayer's "Language, Truth and Logic" (Palgrave Macmillan, forthcoming 2021).

22. Schlick in Ayer (1959), p. 247.

23. Ibid.

24. Quoted by Thomas Uebel in Creath (2012), p. 143.

25. 对于逻辑经验主义与种族的关系，篇幅更长的出色讨论可见 Bright (2017)。

26. See Tuboly chapter in Cat and Tuboly, p. 98.

14. 非正式反对派

1. Popper (1976), p. 88.

2. Quoted in Sigmund, p. 238.

3. Popper (1963), pp. 37–38.

4. Ibid., p. 35.

5. Neurath (1983), p. 124.

6. Feigl (1981), p. 66.

7. Popper (1976), p. 82.

8. Quoted in Feferman, p. 94. Originally from L. Henkin et al., eds., *Proceedings of the Tarski Symposium*, American Mathematical Society (Providence).

9. Ibid.

10. 关于波普尔和德国心理学家 Otto Selz 的关系，可见 Ter Hark。

11. 1 November 1934, *Moritz Schlick Nachlass*, Konstanz, Philosophisches Archiv.

15. 喂，你这该死的混蛋

1. *Philosophical Review* 45, no. 4 (July 1936), p. 356.

2. Quoted in Stadler (2001), p. 869.

3. In Menger (1994), p. 197.

4. Crankshaw, p. 33.

5. *The Daily Telegraph*, 19 June 1936.

6. *Erkenntnis* 6 (1936).

7. 28 June 1936. Quoted in Wasserman.

8. *Spiel* (2007), p. 90.

9. Quoted in Janik (1999), p. 43.

10. 另一些人，如 A. J. 艾耶尔，则反对这一立场。艾耶尔认为，谈论某人在身体寂灭后依然存活，是自相矛盾的。

16. 学圈活在心中

1. See an interview with his son in Cohen (2014), p. 35.
2. Carnap to Neurath, 11 June 1936. Pittsburgh, Archives of Scientific Philosophy, Rudolf Carnap Papers 102-52-26.
3. In Tuboly (2021).
4. Quoted in Janik (1999), p. 44, and Monk (1990), p. 358.
5. Hermine to Ludwig, 11 July 1936. In McGuinness (2019), p. 209.
6. Wittgenstein to Rush Rhees, 13.7.1938.
7. Translation from a quote in *Weg*.
8. Ibid.
9. Quoted in Isaac, p. 148, from an unpublished manuscript.
10. 31 December 1935. Quoted in Rogers, p. 108.
11. See Rogers, p. 124.

17. 出 逃

1. Letter to Carnap, 16 June 1945, in Cat and Tuboly, p. 639.
2. *Daily Telegraph* correspondent, quoted in Faber, p. 146.
3. Quoted in Faber, p. 151; from N. Nicolson, ed., Harold Nicolson, Diaries and Letters, 1930–1939 (Collins, 1966), p. 347.
4. For details, see Stember, p. 138.
5. Gutman, p. 455.
6. From a letter to his sister Hilda, 30 July 1939. Quoted in London, p. 106.
7. Freud, p. 217.
8. In Huemer, p. 13 in chapter by Fred Wilson—*The Vienna Circle and Freud*.
9. 这段惊人的情节，可见 Edmonds and Eidinow。
10. Quoted in Dawson, p. 91.
11. Draft of a letter of 27 November 1939. Quoted in Dawson, p. 141.
12. Dawson, p. 142.
13. Ibid.

18. 辛普森小姐的 "孩子们"

1. Quoted in Snowman, p. xiv, from E. Panofsky, *Meaning in the Visual Arts* (Peregrine Books 1970), p. 380.
2. See Beveridge.
3. *The Times*, 22 May 1933.
4. Beveridge, p. 6.
5. Cooper, p. 25.
6. Quoted in Cooper, p. 8.
7. Oxford, Bodleian Library, Society for the Protection of Science and Learning (hereafter SPSL), Neurath file.
8. Author interview with Michael Yudkin.
9. Cooper, p. 37.
10. LSE, Popper Archive (101–13). Quoted in Hacohen, p. 311.
11. SPSL, Popper file.
12. Popper to Kaufmann, 1 December 1936, quoted in Hacohen, p. 322.
13. 16 October 1936. SPSL, Popper file.
14. SPSL, Popper file.
15. SPSL, Waismann file.
16–22. Ibid.

19. 战 时

1. Neurath (1973), p. 69.
2. Neurath to Carnap, 22 December 1942, quoted in Cat and Tuboly, p. 110.
3. 9 October 1939. Quoted in T. Kushner chapter in Ceserani, p. 87.
4. Sir Neville Bland, in a memorandum circulated in the Foreign Office. Quoted in Seabrook, p. 77.
5. 28 May 1940. Quoted in Matuschek, p. 327.
6. Kochan, p. 34.
7. F. Pierre to Colonel Wedgwood MP, 24 October 1941. Quoted in L. Burletson chapter in Ceserani, p. 104.
8. Kochan, p. 55.
9. 出自 Wilhelm Hollitscher 的未刊日记。
10. SPSL, Waismann file.

11. Ibid.

12. Letter of 5 August 1940. Ibid.

13. Quoted in Chappell, p. 84.

14. Kochan, p. 158.

15. SPSL, Neurath file.

16 – 22. Ibid.

23. Neurath to Carnap, 25 September 1943. Pittsburgh, Rudolf Carnap Papers.

24. Quoted in Neurath (1973), p. 64.

25. Neurath to Carnap. Ibid.

26. See Cat and Tuboly, p. 625.

27. Ibid., p. 636.

28. Neurath to Morris, 7 January 1942. Quoted in Reisch, p. 16.

29. Aydelotte, 10 November 1939. Quoted in Dawson, p. 145.

30. Dawson, p. 147.

31. Oskar Morgenstern, letter of 1965. Quoted in Sigmund, p. 343.

32. Quoted in Zilsel, p. 134.

33. Quoted in Zilsel, Oakland Tribune, Sunday, 12 March 1944, p. xxvi.

34. LSE, Rand file 5BFW/11/02/08.

35. SPSL, Rand file 1939/51 347/1.

36–38. Ibid.

39. LSE, Rand file.

40. Ibid.

41. SPSL, Rand file.

42. Simpson to Wittgenstein, 5 November 1943. SPSL, Rand file 347/1.

43. Simpson, letter of 30 April 1941. SPSL, Rand file.

44. SPSL, Rand file.

45–48. Ibid.

49. Letter from Wittgenstein, 19 January 1945. Pittsburgh, Rose Rand Papers.

50. Pittsburgh, Rose Rand Papers.

20. 流亡后的岁月

1. Dedication in Frank (1957) to his wife, Hania.

2. Schneider, p. 191.

3. Popper to Carnap, 23 June 1945. LSE, Popper archive.

4. The letter was written on 28 April 1946. In Wang, p. 45.

5. Author interview with Alan Hausman.

6. Clare, p. 123.

7. Popper (1976), p. 114.

8. Author interview with Miranda Hempel.

9. Versions of this story are recounted in several books including Clark, p. 510.

10. Quote from author correspondence with Laird Addis.

11. Quoted in Misak. Pittsburgh, Rudolf Carnap Papers 102-13-30.

12. Ceserani, p. 79, quoting historian Max Beloff.

13. Quoted by Hans Joachim Dahms in Stadler (1995), p. 58.

14. As told to Evan Fales: author interview.

15. Hoover, letter of 13 August 1952, quoted in Reisch, from Richardson (2007), p. 76.

16. Quoted in Reisch, p. 270.

17. This story is told in Holton, p. 49.

18. Nagel to Carnap, 5 January 1935. Quoted in A. Tuboly, "Carnap's Weltanschauung and the Jugendbewegung," in Stadler (2017), p. 141.

19. Feigl (1961), p. 16.

20. Ibid.

21. Ibid.

22. *News Chronicle*, 4 December 1945.

23. Author correspondence with Anthony Kenny.

24. Author interview with R. Harré.

25. Letter from Waismann, 13 January 1953. LSE, Popper archive.

26. Quoted in Waismann (1982), p. 10.

27. Reprinted in Waismann (2011), p. 29.

28. Carnap to Popper, 27 May 1947. LSE, Popper archive.

29. LSE, BFW 5BFW/11/02/08.

30. Pittsburgh, Rose Rand Papers.

31. Schilpp, p. 72.

32. 28 November 1956, quoted in Tuboly, "Carnap's Weltanschauung."

33. 27 February 1959. Pittsburgh, Rudolf Carnap Papers.

34. 7 March 1959. Ibid.

35. Quoted in Wang, p. 37.

36. 笔者对他的访谈。

37. Quoted in Clark, p. 376.

38. Quoted in Wang, p. 34.

39. William Hanson 与笔者的通信。

40. Felix Rosenthal、Walter Goldstein、Richard Born 等人与笔者的通信。

41. Rebecca Goldstein 与笔者的通信。

42. Peter Hempel 与笔者的通信。

43. Hacohen, p. 524.

44. This is in a circular letter to Carnap, Frank, Hempel, Morris, and Nagel, 16 September 1954. Columbia University, Rare Books and Manuscripts Ernest Nagel Papers (Box 1).

45. Fetzer, p. 12.

46. Ralf Dahrendorf, quoted in Edmonds and Eidinow, p. 179.

47. 笔者母亲评论 *Wittgenstein's Poker*, by David Edmonds and John Eidinow 一书。充分披露：David Edmonds 与本书作者是同一个人。

48. Carnap to Popper, 11 December 1959. LSE, Popper archive.

49. Quine, p. 337.

50. Malcolm, p. 100.

21. 遗 产

1. Feigl (1981), p. 57.

2. Ayer (1958), p. 33.

3. Fred Hallberg in correspondence with author.

4. From a letter to his mother, 15 August 1946. In Wang, p. 70.

5. Wittgenstein (1953), para. 109.

6. 给"游戏"下单一定义的尝试有很多，见 Suits。

7. 笔者对 R. Harré 的访谈。

8. Ayer (1977), p. 132.

9. Proceedings of the Aristotelian Society, Supplementary Volume 19: 119–50.

10. This example is from *The Philosopher's Arms*, a BBC Radio 4 program presented by Matthew Sweet and produced by the author, which aired on 20 February 2017.

11. 笔者对 David Papineau 的访谈。

12. See Papineau's TLS review.

13. Edmonds and Eidinow, p. 230.

14. John Passmore in Edwards, pp. 52–57.

15. See Magee, p. 107.

16. 博弈论的提出，通常归功于一本著作：*Theory of Games and Economic Behavior*, published in 1944 and written by Morgenstern and John Von Neumann。

17. 告诉笔者这一点的是 A. Grünbaum，他本人也成了非常杰出的哲学家。

18. Quoted in Stadler (2001), p. 507.

19. See Ho.

20. Ibid.

21. 出自 Philip S. Marcus 与笔者的通信。

22. David Chalmers 写给笔者的一条注释。

部分参考文献

此"参考文献"所列书籍中,以下几种尤为重要:Hacohen
(2000), Monk (1990), Stadler (2001), and Sigmund (2017).

Achinstein, P., and S. Barker, eds. *The Legacy of Logical Positivism*. Johns Hopkins Press, 1969.

Addis, L., G. Jesson, and E. Tegtmeier, eds. *Ontology and Analysis: Essays and Recollections about Gustav Bergmann*. Ontos Verlag, 2007.

Albers, D., and G. Alexanderson, eds. *Mathematical People*. Birkhauser, 1985.

Allen, G. *William James, a Biography*. Viking, 1967.

Antiseri, D. *Popper's Vienna*. The Davies Group, 2006.

Aschheim, S. *Beyond the Border: The German-Jewish Legacy Abroad*. Princeton University Press, 2007.

———. *Brothers and Strangers*. University of Wisconsin Press, 1982.

Ashby, C., T. Gronberg, and S. Shaw-Miller. *The Viennese Café and Fin-de-Siècle Culture*. Berghahn Books, 2013.

Ayer, A. *Language, Truth and Logic*. Victor Gollancz, 1958.

———. *Logical Positivism*. The Free Press, 1959.

———. *Part of My Life*. Collins, 1977.

Bauer, Y. *A History of the Holocaust*. Franklin Watts, 1982.

Beller, S. *Vienna and the Jews: 1867–1938*. Cambridge University Press, 1989.

Bergmann, G. *The Metaphysics of Logical Positivism*. University of Wisconsin Press, 1967.

Bettauer, H. *The City without Jews*. Translated by S. Brainin. Bloch Publishing House, 1926.

Beveridge, W. *A Defence of Free Learning*. Oxford University Press, 1959.

Bottomore, T., and P. Goode, eds. *Austro-Marxism*. Clarendon Press, 1978.

Bright, L. "Logical Empiricists on Race." *Studies in History and Philosophy of Biological and Bio-*

medical Sciences, 2017: 9–18.

Broda, P. *Scientist Spies*. Matador, 2011.

Buck, C., and R. Cohen. *Boston Studies in the Philosophy of Science: In Memory of Rudolf Carnap.* D. Riedel, 1970.

Bukey, E. *The Jews and Intermarriage in Nazi Austria.* Cambridge University Press, 2010.

Burke, C., E. Kindel, and S. Walker. *ISOTYPE*. Hyphen Press, 2013.

Burr, E. *Hitler's Austria.* University of North Carolina Press, 2000.

Butts, R. *Witches, Scientists, Philosophers.* Kluwer, 2000.

Caldwell, B. *Hayek's Challenge.* University of Chicago Press, 2004.

Canetti, E. *The Torch in My Ear.* Farrar, Straus and Giroux, 1982.

Carnap, R. *Intellectual Autobiography in the Philosophy of Rudolf Carnap.* Edited by Paul Arthur Schilpp. Open Court, 1963.

———. *The Logical Structure of the World.* Translated by R. George. Routledge and Kegan Paul, 1967.

———. *The Logical Syntax of Language.* Kegan, Paul, Trench Teubner & Cie, 1937.

———. *Philosophy and Logical Syntax.* Thoemmes Press, 1996.

———. *The Unity of Science.* Thoemmes Press, 1995.

Carr, G., and H. Mytum. *Cultural Heritage and Prisoners of War.* Routledge, 2012.

Carus, A. *Carnap and Twentieth-Century Thought.* Cambridge University Press, 2007.

Cat, C., and A. T. Tuboly, eds. *Neurath Reconsidered.* Springer, 2019.

Cesarani, D., and T. Kushner, eds. *The Internment of Aliens in Twentieth Century Britain.* Frank Cass, 1993.

Chalmers, D. *Constructing the World.* Oxford University Press, 2012.

Chappell, C. *Island of Barbed Wire.* Corgi, 1984.

Chapman, S. *Susan Stebbing and the Language of Common Sense.* Palgrave, 2013.

Clare, G. *Last Waltz in Vienna.* Pan Books, 1982.

Clark, R. *Einstein.* Hodder and Stoughton, 1979.

———. *Bertrand Russell.* Thames and Hudson, 1981.

Coffa, J. *The Semantic Tradition from Kant to Carnap.* Cambridge University Press, 1991.

Cohen, R. S., and I. K. Helling, eds. *Felix Kaufmann's Theory and Method in the Social Sciences.* Springer, 2014.

Cohen, R. S., R. Hilpinen, and R. Q. Risto, eds. *Realism and Anti-Realism in the Philosophy of Science.* Kluwer, 1996.

Cohen, R. S., and M. W. Wartofsky, eds. *Boston Studies in the Philosophy of Science. Vol 2: In Honor of Philipp Frank.* Humanities Press, 1965.

Cohen, S. *Rescue the Perishing.* Vallentine, Mitchell, 2010.

Cooper, R. M., ed. *Refugee Scholars: Conversations with Tess Simpson.* Moorland Books, 1992.

Crankshaw, E. *Vienna: The Image of a Culture in Decline.* Macmillan, 1936; reissued 1976.

Creath, R., ed. *Dear Carnap, Dear Van.* University of California Press, 1990.

———, ed. *Rudolf Carnap and the Legacy of Logical Empiricism.* Springer, 2012.

Critchley, S. *Continental Philosophy.* Oxford University Press, 2001.

Dainton, B., and H. Robinson, eds. *The Bloomsbury Companion to Analytic Philosophy*. Blooms-bury Academic, 2015.

Damböck, C., and G. Wolters, eds. *Young Carnap in an Historical Context: 1918–1935*. Springer, 2020.

Dawson, J. *Logical Dilemmas: The Life and Work of Kurt Gödel*. A. K. Peters, 1997.

De Waal, E. *The Hare with Amber Eyes: A Hidden Inheritance*. Chatto & Windus, 2010.

Eatwell, R. *Fascism: A History*. Chatto & Windus, 1995.

Edmonds, D., and J. Eidinow. *Wittgenstein's Poker: The Story of a Ten-Minute Argument between Two Famous Philosophers*. Faber and Faber, 2001.

Edwards, P., ed. *The Encyclopedia of Philosophy*. Volume 5. Macmillan, 1967.

Einstein, A. *Autobiographical Notes*. Translated and edited by P. Schilpp. Open Court, 1979.

Engelman, P. *Letters from Ludwig Wittgenstein, with a Memoir*. Blackwell, 1968.

Faber, D. *Munich*. Simon & Schuster, 2008.

Fergusson, A. *When Money Dies*. William Kimber, 1975.

Fraenkel, J., ed. *The Jews of Austria: Essays on Their Life, History and Destruction*. Vallentine, Mitchell, 1967.

Feferman, A., and S. Feferman. *Alfred Tarski: Life and Logic*. Cambridge University Press, 2004.

Feigl, H. *Inquiries and Provocations*. Edited by R. Cohen. D. Riedel, 1981.

Feigl, H., and G. Maxwell, eds. *Current Issues in the Philosophy of Science*. Holt, Rinehart and Winston, 1961.

Feigl, H., and W. Sellars, eds. *Readings in Philosophical Analysis*. Appleton-Century-Crofts, 1949.

Fetzer, J., ed. *The Philosophy of Carl G. Hempel*. Oxford University Press, 2001.

Feyerabend, P., and G. Maxwell. *Mind, Matter, and Method: Essays in Philosophy and Science in Honor of Herbert Feigl*. University of Minnesota Press, 1966.

Feyerabend, P. *Killing Time*. University of Chicago Press, 1995.

Fischel, J. *The Holocaust*. Greenwood Press, 1998.

Flanagan, O. "Wittgenstein's Ethical Nonnaturalism." *American Philosophical Quarterly* 48, no. 2. Wittgenstein and Naturalism (April 2011): 185–98.

Fogelin, R. *Wittgenstein*. Routledge, 1987.

Fölsing, A. *Albert Einstein*. Translated by E. Osers. Viking, 1997.

Forrester, J. "Freud in Cambridge." *Critical Quarterly* 46, no. 2 (2004): 1–26.

Frank, P. *Between Physics and Philosophy*. Harvard University Press, 1941.

———. *Einstein: His Life and Times*. Jonathan Cape, 1948.

———. *Modern Science and Its Philosophy*. Harvard University Press, 1950.

———. *Philosophy of Science*. Prentice-Hall, 1957.

Frankel, J., ed. *The Jews of Austria*. Vallentine, Mitchell, 1970.

Frascolla, P. *Understanding Wittgenstein's Tractatus*. Routledge, 2007.

Frege, G. *The Foundations of Arithmetic*. Blackwell, 1989.

Freidenreich, H. *Jewish Politics in Vienna: 1918–1938*. Indiana University Press, 1991.

Freud, M. *Glory Reflected*. Angus and Robertson, 1957.

Freund, F., and H. Safrian. *Expulsion and Extermination: The Fate of the Austrian Jews 1938–1945*.

Translated by D. Rosenfeld and G. Biemann. Austrian Resistance Archive, 1997.

Friedman, M., and R. Creath, eds. *The Cambridge Companion to Carnap*. Cambridge University Press, 2007.

Gadol, E. *Rationality and Science*. Springer Verlag, 1982.

Galison, P. "Aufbau/Bauhaus: Logical Positivism and Architectural Modernism." *Critical Inquiry* 16 (1990): 709–52.

Galavotti, M. *Cambridge and Vienna: Frank P. Ramsey and the Vienna Circle*. Springer, 2006.

Gardner, S., and G. Stevens. *Red Vienna and The Golden Age of Psychology 1918–1938*. Praeger, 1992.

Gay, P. *Freud: A Life for Our Time*. J. M. Dent, 1988.

———. *A Godless Jew*. Yale University Press, 1987.

———. *Schnitzler's Century*. W. W. Norton, 2002.

Gibson, R., ed. *The Cambridge Companion to Quine*. Cambridge University Press, 2004.

Gilbert, M. *The Second World War*. Weidenfeld & Nicolson, 2009.

Gimbel, S. *Einstein's Jewish Science*. John Hopkins University Press, 2012.

Glock, H.-J. *A Wittgenstein Dictionary*. Blackwell, 1996.

Glock, H.-J., and J. Hyman, eds. *A Companion to Wittgenstein*. Wiley, 2017.

Goldstein, R. *Incompleteness: The Proof and Paradox of Kurt Gödel*. Atlas Books, 2005.

Gombrich, E. *The Visual Arts in Vienna*, vol. 1. The Austrian Cultural Institute London, 1996.

Gordin, M. *Einstein in Bohemia*. Princeton University Press, 2020.

Gower, B., ed. *Logical Positivism in Perspective*. Croom Helm, 1987.

Gruber, H. *Red Vienna: Experiment in Working Class Culture 1919–1934*. Oxford University Press, 1991.

Gutman, I. *Encyclopedia of the Holocaust*. Macmillan, 1990.

Hacohen, M. *Karl Popper: The Formative Years*. Cambridge University Press, 2000.

Hahn, H. *Empiricism, Logic, and Mathematics*. Edited by B. McGuinness. D. Riedel, 1980.

Hamann, B. *Hitler's Vienna*. Translated by T. Thornton. Oxford University Press, 1999.

Hanfling, O. *Logical Positivism*. Blackwell, 1981.

Harcourt, E. "Wittgenstein and Psychoanalysis." In *The Blackwell Companion to Wittgenstein*, ed. H.-J. Glock and J. Hyman. Wiley, 2017, 651–66.

Heidelberger, M., and F. Stadler, eds. *History of Philosophy of Science*. Kluwer, 2002.

Henning, M. "Isotypes and Elephants: Picture Language as Visual Writing in the Work and Correspondence of Otto Neurath." Chapter 6 in *The Art of the Text*, ed. S. Harrow. University of Wales Press, 2012, 95–114.

Hempel, C. *Science, Explanation, and Rationality*. Oxford University Press, 2000.

Herzog, H. *Vienna Is Different*. Berghahn Books, 2011.

Hickman, H. *Musil and the Culture of Vienna*. Croom Helm, 1984.

Ho, Y-C. "At 90, and Still Dynamic." *Intellectus* 23 (1992).

Holmes, D., and L. Silverman, eds. *Interwar Vienna*. Camden House, 2009.

Hobsbawm, E. *Interesting Times*. Pantheon, 2002.

Hollitscher, W. *Sigmund Freud*. Kegan Paul, 1947.

Holton, G. *Science and Anti-Science*. Harvard University Press, 1993.

Huemer, W., and M-O. Schuster, eds. *Writing the Austrian Traditions*. University of Alberta, 2003.

Hughes, R. *The Fatal Shore*. Vintage Books, 1988.

Hume, D. *An Enquiry Concerning Human Understanding*. Oxford University Press, 2007.

Hylton, P. *Quine*. Routledge, 2010.

Isaac, J. *Working Knowledge*. Harvard University Press, 2012.

Isaacson, W. *Einstein: His Life and Universe*. Simon & Schuster, 2007.

James-Chakraborty, K. *Bauhaus Culture*. University of Minnesota Press, 2006.

Janik, A., and S. Toulmin. *Wittgenstein's Vienna*. Touchstone, 1973.

Janik, A., and H. Veigl. *Wittgenstein in Vienna*. Springer Verlag, 1999.

Jones, E. *The Life and Work of Sigmund Freud*, vol. 3. The Hogarth Press, 1957.

Judson, P. *The Habsburg Empire*. Harvard University Press, 2016.

Kahane, G., E. Kanterian, and O. Kuusela, eds. *Wittgenstein and His Interpreters*. Blackwell, 2007.

Kandel, E. *The Age of Insight*. Random House, 2012.

Klagge, J., ed. *Wittgenstein: Biography and Philosophy*. Cambridge University Press, 2001.

Knittel, K. *Seeing Mahler*. Ashgate, 2010.

Kochan, M. *Britain's Internees in the Second World War*. Macmillan, 1983.

Kraft, V. *The Vienna Circle*. The Philosophical Library, 1953.

Kushner, Tony. *The Holocaust and the Liberal Imagination*. Blackwell, 1994.

Lamont, C. *Dialogue on John Dewey*. Horizon Press, 1959.

Landau, R. *The Nazi Holocaust*. I. B. Tauris, 1992.

Lanouette, W. *Genius in the Shadows*. University of Chicago Press, 1993.

Leonard, R. "Ethics and the Excluded Middle: Karl Menger and Social Science in Interwar Vienna." *Isis* 89, no. 1 (March 1998): 1–26.

Leonard, R. *Von Neumann, Morgenstern, and the Creation of Game Theory*. Cambridge University Press, 2010.

LeMahieu, M. *Fictions of Fact and Value*. Oxford University Press, 2013.

Le Rider, J. *Modernity and Crises of Identity*. Translated by R. Morris. Polity Press, 1993.

Lewy, G. *The Catholic Church and Nazi Germany*. Da Capo Press, 2000.

London, L. *Whitehall and the Jews 1933–48*. Cambridge University Press, 2000.

Lurie, Y. *Wittgenstein on the Human Spirit*. Rodopi, 2012.

Magee, B., ed. *Men of Ideas*. BBC, 1978.

Mahler, A. *Gustav Mahler: Memories and Letters*. Edited by D. Mitchell. John Murray, 1973.

Malcolm, N. *Ludwig Wittgenstein: A Memoir*. Oxford University Press, 1980.

Manninen, J., and F. Stadler. *The Vienna Circle in the Nordic Countries*. Springer, 2010.

Marks, S., P. Weindling, and L. Wintour, eds. *In Defence of Learning*. Oxford University Press, 2011.

Marx, K., F. Engels, and V. Lenin. *On Historical Materialism*. Progress Publishers, 1972.

Masheck, J. *Adolf Loos*. I. B. Tauris, 2013.

Matar, A., ed. *Understanding Wittgenstein, Understanding Modernism*. Bloomsbury Academic, 2017.

Matuschek, O. *Three Lives: A Biography of Stefan Zweig*. Translated by A. Blunden. Pushkin Press, 2011.

McEwan, B. *Sexual Knowledge: Feeling, Fact and Social Reform in Vienna, in 1900–1934*. Berghahn Books, 2012.

McGuinness, B., ed. *Wittgenstein in Cambridge*. Blackwell, 2008.

———, ed. *Wittgenstein in Cambridge: Letters and Documents, 1911–1951*. Blackwell, 2012.

———, ed. *Wittgenstein's Family Letters*. Bloomsbury, 2019.

———. *Young Ludwig*. Clarendon Press, 1988.

Medawar, J., and D. Pyke. *Hitler's Gift: Scientists Who Fled Nazi Germany*. Piatkus, 2001.

Menger, K. *Morality, Decision and Social Organization*. D. Reidel, 1974.

———. *Reminiscences of the Vienna Circle and the Mathematical Colloquium*. Edited by L. Golland, B. McGuinness, and A. Sklar. Kluwer, 1994.

———. *Selected Papers in Logic and Foundations, Didactics, Economics*. D. Reidel, 1979.

Misak, C. *The American Pragmatists*. Oxford University Press, 2013.

———. *Frank Ramsey: A Sheer Excess of Powers*. Oxford University Press, 2020.

———. *Truth, Politics, Morality*. Routledge, 2000.

Monk, R. *Bertrand Russell: The Ghost of Madness*. Jonathan Cape, 2000.

———. *Bertrand Russell: The Spirit of Solitude*. Jonathan Cape, 1996.

———. *Ludwig Wittgenstein: The Duty of Genius*. Jonathan Cape, 1990.

Moorehead, C. *Bertrand Russell*. Sinclair Stevenson, 1992.

Mos, L., ed. *History of Psychology in Autobiography*. Springer, 2009.

Musil, R. *Diaries 1899–1941*. Translated by P. Payne. Basic Books, 1999.

Naess, A. *Four Modern Philosophers*. Translated by A. Hannay. Phoenix Books, 1969.

Nemeth, E., S. Schmitz, and T. Uebel, eds. *Otto Neurath's Economics in Context*. Springer, 2007.

Neurath, O. *Empiricism and Sociology*. Edited by M. Neurath and R. Cohen. D. Riedel, 1973.

———. *From Hieroglyphics to Isotype: A Visual Autobiography*. Edited by M. Eve and C. Burke. Hyphen Press, 2010.

———. *Philosophical Papers 1913–46*. Translated by R. Cohen and M. Neurath. D. Riedel, 1983.

Nickles, T., ed. *Thomas Kuhn*. Cambridge University Press, 2003.

Nietzsche, F. *The Gay Science*. Translated and edited by W. Kaufmann. Vintage, 1974.

Oxaal, I., M. Pollak, and G. Botz, eds. *Jews, Antisemitism and Culture in Vienna*. Routledge and Kegan Paul, 1987.

Papineau, D. "Karl R. Popper: Knowledge and the Body-Mind Problem." *Times Literary Supplement*, 23 June 1995, https://www.davidpapineau.co.uk/uploads/1/8/5/5/18551740/popper-tls-complete.pdf [last accessed 16 March 2020].

Paul, M. *Frank Ramsey (1903–1930): A Sister's Memoir*. Smith-Gordon, 2012.

Pentland, A. *Social Physics: How Good Ideas Spread*. Penguin, 2014.

Pinsker, S. *A Rich Brew*. New York University Press, 2018.

Popper, K. *Conjectures and Refutations*. Routledge, 1963.

———. *Unended Quest*. Fontana, 1976.

Prater, D. *European of Yesterday: A Biography of Stefan Zweig*. Clarendon Press, 1972.

Pulzer, P. *The Rise of Political Anti-Semitism in Germany and Austria.* Harvard University Press, 1988.

Putnam, H. *Representation and Reality.* MIT Press, 1988.

Quine, W. "Russell's Ontological Development." *Journal of Philosophy* 63 (1966): 657–67.

———. *The Time of My Life.* MIT Press, 1985.

Ramsey, F. *Notes on Philosophy, Probability and Mathematics.* Edited by M. Galavotti. Bibliopolis, 1991.

Reeder, H. *The Work of Felix Kaufmann.* University Press of America, 1991.

Reichenbach, H. *Selected Writings 1909–1953,* vol. 1. Edited by M. Reichenbach and R. Cohen. D. Reidel, 1978.

Reisch, G. *How the Cold War Transformed Philosophy of Science.* Cambridge University Press, 2005.

Rentetzi, M. "'I Want to Look like a Lady, Not Like a Factory Worker': Rose Rand, a Woman Philosopher of the Vienna Circle." In *EPSA Epistemology and Methodology of Science.* Vol. 1: *Launch of the European Philosophy of Science Association,* edited by M. Suárez, M. Dorato, and M. Rédei. Springer, 2010, 233–44.

Rhees, R., ed. *Ludwig Wittgenstein: Personal Recollections.* Blackwell, 1981.

———. *Recollections of Wittgenstein.* Oxford University Press, 1984.

Richardson, A. *Carnap's Construction of the World.* Cambridge University Press, 1998.

Richardson, A., and T. Uebel. *The Cambridge Companion to Logical Empiricism.* Cambridge University Press, 2007.

Richardson, S. *Studies in History and Philosophy of Science* 40 (2009): 14–24.

Robbins, K. *Appeasement.* Blackwell, 1997.

Rogers, B. *A. J. Ayer.* Chatto & Windus, 1999.

Rose, A. *Jewish Women in Fin de Siècle Vienna.* University of Texas Press, 2008.

Roth, J. *The Wandering Jews.* Granta, 2001.

Rozenblit, M. *The Jews of Vienna: 1867–1914.* State University of New York Press, 1983.

———. *Reconstructing A National Identity.* Oxford University Press, 2001.

Runggaldier, E. *Carnap's Early Conventionalism.* Rodopi, 1984.

Russell, B. *Autobiography.* Routledge, 2009.

———. *An Inquiry into Meaning and Truth.* Spokesman, 2007 [first published 1940].

———. *The Philosophy of Logical Atomism.* Open Court, 1988.

Ryan, A. *Bertrand Russell—A Political Life.* Allen Lane, 1988.

Safranski, R. *Martin Heidegger.* Translated by E. Osers. Harvard University Press, 1998.

Sarkar, S. *Science and Philosophy in the Twentieth Century.* Volume 2: *Logical Empiricism at Its Peak.* Garland, 1996.

———. *Science and Philosophy in the Twentieth Century: The Legacy of the Vienna Circle.* Garland, 1996.

Sayre, K. *Adventures in Philosophy at Notre Dame.* University of Notre Dame, 2014.

Scazzieri, R., and R. Simili. *The Migration of Ideas.* Watson Publishing, 2008.

Scheall, S., and R. Schumacher. "Karl Menger as Son of Carl Menger." *History of Political Econ-*

omy 5, no. 4 (2018): 649–78.

Scheffler, I. *Gallery of Scholars: A Philosopher's Recollections.* Kluwer Academic Publishers, 2004.

Schilpp, P. *The Philosophy of Rudolf Carnap.* Open Court, 1963.

Schlick, M. "Die Wende in der Philosophie." *Erkenntnis* 1 (1930): 4–11.

————. *The Problems of Philosophy in Their Interconnection.* D. Reidel, 1987.

Schneider, G. *Exile and Destruction.* Praeger, 1995.

Schnitzler, A. *My Youth in Vienna.* Translated by C. Hutter. Weidenfeld & Nicolson, 1971.

Schorske, C. *Fin-de-Siècle Vienna.* Weidenfeld & Nicolson, 1980.

Seabrook, J. *The Refuge and the Fortress.* Palgrave, 2009.

Service, R. *Lenin.* Macmillan, 2000.

Sherman, M., ed. *Psychoanalysis and Old Vienna.* Human Sciences Press, 1978.

Sigmund, K. *Exact Thinking in Demented Times.* Basic Books, 2017.

————. "A Philosopher's Mathematician: Hans Hahn and the Vienna Circle." *The Mathematical Intelligencer* 17, no. 4 (1995): 16–29.

Silverman, L. *Becoming Austrians.* Oxford University Press, 2012.

Skidelsky, R. *John Maynard Keynes: 1883–1946.* Pan Books, 2003.

Snowman, D. *The Hitler Emigrés.* Chatto & Windus, 2002.

Spiel, H. *The Dark and the Bright.* Translated by C. Shuttleworth. Ariadne Press, 2007.

————. *Vienna's Golden Autumn 1866–1938.* Weidenfeld & Nicolson, 1987.

Spohn, W. *Erkenntnis Orientated.* Kluwer Academic Publishers, 1991.

Sprangenburg, R., and D. Moses. *Niels Bohr: Atomic Theorist.* Chelsea House, 2008.

Stadler, F., ed. *Integrated History and Philosophy of Science.* Springer Verlag, 2017.

————, ed. *Scientific Philosophy: Origins and Development.* Kluwer, 1993.

————, ed. *The Vienna Circle and Logical Empiricism: Re-evaluation and Future Perspectives.* Kluwer, 2003.

————. *The Vienna Circle: Studies in the Origins, Development, and Influence of Logical Empiricism.* Springer Verlag, 2001; rev. ed. 2015.

Stadler, F., and P. Weibel, eds. *The Cultural Exodus from Austria.* Springer Verlag, 1995.

Stember, C. H., et al. *Jews in the Mind of America.* Basic Books, 1966.

Suits, B. *The Grasshopper Games, Life and Utopia.* Scottish Academic Press, 1978.

Szaniawski, K. *The Vienna Circle and the Lvov-Warsaw School.* Kluwer Academic Publishers, 1989.

Ter Hark, M. *Popper, Otto Selz, and the Rise of Evolutionary Epistemology.* Cambridge University Press, 2004.

Timms, E. *Karl Kraus: Apocalyptic Satirist.* Yale University Press, 2005.

Timms, E., and A. Hammel. *The German-Jewish Dilemma.* Edwin Mellen, 1999.

Timms, E., and J. Hughes, eds. *Intellectual Migration and Cultural Transformation.* Springer, 2003.

Tuboly, Á., ed. *The Historical and Philosophical Significance of Ayer's "Language, Truth and Logic."* Palgrave Macmillan, forthcoming 2021.

————, ed. *Special Issue on the Life and Work of Philipp Frank (Studies in East European Thought)* 69, no. 3 (2017): 199–276.

Uebel, T. *Empiricism at the Crossroads.* Open Court, 2007.

————. "Learning Logical Tolerance: Hans Hahn on the Foundations of Mathematics." *History and Philosophy of Logic* 26 (Sept. 2005): 175–209.

————. *Overcoming Logical Positivism from Within.* Rodopi, 1992.

————, ed. *Rediscovering the Forgotten Vienna Circle.* Kluwer, 1991.

Urback, R. *Arthur Schnitzler.* Translated by D. Daviau. Frederick Ungar, 1973.

Verbaan, D. *Weg! Ontsnapt aan de Duitse besetting.* Scriptum, 2015.

Vogel, D. *Married Life.* Translated by D. Bilu. Peter Halban, 1988.

Von Neumann Whitman, M. *The Martian's Daughter.* University of Michigan, 2012.

Wagner, P., ed. *Carnap's Logical Syntax of Language.* Palgrave, 2009.

Waugh, A. *The House of Wittgenstein.* Bloomsbury, 2008.

Waismann, F. *Causality and Logical Positivism.* Edited by B. McGuinness. Springer, 2011.

————. *Lectures on the Philosophy of Mathematics.* Edited by W. Grassl. Rodopi, 1982.

————. *Philosophical Papers.* Edited by B. McGuinness. D. Reidel, 1977.

————. *The Principles of Linguistic Philosophy.* Edited by R. Harré. Macmillan, 1965.

————. *Wittgenstein and the Vienna Circle.* Edited by B. McGuinness. Blackwell, 1979.

Wang, H. *A Logical Journey.* MIT, 1996.

Wasserman, J. *Black Vienna.* Cornell, 2014.

Watson, A. *Ring of Steel.* Allen Lane, 2014.

Wimmer, A. *Strangers at Home and Abroad.* McFarland & Company, 2000.

Winch, P., ed. *Studies in the Philosophy of Wittgenstein.* Routledge and Kegan Paul, 1969.

Wistrich, R. *The Jews of Vienna in the Age of Franz Joseph.* Oxford University Press, 1989.

Wittgenstein, L. *Culture and Value.* Edited by G. H. von Wright. Blackwell, 1980.

————. *Lectures and Conversations.* Edited by C. Barrett. Blackwell, 1966.

————. *Philosophical Investigations.* Blackwell, 1969.

————. *Tractatus Logico-Philosophicus.* Kegan Paul, 1922.

————. *Zettel.* Edited by G.E.M. Anscombe and G. H. von Wright. Blackwell, 1967.

Woleński, J., and K. Eckehart. *Alfred Tarski and the Vienna Circle.* Kluwer, 1998.

Wood, A. *Bertrand Russell: The Passionate Sceptic.* George Allen & Unwin, 1957.

Zilsel, E. *The Social Origins of Modern Science.* Edited by D. Raven, W. Krohn, and R. Cohen. Kluwer: 2000.

Zimmerman, D. "The Society for the Protection of Science and Learning and the Politicization of British Science in the 1930s." *Minerva* 44 (2006): 25–45.

Zweig, S. *The World of Yesterday.* Atrium Press, 1987.

专名对照表

（收录正文中出现的人名，及部分作品、刊物名和机构名）

A　阿德勒，阿尔弗雷德：Alfred Adler

阿德勒，弗里德里希：Friedrich Adler

阿德勒，莫蒂默：Mortimer Adler

阿德勒，维克多：Victor Adler

阿恩茨，格尔德：Gerd Arntz

阿尔滕贝格，彼得：Peter Altenberg

阿克萨米特，希尔达：Hilda Axamit

阿塔图尔克，凯末尔：Mustafa Kemal Atatürk

爱德华，希茨曼：Eduard Hitschmann

爱因斯坦，阿尔伯特：Albert Einstein

艾德洛特，弗兰克：Frank Aydelotte

艾迪诺，约翰：John Eidinow

艾希曼，阿道夫：Adolf Eichmann

艾耶尔，A. J.：Alfred J. Ayer

安德曼，赫米内（米娜）：Hermine (Mina) Andermann

奥本海默，J. 罗伯特：J. Robert Oppenheimer

《奥克兰论坛报》：*Oakland Tribune*

巴坎，大卫：David Bakan　　　　B

鲍尔，奥托：Otto Bauer

贝多芬，路德维希·凡：Ludwig van Beethoven

贝尔，乔治：George Bell

贝弗里奇，威廉：William Beveridge

贝勒，史蒂文：Steven Beller

贝利奥尔学院：Balliol College, Oxford

贝陶尔，胡果：Hugo Bettauer

贝叶斯，托马斯：Thomas Bayes

本雅明，瓦尔特：Walter Benjamin

边沁，杰里米：Jeremy Bentham

波格丹诺夫，亚历山大：Alexander Bogdanov

波普尔，卡尔：Karl Popper

波普尔，西蒙：Simon Popper

波普尔，约瑟芬·安娜（"亨妮"，
　父姓亨宁格）：Josefine Anna
　"Hennie" Popper (née Henninger)
波佐，奥托：Otto Pötzl
波佐诊所：Pötzl Klinik, Vienna
玻恩，马克斯：Max Born
玻尔，尼尔斯：Niels Bohr
玻尔兹曼，路德维希：Ludwig
　Boltzmann
伯格曼，古斯塔夫：Gustav Bergmann
勃拉姆斯，约翰：Johannes Brahms
博德利图书馆：Bodleian Library
博洛维卡，西尔维娅：Sylvia
　Borowicka
柏林，以赛亚：Isaiah Berlin
不列颠学院：British Academy
布朗斯坦，列夫（托洛茨基）：Lev
　Bronstein，"Trotsky"
布劳威尔，L. E. J.：L. E. J. Brouwer
布勒，卡尔：Karl Bühler
布勒，夏洛特：Charlotte Bühler
布雷斯韦特，理查德：Richard
　Braithwaite
布伦伯格，阿尔伯特：Albert
　Blumberg
布罗德，C. D.：C. D. Broad

C　《猜想与反驳》：Conjectures and
　Refutations
查尔默斯，大卫：David Chalmers
茨威格，斯特凡：Stefan Zweig
《存在与时间》：Sein und Zeit

达尔文，查尔斯：Charles Darwin　D
《大熔炉》：The Melting Pot
戴森，弗里曼：Freeman Dyson
《当代物理学中的空间和时间》：Raum
　und Zeit in der gegenwärtigen Physik
道德科学俱乐部：Moral Sciences Club
道森，约翰：John Dawson
德里梅尔，海因里希：Heinrich
　Drimmel
德里施，汉斯：Hans Driesch
德意志战争经济博物馆：German
　Museum of War Economy, Leipzig
邓肯-琼斯，奥斯丁：Austin Duncan-
　Jones
笛卡尔：René Descartes
迪昂，皮埃尔：Pierre Duhem
丁伯根，扬：Jan Tinbergen
杜威，约翰：John Dewey

恩格尔曼，保罗：Paul Engelmann　E
恩斯特·马赫协会：Verein Ernst Mach

《凡尔赛条约》：Treaty of Vansailles　F
费格尔，赫伯特：Herbert Feigl
费耶阿本德，保罗：Paul Feyerabend
《分析》：Analysis
弗兰克，菲利普：Philipp Frank
弗兰克，约瑟夫：Josef Frank
弗兰奇博士：Dr. French
弗雷格，戈特洛布：Gottlob Frege
弗洛德尔，瓦尔特：Walter Frodl
弗洛德尔，伊娃：Eva Frodl
弗洛伊德，西格蒙德：Sigmund Freud

《福音书摘要》：*Gospels in Brief*

G 哥德尔，库尔特：Kurt Gödel

戈尔茨坦，丽贝卡：Rebecca Goldstein

戈兰茨，维克多：Victor Gollancz

戈林，赫尔曼：Hermann Goering

戈培尔，约瑟夫：Josef Goebbels

歌德，约翰·沃尔夫冈·冯：Johann
Wolfgang von Goethe

格顿学院：Girton College, Cambridge

格兰，毛厄：Maue Gramm

格雷林，库尔特：Kurt Grelling

格罗皮乌斯，瓦尔特：Walter Gropius

盖伊医院：Guy's hospital

贡布里希，恩斯特：Ernst Gombrich

贡珀茨，海因里希：Heinrich
Gomperz

国际[促进维也纳]视觉教育[方法]
基金会：International Foundation
[for the Promotion of the Vienna
Method] of Visual Education

国际和解联谊会：International
Fellowship of Reconciliation,
IFOR

《国民经济学原理》：*Grundsätze der
Volkswirtschaftslehre*

H 哈恩–纽拉特，奥尔加：Olga Hahn-
Neurath

哈恩，汉斯：Hans Hahn

哈恩分解定理：Hahn decomposition
theorem

哈恩嵌入定理：Hahn embedding
theorem

哈科恩，玛拉基：Malachi Hacohen

哈克，哈里：Harry Hack

哈维尔，瓦茨拉夫：Václav Havel

哈耶克，F.：Friedrich von Hayek

海德格尔，马丁：Martin Heidegger

海森堡，维尔纳：Werner Heisenberg

赫胥黎，朱利安：Julian Huxley

赫兹尔，忒奥多：Theodore Herzl

黑格尔，G. W. F. Hegel

亨普尔，卡尔·古斯塔夫（彼得）：
Carl Gustav (Peter) Hempel

亨普尔，伊娃：Eva Hempel

亨特学院：Hunter College, CUNY

洪谦：Tscha Hung

胡佛，J. 埃德加：J. Edgar Hoover

胡克，西德尼：Sidney Hook

胡塞尔，埃德蒙德：Husserl, Edmund

怀特海，A. N.：Alfred North
Whitehead

《婚姻与道德》：*Marriage and Morals*

霍布斯鲍姆，埃里克：Eric Hobsbawm

霍尔—赖伐尔协定：Hoare–Laval Pact

霍尔，塞缪尔：Samuel Hoare

霍夫曼斯塔尔，胡果·冯：Hugo von
Hofmannsthal

霍利切尔，瓦尔特：Walter Hollitscher

霍洛威监狱：Holloway Prison

《激进物理主义与"现实世界"》：J
"Radikaler Physikalismus und
'Wirkliche Welt'"

《经验社会学》：*Empirische Soziologie*

经验哲学学会：Society for Empirical
Philosophy

《经验主义的两个教条》："Two Dogmas of Empiricism"

K　卡尔德隆，"船上的"佩德罗：Pedro Calderón de la Barca

卡尔纳普，鲁道夫：Carnap, Rudolf

卡伦，霍勒斯：Horace Kallen

卡内蒂，埃利亚斯：Elias Canetti

卡斯帕，玛丽亚：Maria Kasper

凯恩斯，约翰·梅纳德：John Maynard Keynes

凯尔森，汉斯：Hans Kelsen

康德：Kant, Immanuel

考夫曼，费利克斯：Felix Kaufmann

柯克什卡，奥斯卡：Oskar Kokoschka

科尔，赫尔穆特：Helmut Kohl

科塔宾斯基，塔德乌什：Tadeusz Kotarbiński

《科学的世界构想：维也纳学圈》：Wissenschaftliche Weltauffassung: Der Wiener Kreis

《科学发现的逻辑》：Logik der Forschung

《科学革命的结构》：The Structure of Scientific Revolutions

科学史晚餐俱乐部：History of Science Dinner Club

科学统一研究所：the Institute for the Unity of Science

科学与学术保护协会：the Society for the Protection of Science and Learning, SPSL

克拉夫特，维克多：Viktor Kraft

克莱尔，乔治：George Clare

克兰，蒂姆：Tim Crane

克劳斯，卡尔：Karl Kraus

克里姆特，古斯塔夫：Gustav Klimt

肯尼，安东尼：Anthony Kenny

肯普顿公园：Kempton Park

孔德，奥古斯特：Auguste Comte

库恩，托马斯：Thomas Kuhn

库尔特·哥德尔研究中心：Kurt Gödel Research Center, Vienna

库克，沃尔特：Walter Cook

蒯因，W. V. O.：Willard van Orman Quine

蒯因，娜奥米：Naomi Quine

L　拉达科维奇，忒奥多：Theodor Radakovic

拉姆齐，弗兰克：Frank Ramsey

拉卡托斯，伊姆雷：Lakatos, Imre

拉威尔，毛里斯：Maurice Ravel

莱布尼茨：Gottfried Wilhelm Leibniz

莱纳德，菲利普：Philipp Lenard

莱特，奥维尔：Orville Wright

莱特，威尔伯：Wilbur Wright

莱维，以色列：Israel Lewi

莱维恩，索尼娅：Sonya Levien

赖德迈斯特，库尔特：Kurt Reidemeister

赖德迈斯特，玛丽：Marie Reidemeister，参见"纽拉特，玛丽"

赖尔，吉尔伯特：Gilbert Ryle

赖伐尔，皮埃尔：Pierre Laval

赖克，忒奥多：Theodor Reik

赖欣巴哈，汉斯：Hans Reichenbach

兰德，罗丝：Rose Rand

里根，罗纳德：Ronald Reagan

里斯，拉什：Rush Rhees

利斯，勒妮：Renée Lees

联合国教育、科学及文化组织（教科文组织）：United Nations Educational, Scientific and Cultural Organization，UNESCO

《量子理论与自然的可知性》："Quantentheorie und Erkennbarkeit der Natur"

林赛，A. D.：A. D. Lindsay

卢顿技术学院：Luton Technical College, England

卢瑟福，欧内斯特：Ernest Rutherford

卢斯，阿道夫：Adolf Loos

卢梭，让-雅克：Jean-Jacques Rousseau

吕格，卡尔：Karl Lueger

鲁道夫皇储：Rudolf, Crown Prince

《伦理学问题》：*Fragen der Ethik*

《论确定性》：*Über Gewißheit*

"论整全性概念"："Über den Begriff der Ganzheit"

《论指称》："On Denoting"

罗马—柏林轴心协定：Roma–Berlin Axis

罗萨，保罗：Paul Rotha

罗森堡，朱利叶斯：Julius Rosenberg

罗森堡，艾瑟尔：Ethel Rosenberg

罗斯福，富兰克林·D.：Franklin D. Roosevelt

罗素，伯特兰：Bertrand Russell

罗素，约翰：John Russell

罗特，约瑟夫：Joseph Roth

罗特施托克，奥托：Otto Rothstock

《逻辑实证主义：欧洲哲学新动向》："Logical Positivism: A New Movement in European Philosophy"

《逻辑实证主义的形而上学》："The Metaphysics of Logical Empiricism"

《逻辑哲学论》：*Tractatus Logico-Philosophicus*，*Tractatus*

M

马赫，恩斯特：Ernst Mach

马克思，卡尔：Karl Marx

马勒，阿尔玛：Alma Mahler

马勒，古斯塔夫：Gustav Mahler

马萨里克，托马什：Masaryk, Tomáš

马斯特曼，玛格丽特：Margaret Masterman

迈农，亚历克修斯：Alexius Meinong

迈耶，汉内斯：Hannes Meyer

麦基汉，约翰·E.：John E. McGeehan

麦克斯韦，詹姆斯·克拉克：James Clerk Maxwell

迈斯特，理查德：Richard Meister

曼宁，威廉：William Manning

《没有犹太人的城市》：*Die Stadt ohne Juden*

《每日电讯报》：*The Daily Telegraph*

《每日工人报》：*Daily Worker*

《每日邮报》：*Daily Mail*

门德尔松：Felix Mendelssohn

门格尔，卡尔：Karl Menger

门格尔，（老）卡尔：Carl Menger

米尔斯学院：Mills College, UC Berkeley, Oakland

米诺，埃利诺（莉莉）：Eleanor (Lilly) Minor

米塞斯，理查德·冯：Richard von
　　Mises
米塞斯，路德维希·冯：Ludwig von
　　Mises
密尔，约翰·斯图尔特：John Stuart
　　Mill
摩尔，G. E.：G. E. Moore
摩根施特恩，奥斯卡：Oskar
　　Morgenstern
墨索里尼：Benito Mussolini
莫德林学院：Magdalen College,
　　Oxford
莫雷尔夫人，奥托琳：Lady Ottoline
　　Morrell
莫里斯，查尔斯：Charles Morris
莫扎特：Wolfgang Amadeus Mozart
穆齐尔，罗伯特：Robert Musil

N　纳特金，马塞尔：Marcel Natkin
奈德，海因里希：Heinrich Neider
内尔博克，约翰（汉斯）：Johann (Hans)
　　Nelböck
内格尔，欧内斯特：Ernest Nagel
内斯，阿尔内：Arne Naess
尼采：Friedrich Nietzsche
尼可尔森，哈罗德：Harold Nicolson
宁伯斯基，阿黛尔：Adele Nimbursky
　　(née Porkert)
牛顿，艾萨克：Isaac Newton
纽拉特，安娜：Neurath, Anna
纽拉特，奥托：Neurath, Otto
纽拉特，保罗：Neurath, Paul
纽拉特，格特露德：Neurath, Gertrud
纽拉特，玛丽（née

Reidemeister)，参见"赖德迈斯特，
　　玛丽"
纽拉特，威廉：Wilhelm Neurath
纽伦堡法案：Nürnberger Gesetze
《纽约时报》：New York Times
诺尔道，马克斯：Max Nordau
诺依曼，约翰·冯：John von
　　Neumann

帕皮诺，大卫：David Papineau　　P
派克，玛格丽特：Margaret Pyke
庞加莱，亨利：Henri Poincaré
泡利，沃尔夫冈：Wolfgang Pauli
佩里，弗雷德：Fred Perry
彭顿维尔监狱：Pentonville Prison
《片语集》：Zettel
珀洛，黛安：Diane Perlow
珀斯，查尔斯·桑德斯：Charles
　　Sanders Peirce
普尔策，彼得：Peter Pulzer
普莱斯，乔治·沃德：George Ward
　　Price
普朗克，马克斯：Max Planck
普林斯顿高级研究所：Institute for
　　Advanced Study, Princeton
普罗科菲耶夫，谢尔盖：Sergei
　　Prokofiev
普特南，希拉里：Hilary Putnam
《普通认识论》：Allgemeine Erkenntnis-
　　lehre

齐尔塞尔，埃德加：Edgar Zilsel　　Q
齐尔塞尔，保罗：Paul Zilsel
乔德，C. E. M.：C. E. M. Joad

切尔诺维茨大学：University of
　　Czernowitz
《确证逻辑研究》：The Studies in the
　　Logic of Confirmation

R　《人类理解研究》：An Enquiry Con-
　　cerning Human Understanding
《人生如梦》：La vida es sueño
《人性论》：A Treatise of Human Nature
《认识》：Erkenntnis

S　撒切尔，玛格丽特：Margaret Thatcher
赛斯-因夸特，阿图尔：Arthur Seyss-
　　Inquart
三一学院：Trinity College, Cambridge
上广实践伦理学中心：the Uehiro
　　Centre of Practical Ethics
绍特，约翰：Johann Sauter
"社会科学基础"（书系）：Foundations
　　of the Social Sciences
[奥地利] 社会民主工人党：Sozial-
　　demokratische Arbeiterpartei,
　　SDAP
[纽约] 社会研究新学院：New School
　　for Social Research
施密特，赫尔穆特：Helmut Schmidt
施尼茨勒，阿图尔：Arthur Schnitzler
施潘，奥特玛：Othmar Spann
施皮尔，希尔德：Hilde Spiel
施塔德勒，弗里德里希：Friedrich
　　Stadler
施坦霍夫精神病院（疗养院）：Heil-
　　und Pflegeanstalt am Steinhof, Wien
施特劳斯，理查：Richard Strauss

施托格，伊丽莎白（"伊娜"）：
　　Elizabeth "ina" Stöger
施韦特费格，卡尔：Karl Schwertfeger
石里克，阿尔伯特：Albert Schlick
石里克，布兰奇·盖伊：Blanche Guy
　　Schlick (née Hardy)
石里克，莫里茨：Moritz Schlick
《世界的逻辑构造》：Der logische Aufbau
　　der Welt, Aufbau
世界基督教青年会联盟：World
　　Alliance of YCMAs
《事实、虚构和预测》：Fact, Fiction,
　　and Forecast
叔本华：Arthur Schopenhauer
舒施尼格，库尔特：Kurt Schuschnigg
《数学的原理》：The Principles of
　　Mathematics
《数学基础》："The Foundations of
　　Mathematics"
《数学基础研究》：Bemerkungen über die
　　Grundlagen der Mathematik
《数学思想导论》：Einführung in das
　　mathematische Denken
《数学原理》：Principia Methematica
斯拉法，皮耶罗：Pierro Sraffa
斯特宾，苏珊：Susan Stebbing
斯通伯勒，玛格蕾特：Margaret (Gretl)
　　Stonborough (née Wittgenstein),
　　参见"维特根斯坦，玛格蕾特"
苏维埃建设和经济图示统计全联盟研
　　究所（图示统计所）：All-Union
　　Institute of Pictorial statistics of So-
　　viet Construction and Economy,
　　Izostat

T　塔斯基，阿尔弗雷德：Alfred Tarski

泰戈尔，拉宾德拉纳特：Rabindranath
　　Tagore

《泰晤士报》：The Times

陶尔斐斯，恩格尔伯特：Engelbert
　　Dollfuss

陶斯基，奥尔加：Olga Taussky

《特里斯坦与伊索尔德》：Tristan und
　　Isolde

《统一科学的基础》：Foundations of the
　　Unity of Science

托尔斯泰，列奥：Leo Tolstoy

W　瓦德汉学院：Wadham College, Oxford

瓦尔特，布鲁诺：Bruno Walter

瓦格纳，理查德：Richard Wagner

万灵学院：All Souls College, Oxford

威尔斯，H. G.：H. G. Wells

《唯物主义和经验批判主义》：
　　Materializm i empiriokrititsizm

维特根斯坦，保罗：Paul Wittgenstein

维特根斯坦，海伦：Helene
　　Wittgenstein

维特根斯坦，汉斯：Hans Wittgenstein

维特根斯坦，赫米内：Hermine
　　Wittgenstein

维特根斯坦，库尔特：Kurt
　　Wittgenstein

维特根斯坦，鲁道夫：Rudolf
　　Wittgenstein

维特根斯坦，路德维希：Ludwig
　　Wittgenstein

维特根斯坦，玛格蕾特（格蕾特）：
　　Margaret (Gretl) Wittgenstein，参

见"斯通伯勒，玛格蕾特"

维特根斯坦，卡尔：Karl Wittgenstein

《维特根斯坦的拨火棍》：Wittgenstein's
　　Poker

维也纳分离派展览馆：Wiener
　　Secessionsgebäude

维也纳新商业学院：Neue Wiener
　　Handelsakademien（HAK）

维也纳学圈研究所：Das Institut
　　Wiener Kreis

魏茨，西吉斯蒙德：Sigismund Waitz

魏宁格，奥托：Otto Weininger

魏斯曼，弗里德里希：Friedrich
　　Waismann

魏斯曼，赫米内：Hermine Waismann

魏斯曼，托马斯：Thomas Waismann

《我的信念》：What I Believe

沃伯格研究所：Warburg Institute

沃特金斯，约翰：Watkins, John

乌里扬诺夫，弗拉基米尔·伊里奇
　　（列宁）：Vladimir Ilich Ulanov,
　　"Lenin"

《无尽的探索》：Unended Request

《物理学中的理论与经验》：Theorie und
　　Erfahrung in der Physik

X　希尔德布兰德，迪特里希：Dietrich
　　Hildebrand

西拉德，利奥：Leo Szilard

希勒，埃贡：Egon Schiele

希特勒，阿道夫：Adolf Hitler

《锡安的王冠》：Eine Krone für Zion

席尔普，P. A.：P. A. Schilpp

席夫，汉娜：Hanna Schiff

席勒：Friedrich Schiller

《乡村医生》：*The Country Doctor*

谢希特，约瑟夫：Josef Schächter

《心灵》：*Mind*

《心灵的概念》：*The Concept of Mind*

新学院：The New School, Oxford

辛普森，埃丝特（苔丝）：Esther (Tess) Simpson

《性学三论》：*Drei Abhandlungen zur Sexualtheorie*

《性与性格》：*Geschlecht und Charakter*

休谟，大卫：David Hume

《学生托勒斯的迷惘》：*Die Verwirrungen des Zöglings Törleß*

学者援助委员会：Academic Assisstance Council, AAC

勋伯格，阿诺德：Arnold Schoenberg

Y 亚当斯，瓦尔特：Walter Adams

《言入空谷》：*Ins Leere gesprochen*

《一个幻觉的未来》：*Die Zukunft einer Illusion*

《意义与真理研究》：*An Inquiry into Meaning and Truth*

《因果法则与经验》："Kausalgesetz und Erfahrung"

因尼策，忒奥多：Theodor Innitzer

《用语言的逻辑分析克服形而上学》："Überwindung der Metaphysik durch logische Analyse der Sprache"

尤霍什，贝拉：Béla Juhos

《语言、真理与逻辑》：*Language, Truth, and Logic*

《语言的逻辑句法》：*Logische Syntax der Sprache*

《语义学入门》：*Introduction to Semantics*

《语言学哲学的原理》：*Principles of Linguistic Philosophy*

《圆》：*La Ronde*

援助外国流亡学者紧急委员会：Emergency Committee in Aid of Displaced Foreign Scholars

约勒斯，阿黛勒：Adele Jolles

约勒斯，斯坦尼斯劳斯：Stanislaus Jolles

约瑟夫一世，弗朗茨：Franz Josef I

赞格威尔，以色列：Israel Zangwill　Z

詹姆斯，威廉：William James

张伯伦，内维尔：Neville Chamberlain

《哲学百科全书》：*The Encyclopedia of Philososphy*

《哲学的转折点》："Die Wende der Philosophie"

《哲学期刊》：*Journal of Philosophy*

《哲学研究》：*Philosophische Untersuchungen*

众议院非美活动调查委员会：The House Un-American Activities Committee

《自然哲学年鉴》：*Annalen der Naturphilosophie*

《作为科学通用语的物理主义语言》："Die physikalische Sprache als Universalsprache der Wissenschaft"